Original en couleur
NF Z 43-120-8

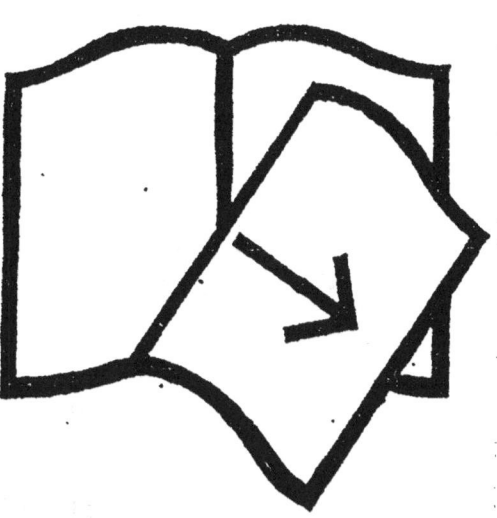

Couverture inférieure manquante

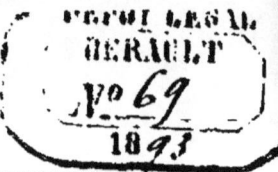

LEÇONS SUR LES ORIGINES

DE

LA SCIENCE GRECQUE

PAR

Gaston MILHAUD,

ANCIEN ÉLÈVE DE L'ÉCOLE NORMALE SUPÉRIEURE,
PROFESSEUR DE MATHÉMATIQUES SPÉCIALES AU LYCÉE DE MONTPELLIER

« Il y a un miracle dans l'histoire, c'est la
» Grèce antique.... » (Renan).

PARIS
ANCIENNE LIBRAIRIE GERMER BAILLIÈRE ET Cie
FÉLIX ALCAN, ÉDITEUR
108, BOULEVARD SAINT-GERMAIN, 108
—
1893

LEÇONS

SUR LES

ORIGINES DE LA SCIENCE GRECQUE

Montpellier, Imprimerie RICARD Frères.

LEÇONS SUR LES ORIGINES

DE

LA SCIENCE GRECQUE

PAR

Gaston MILHAUD,

ANCIEN ÉLÈVE DE L'ÉCOLE NORMALE SUPÉRIEURE,
PROFESSEUR DE MATHÉMATIQUES SPÉCIALES AU LYCÉE DE MONTPELLIER

« Il y a un miracle dans l'histoire, c'est la
» Grèce antique.... » (Renan).

PARIS

ANCIENNE LIBRAIRIE GERMER BAILLIÈRE ET Cie
FÉLIX ALCAN, ÉDITEUR
108, BOULEVARD SAINT-GERMAIN, 108
—
1893

A

Monsieur Paul Tannery

Hommage de respect et de reconnaissance.

Ce livre contient quelques conférences que j'ai faites, l'an dernier, sous forme de cours libre, aux étudiants des Facultés des Sciences et des Lettres de Montpellier.

Je n'y apporte aucun document inédit pouvant servir à l'histoire de la science, et je prie le lecteur de ne point chercher ici le travail d'un érudit, mais seulement les leçons d'un professeur, qui a voulu faire œuvre utile et dont la seule prétention est d'être toujours sincère.

G. MILHAUD.

Montpellier, le 1er Avril 1893.

LIVRE PREMIER

INTRODUCTION

PREMIÈRE LEÇON

L'EXPLICATION SCIENTIFIQUE

L'étude de l'histoire des sciences est certainement une des plus négligées. A part quelques détails isolés, quelques noms de savants, et quelques dates un peu vagues, que vos professeurs sont obligés de citer dans leurs cours, on peut dire, sans exagération, que l'enseignement de l'histoire des sciences n'existe pas chez nous. D'autre part, tandis que les publications abondent quand il s'agit de l'histoire des traditions politiques ou religieuses, de l'histoire de la pensée humaine, sous toutes ses formes, philosophie, littérature, beaux-arts, il faut bien avouer que les travaux sont rares pour tout ce qui touche à l'histoire des sciences. Et enfin, si nous exceptons les savants de profession, qui sont instinctivement poussés vers l'étude de l'histoire de leur propre science, il ne semble pas qu'on trouve dans le public, — je veux dire même dans le public instruit, — une curiosité bien vive à l'égard de la formation et du développement à travers les siècles passés de ce que nous pouvons appeler notre patrimoine scientifique. On se demande volontiers ce qu'il sera dans mille ans, on s'inquiète peu de savoir ce qu'il fut avant nous.

Quelles raisons peut-on alléguer pour expliquer pareille indifférence ?

J'en vois une d'abord dans les difficultés que paraît présenter l'histoire des sciences. Il semble que, pour en entreprendre l'étude, il faille être doté de connaissances universelles. Comment, en effet, se former une idée claire de ce que fut, à un moment déterminé du passé, l'état d'une science, si on n'a pas fait de cette science une étude spéciale ? Comment songer à jeter les yeux sur les travaux d'un Newton, ou d'un Huyghens, ou d'un Fresnel, si on en est réduit aux notions scientifiques qu'exigent les programmes du baccalauréat ? — D'un autre côté, l'histoire du mouvement scientifique à travers les âges tient de près à celle des peuples ; je tâcherai même de vous montrer qu'elle se rattache beaucoup plus étroitement qu'on ne croit aux hommes, à travers lesquels nous en suivrons le cours. L'histoire de la science, et surtout dans ses origines, ne garde-t-elle donc pas quelque obscurité sans le secours de l'histoire générale ? — Et, enfin, si nous remontons à une époque un peu éloignée, ne faut-il pas pouvoir apprécier la valeur des documents, qu'il s'agisse de quelque papyrus égyptien, ou simplement d'un texte grec emprunté à l'un de ces fragments malheureusement si rares que nous transmettent les commentateurs, et cette appréciation n'exige-t-elle pas des connaissances philologiques sérieuses ?

Loin de moi la pensée de nier ces difficultés, et de marchander mon admiration aux savants trop rares, qui unissent, à des connaissances scientifiques complètes, un sens philosophique profond et une compétence tout-à-fait remarquable pour les questions de philologie. Mais on peut entreprendre l'étude de l'histoire des sciences avec des visées moins hautes Est-ce naïveté ou illusion ? Je me figure qu'on peut intéresser à cette étude les esprits désireux de s'instruire, sans qu'ils y soient déjà préparés par des connaissances universelles, et sans être soi-même capable de disserter savamment *de omni re scibili*.

Si on a en vue l'histoire de la science, plus encore que celle des sciences, l'histoire des idées, des méthodes, des théories, si l'on a en vue, à travers les temps, l'esprit même de la science, plutôt que, dans leurs détails, les innombrables travaux scientifiques des époques successives, si enfin, comme j'en ai l'intention, on se limite au domaine, assez vaste déjà, des sciences mathématiques et physiques, ne peut-on, sans prétention, mais aussi sans trop de crainte, essayer d'intéresser des auditeurs intelligents ? Certaines classifications ont trop d'importance à nos yeux de Français : nous nous imaginons volontiers un étudiant en lettres incapable de faire une division, ou de comprendre un mot à Euclide ; et nous ne voyons jamais sans surprise un « scientifique » épris d'un beau zèle pour Homère, Platon ou Virgile. Il est temps de réagir contre ces naïves erreurs. Les hommes ne se divisent pas naturellement en groupes dont l'esprit s'adapte exactement à quelqu'un de nos programmes d'examen, pour rejeter d'emblée tout ce que renferment les autres ! En dépit de nos classifications artificielles, il y a par bonheur en France, comme ailleurs, beaucoup d'esprits curieux de tout ce qui intéresse l'intelligence humaine, et, à nous tâter d'un peu près, nous découvririons, j'en suis sûr, que les exceptions sont rares.

C'est pourquoi je passerai outre à ce premier grief, allégué contre une étude de l'histoire des sciences, — la difficulté de cette étude, — et j'en viendrai, sans plus tarder, à un grief d'apparence beaucoup plus grave, et qui, celui-là, touche à la nature même, à la définition, pourrait-on dire, de la science.

On reconnaîtra volontiers que les esprits cultivés aiment le vrai, comme ils aiment le beau, — que toute vérité scientifique les intéresse donc ; mais on dira : Qu'importe l'histoire des tâtonnements ou des erreurs qui ont précédé la découverte de cette vérité ? Qu'importe le lieu ou la date de cet événement ? Ce sont là autant de circonstances accidentelles, contingentes, dont l'intérêt s'efface devant la vérité elle-même, qui, elle, est éternelle, nécessaire, en dehors du temps et de l'espace, en dehors même, semble-t-il, de notre humanité. Si elle n'eût pas été trouvée à ce moment, dans ce lieu, par ce savant, elle l'eût été autrement ; et, en tout cas, connue ou inconnue, elle n'en garde pas moins en elle-même, en sa valeur intrinsèque, tout ce qui en fait à nos yeux l'intérêt véritable. La loi de l'attraction universelle, par exemple, est sublime, et peu d'hommes capables de la comprendre pourront l'énoncer sans une admiration profonde ; mais, en même temps, n'auront-ils pas le sentiment qu'ils s'élèvent avec elle à une réalité bien au-dessus des détails insignifiants de sa découverte, bien au-dessus des quelques hommes qui y ont contribué, que dis-je, au-dessus de la raison humaine, et de la raison, s'ils en ont une, des êtres qui peuplent sans doute les espaces infinis? Mars, Saturne, Jupiter, s'ils sont habités, ont eu ou auront autant de Newton différents pour mettre à jour cette grande loi du monde! — Les géomètres ont énoncé, il y a plus de deux mille ans, que le carré, construit sur l'hypoténuse d'un triangle rectangle, est équivalent à la somme des carrés construits sur les deux côtés de l'angle droit : que nous importe, dira-t-on, que ce soit Pythagore ou un autre qui s'en soit aperçu le premier ? Cette vérité a si peu de date, et surtout si peu de lieu de naissance, qu'on a pu proposer, vous le savez, pour essayer un jour de communiquer avec les habitants des planètes, l'illumination d'une grande figure du *carré de l'hypoténuse*. Bref, conclura-t-on, si on compare l'ensemble des vérités scientifiques à un bloc, existant en dehors de nous de toute éternité, et seulement caché à nos yeux par un voile, l'œuvre de la science, en le découvrant peu à peu, nous séduit par ce qu'elle nous révèle, mais nous ne songeons guère à la main plus ou moins habile qui soulève le voile. — L'histoire de la littérature, l'histoire de l'art, celle de la pensée philosophique, des usages, des mœurs, des idées des différents peuples nous intéresse, parce que nous y voyons l'histoire de l'âme humaine, dans ses diverses manifestations. L'histoire de la science nous laissera indifférents, quelque prix qu'aient pour nous les vérités scientifiques, parce que précisément ces vérités nous semblent en dehors de l'esprit humain.

Eh bien, l'hypothèse qu'implique cette manière de voir fût-elle exacte, vous auriez comme moi une réponse toute prête pour rejeter la conclusion à laquelle elle paraît conduire. Si les savants sont seulement des explorateurs d'un domaine précieux qui ne se laisse découvrir que peu à peu, lambeau par lambeau, leur rôle est assez élevé pour avoir droit à notre reconnaissance et à notre respect. La science, réduite même à cette poursuite de quelque chose qui se pose en face de l'esprit, et le défie en quelque sorte, a ses héros et ses victimes; et leur souvenir peut bien nous être aussi cher que celui de ces innombrables personnages dont les noms encombrent vos manuels d'histoire. En dehors des bienfaits matériels dont nous leur sommes redevables, n'ont-ils pas contribué, ces chercheurs de tous les temps, à élever le niveau intellectuel et moral de l'humanité? Et, en tous cas, ne serait-ce pas pour eux un titre suffisant à notre admiration que ce seul fait, de tracer par leurs recherches une voie commune, qui se poursuit indéfiniment à travers les générations et les peuples, donnant aux hommes le sentiment profond de leur solidarité ?

Ainsi, même s'il fallait voir dans la marche de la science la simple exploration d'un domaine inconnu, vous trouveriez comme moi un intérêt puissant à étudier cette marche progressive. Mais il y a plus, et j'ai à cœur de vous montrer que la science, j'entends la science théorique, la science explicative, la science des lois, est, dans certaines limites, une création de l'esprit, qu'elle n'est pas l'explication nécessaire des choses, mais une explication toute relative à l'homme qui la conçoit ; qu'elle n'est pas un ensemble absolu de vérités objectives, mais bien une langue spéciale, et, par conséquent, comme la poésie, ou toute autre expression d'un certain ordre d'idées, une forme de la pensée humaine.

Qu'est-ce en effet que la science ? C'est une tentative d'explication naturelle des choses. Ceci demande un double commentaire : que faut-il entendre d'abord par ces choses à expliquer ? et, en second lieu, qu'est-ce qui caractérisera l'explication naturelle ?

Sur le premier point, je serai bref. Sans avoir la prétention de reprendre à nouveau une question tant débattue, je supposerai que nous sommes tous d'accord sur le caractère purement *phénoménal*, comme disent les philosophes, de ce qui se pose à nous comme objet de connaissance. Ceci, remarquez-le, ne nous oblige à aucune affirmation sur l'existence ou la non existence transcendantale, et plus ou moins compréhensible, de substances capables de provoquer dans notre esprit les représentations que seules il connaît. Laissons de côté la question de métaphysique pure, je me borne à dire que ces représentations sont l'élément exclusif qui va servir à l'édification de la science.

Cela suffirait, à coup sûr, pour contester le caractère objectif de la connaissance scientifique, et pour reconnaître la part de l'esprit humain dans sa formation. Mais si là se bornait le rôle du sujet en quête de science, ce serait un rôle passif, nécessairement déterminé par la double nature des choses et de nous-mêmes, où, tout au plus, la volonté, en provoquant l'observation des phénomènes, viendrait parfois rompre les effets d'une fatalité inflexible. Étant donnés le monde et l'homme, la science en résulterait nécessairement, progressant plus ou moins vite suivant les circonstances, mais se développant d'une façon unique, déterminée, la même, par conséquent en tous les points de cet univers où vivent des hommes. Quelle que fût alors l'importance du rôle formel de l'esprit, comme dirait Kant, dans la connaissance scientifique, il ne serait pas permis d'en comparer l'évolution à celle d'une langue, ou de telle autre expression de la pensée, dont la formation et le développement à travers les temps nous intéressent surtout par le cachet de personnalité qu'y imprime l'âme humaine, et c'est cependant cette comparaison même que je veux justifier à vos yeux. Ce que je veux vous montrer, c'est le rôle créateur de l'esprit placé en face des phénomènes, c'est-à-dire, si on veut, en face de ses propres représentations, dans la formation de la science.

Passons donc pour cela à cette autre question : qu'est-ce que l'explication naturelle ou scientifique ? — Si je dis que c'est une explication sans recours au miracle, ni à aucun élément surnaturel, je risque de n'indiquer qu'un caractère négatif, ou même de tourner dans un cercle vicieux, car je n'aurai guère d'autre moyen de définir le miracle que de le nommer ; « ce qui n'est pas conforme aux lois naturelles, ce qui échappe à une explication scientifique ». Il faut ici remonter franchement à une idée primitive, ou, si vous voulez, à un sentiment, ou même à un besoin, qu'en tout cas vous reconnaîtrez comme appartenant à tous les hommes.

Nous voulons à la vue d'une chose quelconque, en connaître d'autres auxquelles elle se rattache, en lesquelles elle ait sa raison. C'est chez nous une croyance instinctive que rien ne naît de rien ; que les phénomènes, dans leur infinie variété, sous leur apparente incohérence, peuvent être reliés entre eux de telle sorte, qu'un phénomène quelconque résulte complètement et nécessairement de phénomènes antécédents. Nous voulons que de deux états consécutifs du monde, toutes les circonstances de l'un se trouvent comme projetées dans celles de l'autre, et qu'ainsi une certaine équivalence puisse s'établir entre eux. Si l'homme a de tout temps été frappé par le perpétuel écoulement des choses, il a toujours cru aussi à la possibilité de découvrir, sous la trame du mobile et du changeant, quelque chose de fixe, de constant, d'immuable. L'explication scientifique, c'est tout simplement l'explication conforme à cette idée, c'est la recherche des rapports constants entre les circonstances indéfiniment variables des phénomènes. — Quelle est l'origine de cette croyance? Quelle en est la légitimité? N'est-elle qu'une illusion, ou répond-elle à une vérité absolue? Nous renverrons ces questions aux métaphysiciens. Il nous suffit que la science se trouve constituée par l'effort que fait l'homme pour satisfaire sa croyance, son caprice, si on veut. Elle est née du jour où, en énonçant le lien le plus simple qui pût le frapper entre deux évènements quelconques, l'esprit humain a cherché à saisir ainsi, sous leur apparence variable, quelque chose de constant. Et l'histoire de la science n'est au fond que le long développement de cette idée, depuis les premiers tâtonnements d'un Thalès ou d'un Anaximandre, pour tenter d'expliquer la genèse des choses, ou l'effort des Eléates, pour s'élever à l'être un et immuable, — jusqu'à la loi moderne de la conservation de l'énergie.

Les propositions par lesquelles sont affirmés des rapports constants entre phénomènes sont ce qu'on appelle les lois; de sorte que, en résumé, expliquer scientifiquement des phénomènes observés quelconques, c'est les ramener à des lois.

Eh bien, à prendre les phénomènes tels qu'ils se présentent à l'observation, on ne réussit pas à aller bien loin dans cette recherche des lois. Certes, quand, pour avoir constaté un certain nombre de fois que de deux évènements A, B, l'un suit l'autre, nous portons ce jugement général que B se produit après A, que le tonnerre s'entend, par exemple, quand on vient de voir l'éclair, on peut dire que nous énonçons une loi. Il s'agit bien d'un rapport, rapport de succession, que nous déclarons constant, quels que soient l'instant et le lieu. Mais s'il n'était question que de lois de ce genre, la science se réduirait à la liste des choses observées et des associations d'idées qui s'en sont tout naturellement formées. Elle serait seulement, pour parler comme M. Spencer, le registre du passé. La science doit prendre ce registre pour base, puisque c'est pour lui qu'elle se forme, c'est lui qu'elle veut expliquer; mais assurément elle ne se contente pas de n'être que cela. Eh bien, et c'est ici surtout que j'appelle votre attention, pour pousser plus loin son explication, à laquelle le caractère complexe, incohérent des phénomènes imposerait trop vite des limites, elle substitue à ces phénomènes des notions qu'elle façonne, qu'elle construit elle-même, et qui pourront servir d'intermédiaire entre les choses et nous. Ces notions ou concepts, pour les appeler par leur nom, sont suggérés par les phénomènes à expliquer, et composés à l'aide d'éléments abstraits qui s'en dégagent. Mais ils offrent sur eux l'avantage d'être compréhensibles, d'être accessibles à notre esprit, qui saura établir entre eux, plus aisément qu'entre les phénomènes, les relations constantes qu'il recherche. L'œuvre scientifique qui consistera dans l'élaboration de ces concepts, œuvre inspirée mais non déterminée par les faits, œuvre variable avec les temps et avec les hommes, œuvre contingente et souvent provisoire, œuvre plus ou moins ingénieuse, plus ou moins élégante, plus ou moins belle, portera, à l'égal de toute autre forme de pensée humaine, cette marque de personnalité qui, dans l'histoire des idées, est avant tout ce qui nous touche et nous séduit.

Passons bien vite de ces vues un peu vagues à des exemples précis. Je voudrais essayer de vous retracer, en un exposé rapide, la genèse d'une loi que vous connaissez tous, la loi de la gravitation. Il me faut, pour cela, remonter aux innombrables observations faites et enregistrées avec un soin scrupuleux, à la fin du XVIme siècle, par l'astronome danois Tycho-Brahé. Ces observations portaient sur les positions des planètes à différentes époques, et principalement sur celles de la planète Mars. Voulant tenter lui-même une explication de cet ensemble imposant de faits précis et distincts, Tycho avait essayé une construction géométrique ou plutôt un échafaudage de constructions géométriques, rentrant à peu près dans le système de Ptolémée. Cette construction aurait peut-être pu, à l'aide d'un nombre suffisant de ces cercles, dont les centres décrivent d'autres cercles, et qu'on nomme, vous le savez, des épicycles, résoudre le problème, c'est-à-dire exprimer à sa façon le contenu des observations de Tycho-Brahé, en permettant de rendre compte des diverses positions des planètes. Quoi qu'il en soit, nous ne nous y arrêterons pas, allant tout droit à l'œuvre de Kepler. Celui-ci commence, à l'exemple de Copernic, par transporter au soleil le point fixe par rapport auquel il étudie le mouvement de la planète Mars, puis, à force de tâtonnements, parvient à énoncer ses lois célèbres :

1° Les planètes décrivent des ellipses dont le soleil occupe un foyer ;

2° Les aires décrites par le rayon qui va du soleil à la planète sont proportionnelles aux temps ;

3° Les carrés des temps des révolutions sont proportionnels aux cubes des grands axes.

Voilà déjà exprimées, dans un langage remarquablement simple et élégant, les circonstances innombrables du mouvement des planètes : comment Kepler y est-il parvenu ? Le transport du centre fixe de la terre au soleil devait évidemment servir de point de départ à une construction toute différente de celle de Ptolémée ; mais remarquez bien que, ce transport une fois effectué, la possibilité d'imaginer une construction capable de rendre compte de toutes les positions observées d'une planète reste entière, à un degré infini d'indétermination. Kepler a utilisé fort heureusement d'abord le concept de l'ellipse, déjà formé et complètement étudié par les géomètres grecs. Il s'est trouvé que ce concept réussissait merveilleusement à synthétiser, en une formule unique, toutes les positions de Mars. Car vous n'imaginez pas plus que moi, je pense, une ellipse tracée dans le ciel, à laquelle reste attachée la planète. Cet être géométrique n'a d'existence que dans l'esprit de l'astronome, pour qui il sert d'intermédiaire précieux entre lui et les faits observés.

En dehors de ce concept qui joue un rôle essentiel dans les lois de Kepler, laissez-moi vous en signaler un autre, dont je veux aussi vous faire saisir la véritable portée, celui de la durée numériquement mesurable. — Nous avons naturellement l'idée du temps, soit que nous la dégagions par abstraction des données des sens, soit, comme le voulait Kant, qu'il faille y voir une forme *a priori* de la connaissance sensible. Mais il faut en distinguer avec soin le concept scientifique de durée mesurable, qui exige avant tout la notion de deux durées égales. Possédons-nous un sens de la durée qui nous permette de nous prononcer directement sur l'égalité de deux intervalles de temps? On n'oserait pas le soutenir sérieusement. Qu'entendons-nous alors par deux durées égales? — Quelques auteurs proposent d'appeler égales les durées de deux phénomènes identiques; mais comment juger de l'identité des phénomènes? S'agit-il d'une identité complète, s'étendant à toutes les particularités innombrables et du reste inaccessibles de ces phénomènes?

Nous ne serons jamais en droit de nous prononcer sur une semblable identité. Est-il question seulement de quelques conditions particulières du phénomène? Soit! mais alors il faut dire lesquelles, il faut faire un choix, et nous n'échappons pas à la nécessité de composer un concept spécial. La notion de deux durées égales revient en somme au choix d'un type particulier de phénomène, pour plus de commodité d'un phénomène périodique, dont on dira, par définition, que les phases successives ont même durée. Vous savez quel est le phénomène choisi pour fixer cette notion : c'est le mouvement diurne ; mais ne croyez pas au moins qu'en affirmant l'uniformité de ce mouvement, on énonce autre chose qu'une convention, qu'une définition. C'est à l'aide de ce concept, c'est en partant de cette façon spéciale de mesurer les durées, c'est dans la langue, puis-je dire, qui l'adoptera, que la deuxième et la troisième loi de Kepler peuvent s'énoncer. Qu'on substitue au mouvement diurne tel autre mouvement dont il pourrait plaire à l'esprit de choisir les phases successives pour la mesure du temps, il ne sera plus vrai de dire, par exemple, que les aires décrites par le rayon héliocentrique de la planète sont proportionnelles aux temps. Les faits primitifs contenus dans les observations de Tycho-Brahé resteront les mêmes, mais il faudrait chercher d'autres lois pour les exprimer ; il faudrait en concevoir une autre explication.

C'est vers 1618 que Kepler avait énoncé ses

fameuses lois. Soixante-dix ans après environ, Newton en tirait sa loi de la gravitation.

Eh bien, que s'est-il donc passé dans l'intervalle qui sépare Kepler de Newton? On peut le dire en un mot; la dynamique a pris naissance.

Mais que faut-il entendre par là? Est-ce que des observations récentes sont venues prolonger la liste des vérités connues jusqu'à Kepler? Est-ce que la science a tout-à-coup découvert les forces et leurs propriétés? Non, des concepts nouveaux sont simplement entrés dans le langage scientifique, et c'est ce que je veux vous montrer bien clairement (¹).

(¹) Qu'on ne nous reproche pas de croire que les concepts fondamentaux de la dynamique ont attendu Newton pour prendre naissance. Nous ne devons pas méconnaître la part de Kepler lui-même dans leur formation. Mais ce n'est pas du premier coup qu'un concept parvient à sa forme définitive, sous laquelle il entrera dans la langue scientifique. Tout d'abord l'idée se dégage avec peine d'une sorte de gangue concrète qui l'enveloppe. — Telles sont chez Kepler les idées de force, d'inertie, d'attraction. — On sent vaguement que la notion nouvelle sera précieuse, que les choses s'éclaireront à sa lumière, mais il faut, pour qu'elle atteigne son maximum d'utilité, qu'elle s'épure, qu'elle s'affine, qu'elle se dépouille de tous les éléments concrets qui entrent dans sa représentation, et qui, la faisant prisonnière de vues plus ou moins grossières, voilent sa clarté et arrêtent son essor. De là une évolution nécessaire du concept qui se transformera de façon à devenir de plus en plus apte à jouer son rôle scientifique. En faisant dater de Newton les concepts fondamentaux de la dynamique, nous les prenons au terme de cette évolution indispensable.

La dynamique débute par quelques propositions fondamentales sur les forces et leurs propriétés. Je vous les rappelle brièvement. C'est d'abord le principe d'inertie :

« Un corps conserve indéfiniment son état de repos, ou, s'il se meut, a un mouvement rectiligne uniforme, tant qu'aucune force n'agit sur lui. »

Puis, c'est le principe des mouvements relatifs : « Si un système de points est animé d'un mouvement de translation, une force venant à agir sur l'un des points du système, lui imprime un mouvement indépendant du mouvement de translation. »

Enfin le principe de la réciprocité des forces. « Si d'un point A émane une force agissant sur B, inversement émane de B, une force égale à la précédente, mais dirigée en sens contraire, et agissant sur A. »

Qu'est-ce, en somme, que ces principes ?

Faut-il y voir d'abord des axiomes, des vérités intuitives qui puissent frapper, par leur évidence, tout être qui pense ? Personne ne songera, je crois, à le soutenir, et, en tout cas, le seul fait de leur apparition tardive dans l'histoire des idées dissipera le moindre doute à cet égard.

Devons-nous dire que ce sont des vérités démontrables par la seule force du raisonnement ? Quelques penseurs semblent vraiment l'avoir cru. Descartes, Euler, affirment très naïvement le principe d'inertie au nom de la logique. Un corps en repos reste en repos, si aucune action ne s'exerce sur lui, parce qu'il n'y a pas de raison pour qu'il n'y reste pas. Le corps est-il en mouvement, sans être soumis à aucune force, je cite textuellement Euler : « On ne saurait concevoir pourquoi le corps se détournerait de sa route d'un côté plutôt que d'un autre ; donc, puisque rien n'arrive sans raison, il s'ensuit que le corps en question conservera toujours la même direction. De la même manière, la vitesse du corps ne saurait changer, puisqu'il faudrait qu'elle augmentât ou qu'elle diminuât ; mais il n'y aurait aucune raison qui pourrait produire un tel changement, d'où l'on conclut que ce corps continuera toujours à se mouvoir avec la même vitesse, et dans la même direction. » Je ne m'attarderai pas à réfuter ces sortes de raisonnements, renouvelés d'Aristote, et par lesquels il est fort aisé de justifier toutes ses erreurs. Car ces mots : « Il n'y a pas de raison pour que les choses soient autrement », signifient : *Je ne vois pas* de raison pour que les choses ne soient pas ainsi ; ou, en d'autres termes : J'ai la conviction qu'elles sont ainsi, et ce n'a jamais été un argument suffisant, pour établir une vérité, que de déclarer simplement qu'on y croit.

Enfin, une troisième opinion, celle-là plus sérieuse, au moins en apparence, et de beaucoup la plus répandue, fait de ces principes des vérités d'expérience. L'observation des phénomènes physiques les aurait révélés. Citons, par exemple, à propos de la loi

d'inertie, les réflexions d'Auguste Comte : « Elle ne
» saurait avoir de réalité, dit-il, qu'autant qu'on la con-
» çoit comme basée sur l'observation. Mais, sous ce
» point de vue, *l'exactitude en est évidente,* d'après les
» faits les plus communs. Nous avons continuelle-
» ment occasion de reconnaître qu'un corps, animé
» d'une force unique, se meut constamment en ligne
» droite, et, s'il se dévie, nous pouvons aisément
» constater que cette modification tient à l'action simul-
» tanée de quelque autre force, active ou passive.
» Enfin les mouvements curvilignes eux-mêmes nous
» montrent clairement, par les phénomènes variés
» dus à ce qu'on appelle la force centrifuge, que les
» corps conservent constamment leur tendance natu-
» relle à se mouvoir en ligne droite. Il n'y a, pour
» ainsi dire, aucun phénomène dans la nature qui ne
» puisse nous fournir une vérification sensible de
» cette loi, sur laquelle est en partie fondée toute
» l'économie de l'univers. Il en est de même relative-
» ment à l'uniformité du mouvement. » (1)

Et plus loin, partant des deux autres principes, il insiste plus fortement encore sur cette idée, que des faits nombreux, dont l'observation est facile, les établissent clairement.

Eh bien, est-ce vraiment à cette manière de voir qu'il faut nous en tenir pour les lois fondamentales de

---

(1) Cours de philosophie positive, XVme leçon.

la dynamique ? Un peu de réflexion suffit, il me semble, pour nous en montrer l'exagération. Que l'observation des faits ait pu découvrir, révéler directement ces lois, cela est-il seulement compréhensible ? N'entre-t-il pas dans leurs énoncés des notions dont la réalité concrète échappe à toute observation ? Saurons-nous jamais, en présence d'un point matériel, au repos ou en mouvement, à quelles forces il est ou n'est pas soumis ? En vérité, il est étrange d'avoir à réfuter sur ce point le chef du positivisme. Mais aussi dans quel sens peut-il bien dire que tel corps qui se meut sous nos yeux est soumis à une force unique ou à plusieurs, ou à aucune ? Est-il aisé de constater, s'il se dévie, l'action d'une nouvelle force active ou passive ? Il y a là quelque chose d'inconcevable, et notre philosophe me semble bien n'avoir pas su se garer lui-même contre ces fantômes métaphysiques, dont il veut débarrasser l'humanité.

Il est à la fois plus modeste et plus clair, quand il dit : « Tous les faits nous prouvent que, si le mouve-
» ment primitivement imprimé se ralentit toujours gra-
» duellement et finit par s'éteindre entièrement, cela
» provient des résistances que les corps rencontrent sans
» cesse, et sans lesquelles l'expérience *nous porte à*
» *penser* que la vitesse demeurerait indéfiniment cons-
» tante, puisque nous voyons augmenter sensiblement
» la durée de ce mouvement, à mesure que nous di-
» minuons l'intensité de ces obstacles. »

Cette façon de parler : *nous porte à penser* implique

le sentiment assez net de l'impossibilité qu'il y aurait à tirer de l'expérience une démonstration véritable. Enregistrons cet aveu, et n'insistons pas plus longtemps sur ce qu'il y aurait d'illusoire à voir dans les principes de la dynamique des vérités établies par l'observation.

Et pourtant n'ont-ils pas attendu, pour apparaître, le triomphe de la méthode expérimentale ? N'ont-ils pas jailli spontanément, pour ainsi dire, des travaux de Galilée sur la chute des corps ? L'histoire, à défaut de la raison, ne prouve-t-elle donc pas leur origine expérimentale ?

Je ne songe nullement à le nier ; il est clair, en effet, que s'ils n'ont pas été démontrés par l'observation, ils ont été *suggérés* par elle. Ils sont nés dans l'esprit de quelques hommes de génie, non pas comme résultant nécessairement d'observations antérieures, mais comme pouvant servir à les interpréter simplement, ce qui n'est pas la même chose. Ils ne sont pas démontrés par les faits, mais seulement justifiés par l'expression nouvelle et commode qu'ils en donnent. Ils apportent, en effet, les éléments d'un langage nouveau :

On conviendra de dire qu'une force agit toutes les fois que le mouvement d'un point ne sera pas rectiligne et uniforme, c'est-à-dire toutes les fois que la valeur ou la direction de la vitesse varieront. En énonçant ensuite le principe des mouvements relatifs, on pose en somme la proportionnalité des forces aux vitesses qu'elles impriment, et on établit ainsi, on crée une force constante pour tout mouvement uniformément varié, en particulier pour la chute des corps. La notion de masse s'en déduit aussitôt. Bref, on se trouve bientôt avoir fait correspondre au mouvement curviligne le plus général d'un point matériel, sous le nom de force, une quantité géométrique qui a une grandeur et une direction nettement définies à l'aide des autres circonstances mathématiques du mouvement.

Nous sommes loin, vous le voyez, de l'idée de la force, envisagée comme cause cachée du mouvement. Cette idée est si complètement effacée dans un traité de mécanique, que, suivant la judicieuse remarque de M. Calinon, le traité se comprend aussi bien dans les deux hypothèses où la force est la cause du mouvement, et où elle en est au contraire la conséquence. Eh bien, c'est ce concept de force ainsi défini que Newton n'a plus qu'à rapprocher des lois de Kepler pour en tirer sa loi.

Les planètes ne se mouvant pas en ligne droite, nous dirons donc qu'une force agit sur elles, dont il y a lieu de chercher la direction et l'intensité. En vertu de sa définition même, cette force a une direction et une intensité variables : les lois de Kepler vont permettre de les déterminer. — Par une démonstration purement mathématique, une fois les définitions premières posées, on établit que, si la trajectoire d'un mobile est plane, et si les aires décrites par le rayon qui joint le mobile à un point fixe sont proportionnelles aux temps, la direction de la force est, à chaque instant, celle qui va du mobile au point fixe. Les lois de Kepler expriment précisément que ces hypothèses sont réalisées dans le mouvement des planètes ; Newton énoncera donc ce fait géométrique : la force qui agit sur chaque planète est dirigée vers le soleil, ou encore, en un langage plus imagé, les planètes sont soumises à une force attractive, émanant du centre du soleil. De simples considérations de géométrie et d'analyse permettent de trouver l'expression d'une force qui passe par un point fixe, étant connue la trajectoire du mobile : de la deuxième loi de Kepler, Newton déduira donc l'intensité de la force attractive, exprimée à l'aide d'un dernier élément inconnu, que la troisième loi de Kepler permettra de fixer.

Et c'est ainsi que finalement le langage de Newton, langage sublime et d'une fécondité merveilleuse, aura remplacé celui de Kepler, pour traduire les mêmes circonstances du mouvement des planètes. Le passage de l'un à l'autre se faisant par des notions nettement définies, et par des raisonnements rigoureux construits sur elles, il est clair que la loi nouvelle recevra de l'expérience la même vérification que les lois qu'elle remplace, celle qu'une induction autorise, quand elle se fonde sur les observations précises et correctes de Tycho-Brahé, et que rendra plus facile d'ailleurs la simplicité du langage nouveau.

Mais en dépit des expressions imagées qu'il emploie,

quelque envie que nous ayons de voir, entre Kepler et Newton, toute une révélation d'un mystérieux mécanisme de l'univers, vous voyez que le progrès réalisé est avant tout dans l'évolution de la langue.

Il serait puéril d'insister sur l'absence complète de signification métaphysique de la loi de Newton. Mais il y a plus, et c'est surtout ce que je cherche à rendre manifeste à vos yeux, à l'égard même des phénomènes, cette loi, appliquée au mouvement des planètes, ne dit rien de plus que les lois de Képler, lesquelles n'avaient fait déjà que présenter, sous un jour spécial à l'esprit, dans un langage fait par lui et pour lui, les observations de Tycho-Brahé. C'est une explication nouvelle des mêmes phénomènes. En disant : les planètes sont attirées par le soleil, non seulement nous ne révélons pas l'existence d'une entité mystérieuse qui tend à faire tomber la planète sur l'astre central, mais même nous n'énonçons aucune propriété sensible nouvelle des phénomènes. Quand nous faisons allusion à un mouvement nouveau, inconnu jusque-là, de la planète vers l'astre, mouvement qui serait contrarié par un autre, d'où résulterait finalement celui qu'on observe, il ne saurait y avoir là encore qu'une façon de parler, qu'une explication spéciale des positions diverses de la planète. S'il restait le moindre doute dans vos esprits, si votre imagination vous faisait voir, à travers le langage de Newton, la révélation d'un lien nouveau réel, entité métaphysique ou simple phénomène, entre le soleil et la planète, autre chose enfin qu'une conception de l'esprit, je vous demanderais de supposer, à l'exemple de M. Calinon, un simple changement dans l'une des conventions fondamentales, celle qui sert à la mesure du temps.

Supposez que l'on choisisse pour cette mesure un autre phénomène que la rotation de la terre. Je pense vous avoir convaincus tout-à-l'heure que rien ne s'y oppose nécessairement. La loi des aires de Kepler cesserait d'être vraie, avons-nous dit, mais aussitôt la force de Newton ne passerait plus par le centre du soleil. Plus de force attractive, ni répulsive! Une autre expression conviendrait à la force; elle aurait telle ou telle direction suivant le choix qu'on eût fait: une autre loi remplacerait celle de la gravitation. Elle pourrait être moins simple, moins féconde, mais certainement elle ne traduirait pas moins toutes les observations passées et ne servirait pas moins, quoique peut-être avec plus de peine, à prédire les observations à venir.

Si je me suis bien fait comprendre par l'exemple que je viens de choisir, si j'ai pu vous donner une idée claire du rôle des concepts dans l'énonciation des lois, je n'aurai presque rien à ajouter pour ces combinaisons de concepts que vous connaissez sous le nom d'hypothèses scientifiques. A propos de tous les concepts on peut, si on veut, parler d'hypothèse; de même qu'on peut voir, dans toute hypothèse, un échafaudage de concepts spéciaux. Reprenons nos exemples de tantôt.

Qu'est-ce qui nous empêche de donner le nom d'hypothèse aux principes qui servent de base à la dynamique? Il est si simple de dire, si cela fait plaisir : la mécanique suppose que le mouvement des corps se produit sous l'action d'agents appelés forces, dont l'intensité et la direction se détermineront de telle manière ; elle suppose qu'aucun de ces agents n'existe, quand le corps a un mouvement rectiligne et uniforme, etc.

Qu'est-ce qui empêche de parler, à propos de la loi de Newton, de l'hypothèse de l'attraction de la matière? — Rien, assurément, pourvu qu'on ait le sentiment bien vif qu'il n'y est pas question d'autre chose que d'une façon de parler.

Inversement, prenez des exemples de ce qu'on appelle plus ordinairement hypothèses : en électricité, par exemple, l'hypothèse des deux fluides qui se repoussent, ou celle d'un seul fluide, en quantité supérieure ou inférieure à la charge normale. Les propositions fondamentales, par lesquelles on résumera l'une ou l'autre hypothèse, serviront à définir une langue, où la théorie des phénomènes électriques se déroulera d'une façon plus ou moins simple.—Voyez, en optique, l'hypothèse des ondulations de l'éther, que les savants d'ailleurs ne présentent pas tous de la même façon : Neumann, par exemple, n'adopte pas exactement les mêmes hypothèses que Fresnel. Voyez encore la théorie électro-magnétique de la lumière, proposée par Maxwell, et qui peut se substituer à celle des ondulations.

Voyez, en astronomie, les hypothèses cosmogoniques de la nébuleuse ; en chimie, la théorie atomique. Voyez dans les sciences naturelles, l'admirable hypothèse de l'évolution, créée par le génie de Lamarck et de Darwin.

Ces hypothèses jouent à l'égard d'une série de phénomènes exactement le rôle que nous avons assigné aux concepts : elles constituent pour l'esprit de merveilleux langages. Elles ne cessent de prendre appui dans l'observation de mieux en mieux dirigée des phénomènes physiques : mais, cette base une fois posée, elles gardent un caractère de contingence et de la relativité sur lequel il ne faut pas se méprendre. La question de leur vérité absolue ne se pose même pas. Elles ne sont jamais ni vraies ni fausses.

Les faits qu'elles expliquent en sont une justification et non pas une preuve. Il peut leur arriver d'être définitives, comme le sont, par exemple, les postulats de la dynamique, comme on peut croire que le seront la théorie des ondulations lumineuses, et peut-être l'hypothèse évolutionniste. Cela ne signifie pas que la science alors les proclame vraies : c'est là une possibilité qui la dépasse, car, outre que la réalisation des concepts, tels que nous les construisons, présente à notre intelligence une difficulté sérieuse, jamais il ne pourra être établi ni par l'expérience, ni par la raison, qu'une explication, jugée indéfiniment suffisante, soit en même temps nécessaire. Jamais il ne sera permis de dire que c'est la seule possible, jamais même qu'il en existe une! Devenir définitives, pour ces hypothèses, c'est simplement entrer pour toujours dans le langage de la science.

S'il se rencontre des faits nouveaux qu'elles n'expliquent pas, elles demandent alors à être complétées, modifiées ou même remplacées. Telles, les langues des peuples primitifs, faites pour exprimer des sentiments ou des idées simples, ont eu à se modifier sans cesse, à mesure que la civilisation a développé et affiné notre sensibilité et notre intelligence. Telle aussi, par exemple, la musique, réduite d'abord à un petit nombre d'accords, recherche des combinaisons de plus en plus savantes pour plaire à notre sens musical de plus en plus exigeant.

Eh bien, si je vous ai fait comprendre les véritables caractères de l'explication scientifique, j'ai en même temps prouvé que la science est, dans une certaine mesure, une forme créatrice de la pensée humaine. Faudrait-il aller jusqu'à dire que chaque nation a sa science, comme elle a sa littérature? Peut-être, pour les origines, la question peut-elle se poser; et quelques-uns ont même affirmé, à propos des sciences les plus impersonnelles en apparence, à propos des mathématiques, que les branches diverses ont dû naître chez des peuples divers, dont le caractère ou le tempérament répondent mieux à la nature de chacune d'elles. C'est ainsi que nous rencontrerons, dans une prochaine leçon, cette thèse qui fait venir la géométrie de l'Égypte, l'arithmétique de l'Asie, et donne pour rôle à la Grèce d'en avoir réalisé la fusion. En tout cas, à mesure que les communications deviennent plus faciles entre les hommes, la science ne saurait tarder à franchir toutes les frontières, parce que, les faits observés étant les mêmes pour tous les hommes, et tous sentant au même degré le besoin d'une explication scientifique, les théories scientifiques seront toujours accueillies de ceux-mêmes qui ne les auront pas créées. Mais ce n'est pas là un caractère exceptionnel de la science; ne constatons-nous pas, à mesure que les distances disparaissent entre les hommes, l'art lui-même tendre vers une certaine uniformité?

Vous voyez, en somme, se justifier la comparaison que j'avais annoncée entre la science et toute autre forme de pensée dont l'histoire vous est plus familière. Permettez-moi d'insister encore sur cette comparaison, et de vous montrer qu'elle peut se poursuivre plus loin qu'on ne pense.

Tandis que se déroulent à travers les âges les œuvres dues à un genre d'expression de la pensée humaine, les œuvres des poètes, par exemple, ou des auteurs dramatiques, on peut suivre, vous le savez, l'histoire d'un développement parallèle, d'une autre forme de pensée, qui se nomme la critique de la première. Cette forme a pris de notre temps une telle importance, que je n'aurai pas besoin d'insister pour être compris. Qu'il me suffise de vous rappeler certaines œuvres critiques d'Aristote, d'Horace, de Cicéron, de Longin, de Boileau, de Lessing,... Je m'arrête au seuil de ce siècle, pour n'avoir pas trop de noms à citer. Eh bien, à côté de la science, et parallèlement à son évolution, se déroulent aussi les vues critiques des hommes sur la valeur et la puissance de l'œuvre scientifique, sur sa portée, sur sa signification, sur le degré de profondeur, pour ainsi dire, où elle nous fait pénétrer dans l'explication des choses. Vous reconnaissez, pour parler le langage des philosophes, le problème même de la connaissance.

Depuis Parménide jusqu'à Auguste Comte, en passant par les sophistes grecs, par Socrate, Platon, Aristote, par Descartes et par Kant, pour ne nommer que les principaux, la science a eu ses Brunetière et ses Jules Lemaître. Et c'est, comme en littérature, la même série de problèmes amenant les mêmes oppositions. Le relativisme de Protagoras, auquel les Socratiques répondent en fondant, il est vrai, la science sur les concepts, mais en donnant à ces concepts une signification objective, se redresse tout entier devant Descartes, Malebranche et Leibnitz, qui par leur effort, pour y échapper, ne font que lui donner plus de force, et finalement aboutit à la *Critique de la Raison pure*, puis au phénoménisme d'Auguste Comte et de M. Renouvier.

Dans ce double mouvement parallèle de deux formes de pensée dont l'une est la critique de l'autre, de quelle nature sont les rapports de l'une à l'autre ?

Quelle est celle des deux qui a sur l'autre la plus grande influence? Est-ce Boileau, peut-on dire, qui a guidé le mouvement littéraire du XVIIme siècle, ou bien Boileau a-t-il été un produit naturel de son siècle? De même est-ce Descartes et Auguste Comte qui ont fait de la science moderne ce qu'elle est, ou bien Descartes, au XVIIme siècle, et Auguste Comte, dans le nôtre, subissent-ils, au contraire, l'influence de la science moderne? — Vous voyez que, de part et d'autre, les mêmes questions se posent; il est inutile d'ajouter que, suivant son tempérament, ou ses préoccupations habituelles, on sera disposé à y apporter les mêmes réponses.

Mais il est temps d'arrêter là une dissertation déjà trop longue.

Aurai-je réussi à vous faire aborder l'étude de l'histoire de la science, sinon avec intérêt, au moins sans arrière-pensée? Permettez-moi de l'espérer; mais, vous l'avez sans doute deviné, ce n'était pas là mon seul but. Si je voulais vous intéresser d'avance aux études que nous entreprenons ensemble, je voulais aussi vous les rendre plus claires. Il me semble que, si vous m'avez compris, tout vous sera plus facile désormais. Ayant une idée nette de ce qu'est la science explicative, vous en reconnaîtrez l'ébauche dans les tâtonnements des premiers Grecs, et, sans défiance, vous vous laisserez conduire à travers leurs œuvres. Vous n'aurez pas de peine à y trouver en germe la science tout entière. Si Pythagore ne parle pas la même langue qu'un analyste moderne, si les vues d'un Anaximandre ou d'un Anaxagore ne s'expriment pas en équations, comme celles de Fresnel ou d'Helmholtz, du moins vous aurez le sentiment que les concepts fondamentaux de la science naissent déjà et s'élaborent. Enfin, vous emporterez de nos études, en même temps qu'un goût plus vif pour la science, au berceau de laquelle je vous aurai retenus quelque temps, une admiration plus élevée pour ce petit peuple grec, chez qui semblent avoir jailli, pour l'humanité, toutes les sources de la beauté intelligible.

DEUXIÈME LEÇON

INTRODUCTION HISTORIQUE

APERÇU HISTORIQUE SUR L'IONIE ET LE MONDE IONIEN AU VIIme SIÈCLE AVANT JÉSUS-CHRIST. — CHRONOLOGIE ANCIENNE. CRITIQUE DE LA MÉTHODE ASTRONOMIQUE.

Je me propose d'étudier avec vous les origines de la science grecque. Bien que j'aie surtout en vue l'histoire des idées, il serait difficile, vous le comprenez bien, de faire abstraction des conditions matérielles qui en accompagnent et quelquefois en favorisent l'éclosion. J'aurai à vous parler de penseurs, mathématiciens, physiciens, astronomes, qui n'ont pas vécu n'importe où, ni n'importe quand, et il me paraît indispensable, pour la clarté de nos études, de vous donner avant tout un aperçu historique et géographique sur le pays d'où ils sortent tous, sur le milieu où nous verrons se développer les germes de la science. Je joindrai à cet aperçu quelques indications rapides sur le problème si important, mais si difficile, de la chronologie des temps dont je dois vous entretenir, — et ainsi nous nous serons, en cette leçon, débarrassés de quelques préliminaires indispensables.

I

La Grèce qui nous intéressera aux VIme et Vme siècles avant J.-C., n'est pas en Europe; elle est surtout aux confins de l'Asie, sur le littoral de l'Asie-Mineure que baigne la mer Égée ou l'Archipel.

Il y a là, du moins, une région que nos divisions artificielles placent en Asie, mais qui, par tous ses caractères naturels, se rattache à l'Europe. Les plateaux de l'intérieur peuvent certes être considérés comme le prolongement des hauts plateaux d'Asie, mais ils s'arrêtent à une certaine distance de la côte pour s'abaisser ensuite en terrasses jusqu'à la mer, et, entre les points les plus élevés et la côte, se trouve une étendue étroite, pas très longue (elle occupe à peine 3 degrés de latitude), que tous les géographes s'accordent à déclarer européenne par ses caractères généraux. Le climat n'y diffère pas sensiblement de celui du midi de l'Europe. Il a pu permettre autrefois une culture des plus heureuses et des plus abondantes de la vigne, de l'olivier, du blé, et de toutes sortes de céréales, soit dans les plaines remarquablement fertiles qui sillonnent tranversalement le pays, soit aussi dans les îles de la côte. Enfin vous voyez la configuration du littoral : il est découpé, dentelé, présentant une série de petits golfes, exactement comme le littoral européen, dont il est la continuation. M. Élisée Reclus voit, dans l'Asie-Mineure, un pays d'Asie enchâssé dans un pays d'Europe. Suivant une autre expression de Curtius, dont la signification, il est vrai, va au-delà des caractères physiques, ce serait comme une main tendue par l'Asie à l'Europe.

Dans leur mouvement de l'Orient vers l'Occident, tous les peuples, toutes les races ont dû s'y trouver amenés ; mais, tandis que jusque là leur marche avait pu être continue, il est clair qu'en touchant à l'extrémité du continent asiatique, un arrêt s'imposait à eux, au moins provisoire.

Des luttes que se sont livrées les différents peuples pour s'assurer la possession du pays, nous ne savons pas grand chose ; mais ce qui est certain, c'est que, depuis une époque qui remonte au-delà du XIIme siècle avant J.-C., s'il restait en Asie-Mineure des Phéniciens, des Cananéens, des Sémites de diverses provenances, — c'était, en tous cas, un peuple aryen, le peuple grec, partagé en Doriens, Eoliens et surtout Ioniens, qui était maître des lieux. Suivant Curtius, les Ioniens venaient directement d'Asie : une partie s'étaient avancés jusqu'à la côte opposée de la mer Égée, d'où, plus tard, quantité d'entre eux avaient reflué vers l'Est. Suivant d'autres, l'installation des Hellènes sur la côte d'Asie-Mineure ne daterait que du jour où les Grecs du continent se seraient portés vers l'Orient. Au fond, peu nous importe. Il nous suffit de pouvoir affirmer que, au moins depuis le XIIme siècle, les deux côtes opposées, baignées par l'Archipel, sont occupées par des hommes de même origine, et dont toutes les circonstances concourent d'ailleurs à maintenir l'unité de caractère et de tempérament. D'une part, les Grecs d'Asie ont, il est vrai, des relations avec les peuples voisins, et surtout avec les Phéniciens, mais ces relations se bornent à des échanges commerciaux qui ne tendent qu'à augmenter leur activité sur mer ; d'autre part, les Grecs l'Europe, isolés, pour ainsi dire, de l'intérieur par des montagnes difficiles à franchir, s'adonnent tout naturellement à la vie maritime ; de sorte que, entre eux, la mer Égée finit par être comme une mer intérieure, qui, loin de les séparer, les réunit, facilite leurs relations incessantes, et favorise l'accroissement de leurs ressources industrielles et commerciales.

Mais parmi les Grecs qui vivent ainsi sur les deux côtes de l'Archipel, ce sont surtout les Ioniens, installés sur le littoral asiatique, qui parviennent à un degré de prospérité, dont on se fait difficilement une idée exacte. Toutes les villes où ils se sont établis deviennent rapidement des centres extrêmement riches et puissants. C'est parmi ces villes que se trouvent les foyers intellectuels les plus importants pour l'histoire de la science ; je crois utile de vous les désigner : c'est d'abord et surtout *Milet*, au sud de l'embouchure du Méandre.— Milet est aujourd'hui recouvert par les alluvions que traîne cette rivière, et est rappelée sur les cartes par le petit village de Palatia ; — *Éphèse, Colophon*, au N.-O. d'Éphèse ; *Clazomène*, à l'ouest de Smyrne, — *Phocée*, (aujourd'hui Fokia) ; — *Téos*, au S.-E. de la presqu'île de Clazomène ; puis, parmi les îles de la côte, ils avaient *Samos* et *Chios* (aujourd'hui Chio).

Les circonstances les plus heureuses favorisèrent la prodigieuse prospérité de ces villes. J'ai déjà fait allusion à la fertilité du sol, à l'abondance des céréales: les métaux affluaient également dans les terrains d'Asie-Mineure, et les Ioniens savaient en tirer un très grand parti, soit pour les objets d'art, soit pour les constructions, soit pour les échanges commerciaux. En outre, pendant une période assez longue, — depuis leur installation définitive, à peu près sans doute depuis le XIIme ou XIme siècle jusqu'au VIIme environ, — on peut dire que leurs puissants voisins ne vinrent guère les troubler, et ils purent s'appliquer en paix au développement de leurs ressources de toute espèce. Enfin leur constitution se prêtait merveilleusement à leurs progrès. A la royauté de la Grèce continentale n'avait pas tardé à succéder, en Ionie, le régime démocratique. Chacune des villes ioniennes se gouvernait elle-même; et si parfois telle ou telle famille, tel ou tel individu parvenu au pouvoir, en abusait volontiers, du moins, d'une façon générale, c'étaient toutes les forces vives du peuple qui concouraient à la direction des affaires. L'unité de la confédération se trouvait d'ailleurs sanctionnée par une sorte de conseil fédéral, le Panionium, qui tenait ses assemblées dans un Temple, commun à tous les Ioniens, et s'occupait des intérêts communs. Ainsi liberté complète d'une part, union et solidarité d'autre part, c'étaient des conditions idéalement favorables à un développement prospère.

Joignons à toutes ces circonstances le tempérament ingénieux et actif des Grecs, — et surtout des Ioniens, — l'influence que dut avoir sur eux l'esprit entreprenant des Phéniciens, qui probablement leur firent faire des progrès rapides dans l'art de la navigation, et nous comprendrons qu'ils aient pu parvenir à une prospérité merveilleuse. Leur richesse fut bientôt telle, qu'ils fondèrent quantité de colonies au nord de la mer Égée, au nord de l'Afrique, et enfin en Italie, dans ce qu'on appelle la grande Grèce. La civilisation suivit les progrès de la richesse et de la puissance matérielle. En attendant de vous montrer la science et la méditation philosophique naissant sur cette Grèce d'Asie, qui occupe une si petite place sur la surface du globe, il me suffira de vous rappeler le grand nom d'Homère, dont les épopées ont certainement vu le jour, vers le Xme siècle, sur les côtes de l'Ionie.

Comme nous aurons à nous demander jusqu'à quel point les produits de l'esprit ionien furent autochtones, il importe d'insister sur les rapports des Ioniens avec les peuples voisins.

J'ai déjà dit que, par sa situation géographique, l'Ionie a dû subir le contact de la plupart des peuples d'Asie. Après une première période de lutte fort probable, des relations commerciales purent, par l'intermédiaire de leurs voisins immédiats, les Lydiens, maintenir les communications avec tous les peuples d'Asie, Mèdes, Perses, Hindous, avec les Assyriens, Chaldéens, Phéniciens, Hébreux, (nous trouvons dans le prophète Joël une allusion directe aux *Javans*, qui ne sont autres que les Ioniens). Mais en somme jusqu'au VIIme siècle avant notre ère, nous ne savons rien de précis : ce n'est qu'à partir de là que nous arrivons pour les Ioniens à la période historique. Et, à ce moment, un grand évènement se produit : l'Égypte s'ouvre à eux.

Il paraît certain aujourd'hui, soit d'après le déchiffrement de quelques inscriptions, soit d'après quelques allusions de l'Odyssée à des combats livrés sur les bouches du Nil, soit d'après quelques indications d'Hérodote, que déjà, à une époque qui remonte sans doute au-delà du XIIme siècle, des Grecs avaient au moins essayé de s'établir sur la côte d'Égypte. Mais en tous cas, par suite de la haine des Égyptiens à l'égard des *Barbares*, on peut dire que, si avant le VIIme siècle quelques bandes de Grecs connurent l'Égypte, elles furent isolées, leur séjour dans le pays des Pharaons ne fut que provisoire, et, pour les Grecs d'Europe et d'Asie ce n'était encore, au commencement du VIIme siècle, qu'un pays lointain et mystérieux. A ce moment l'Égypte était en proie à l'anarchie. Les Milésiens envoyèrent hardiment trente vaisseaux à l'embouchure du Nil, y établirent un camp fortifié, se mêlèrent aux luttes intestines, et aidèrent le prince Psammèticus à monter au pouvoir. Psammèticus, aussitôt parvenu au trône des Pharaons, témoigna largement sa reconnaissance aux Grecs, et leur ouvrit, toutes grandes les portes de l'Égypte. Ce ne fut pas alors seulement le commerce grec qui pénétra en Égypte, ce fut toute l'ardeur et toute l'activité d'un peuple, resté jeune, qui vint donner un peu de vie au vieux royaume : l'installation des Grecs en Égypte coïncide avec une série de grands travaux exécutés sous Psammétius, puis sous Necho et sous Amasis — auxquels ils ne furent certainement pas étrangers. Mais d'autre part, il faut bien le reconnaître, ce pays jusque-là mystérieux, s'ouvrant tout-à-coup devant la curiosité des Grecs, produisit sur eux une impression profonde. Tous ont voulu voir l'Égypte, et si tous ou presque tous y sont allés en simples marchands, vendant des céréales ou des denrées, il semble bien qu'ils en aient rapporté autre chose que des souvenirs commerciaux. Du reste, sans insister sur cette question qui fera l'objet de nos prochains entretiens, disons que c'est à cette date que semble commencer vraiment sur le sol ionien la pensée réfléchie, la méditation scientifique. C'est en effet au VIIme siècle que naît Thalès, et c'est vers la fin de ce même siècle, et pendant le VIme, que Thalès, Anaximandre, Anaximène, tous trois de Milet, que Pythagore, de Samos, que Xénophane, de Colophon, tous Ioniens, vont jeter les premiers fondements de la spéculation philosophique.

On peut dire que c'est le moment où la civilisation ionienne atteint son apogée. A partir de là, des luttes incessantes, d'abord avec les Lydiens, puis surtout avec les Perses, vont peu à peu en amener la décadence. Ces évènements, sur lesquels nous avons par Hérodote d'amples renseignements, méritent de vous être résumés en quelques mots, — au moins dans ce qu'ils pourront avoir d'essentiel pour nous, — non pas seulement parce que les hommes dont nous étudions les idées s'y trouvent mêlés, mais aussi parce qu'il faut bien que vous compreniez pourquoi et comment la suprématie dans le monde grec va se déplacer d'Asie en Europe, et comment l'étude de la science grecque, commencée en Ionie avec Thalès et Pythagore, devra se continuer un jour à Athènes avec Platon et Aristote.

Les Lydiens avaient souvent essayé de mettre la main sur ces belles colonies grecques si florissantes : Milet, Éphèse, Colophon, Clazomène.... Mais ils n'avaient pu pousser bien loin leurs entreprises, grâce à l'habileté et à la puissance des Ioniens, et on en vint à conclure, — sous le règne d'Alyatte, — une paix assez durable. Du reste, la Lydie allait avoir bientôt à se défendre elle-même contre de puissants ennemis : les Mèdes d'abord, puis les Perses.

De la guerre contre les Mèdes, qui n'eut pas pour l'Ionie des conséquences bien sérieuses, je ne vous citerai qu'un fait d'une certaine importance pour l'histoire de la science. Pendant une bataille entre les Lydiens et les Mèdes, une éclipse de soleil, raconte Hérodote, vint tout-à-coup plonger les combattants dans une obscurité complète, et, c'est là surtout ce qui nous intéresse, au dire d'Hérodote et suivant les témoignages de toute l'antiquité, Thalès avait prédit cette éclipse aux Ioniens. Retenez ce détail : il nous intéresse doublement, d'abord par l'idée qu'il peut suggérer de ce que savait Thalès, ensuite par l'importance qu'il prend dans la question des origines de la science grecque, Thalès nous apparaissant comme le premier savant qui ait voyagé en Égypte.

Poursuivons : la paix faite avec les Mèdes, la Lydie ne tarda pas à en venir aux mains avec Cyrus, le puissant roi des Perses. Elle fut écrasée ; son roi Crésus fut fait prisonnier dans sa capitale même, à Sardes, qui tomba aux mains des Perses. Ce fut là un coup mortel pour l'Ionie. Les Lydiens, malgré quelques velléités d'asservissement, lui avaient évidemment rendu un immense service : ils avaient été comme un tampon entre elle et les vieilles populations d'Asie, dont le tempérament et l'éducation religieuse devaient nécessairement faire d'irréconciliables ennemis de l'esprit grec. La Lydie vaincue, les Perses n'eurent pas grand peine à mettre la main sur les colonies grecques du littoral. Ce fut alors le signal d'une émigration continue des Grecs d'Asie vers quelque côte hospitalière, où ils pussent vivre, comme par le passé, dans une paix tranquille et libre. Et tout contribua, dans cette période de désespoir, à favoriser l'émigration : quand ce ne fut pas le joug intolérable des Perses, ce furent les abus de quelque tyran. Peu à peu les foyers intellectuels du monde grec se transportèrent vers l'Ouest. Les habitants de Téos et de Phocée s'enfuirent sur leurs vaisseaux. Les premiers s'en allèrent vers le nord de la mer Égée, fonder une colonie à *Abdère* : c'est là que nous verrons naître Démocrite et fleurir la fameuse école des Atomistes. Les habitants de Phocée, après bien des pérégrinations, allèrent fonder en Italie, sur la côte de la mer Thyrrhénienne, la petite ville d'*Elée*. Xénophane, fuyant Colophon, vint s'y fixer, et y créer, à la limite extrême du monde grec, l'école des Éléates, qui, nous le verrons, joua un si grand rôle dans l'histoire des idées, et dont, — après Xénophane, — Parménide, Zénon et Mélissus furent les illustres représentants. D'un autre côté Pythagore, parti de Samos pour un voyage sur les détails duquel on ne s'accorde guère, ne voulut pas rentrer dans sa patrie; il s'en alla, comme Xénophane, porter ses doctrines et son enseignement sur une terre libre, dans la grande Grèce. Il enseigna à Crotone et à Sybaris, et fonda la plus célèbre des écoles grecques, celle qui, nous le verrons, suivant les recherches les plus récentes, peut être considérée comme ayant véritablement créé les mathématiques pures.

C'est la quatrième que je mentionne dans ce rapide résumé; permettez-moi de les énumérer de nouveau : l'école de Milet (Thalès, Anaximandre, Anaximène); — l'école d'Elée (Xénophane, Parménide, Zénon, Mélissus); — l'école d'Abdère (Leucippe et Démocrite), — enfin, l'école des Pythagoriciens en Italie.

Tous les penseurs que nous rencontrerons ne rentrent pas nécessairement dans l'un de ces quatre groupes, cependant ces écoles jouent chacune un rôle assez important et assez original, pour que dans une vue rapide, et à grandes lignes, vous vous borniez provisoirement à cette division. Cela éclaircira singulièrement nos études.

Eh bien, voilà donc les centres importants pour l'histoire de la pensée disséminés, isolés çà et là, loin du sol où ils s'étaient primitivement formés. Ils ne sont pas encore sur celui de la Grèce continentale : ils l'entourent, pour ainsi dire ; et, sous le besoin naturel de concentration et d'unité, vous comprenez qu'ils vont converger vers le continent grec et s'y transporter (en même temps d'ailleurs que la puissance grecque et toutes les ressources de l'art hellène), dans le grand siècle de Périclès, quand Athènes, provoquée par les Perses pour avoir voulu protéger ses colonies, aura remporté sur eux les immortelles victoires de Marathon et de Salamine.

Je peux arrêter là sans inconvénient mon résumé historique. Mais je veux y ajouter quelques mots sur le monde ionien au VIIme siècle.

Il faut se garder de croire qu'il puisse être question d'un peuple primitif. Bien avant Homère, ses épopées en témoignent, la civilisation y était parvenue à un degré fort avancé. Au point de vue matériel, l'existence des Ioniens ne diffère pas sensiblement de la nôtre. Les habitants se logent dans des maisons très confor tables : la pierre et les métaux sont domptés depuis longtemps, et il y a à Milet, à Samos, non seulement de grandes maisons, mais des châteaux et de beaux monuments. Lorsque l'Égypte fut ouverte aux Ioniens, nous les voyons aider à des quantités de constructions importantes, en particulier à de grands travaux de canalisation. Leur vie est surtout concentrée dans le commerce maritime ; ce qui sert aux échanges, c'est déjà, du temps d'Homère, de la monnaie de métal, du cuivre et de l'or.

Les moyens de communication n'étaient certes pas ce qu'ils sont aujourd'hui, mais ils étaient presque ceux des siècles derniers. Les bateaux grecs et phéniciens, qui sillonnaient en tous sens l'Archipel et la Méditerranée, transportaient d'une côte à l'autre les voyageurs ou les messages. On s'écrivait, et beaucoup plus sans doute que vous ne pensez. Il y avait beau temps que l'alphabet phénicien avait pénétré chez les Grecs. Les 22 caractères primitifs s'étaient peu à peu altérés sous l'influence des besoins d'une vie active, souple et mobile, comme l'était celle des Grecs, et, aux approches du VIme siècle, les lettres grecques avaient acquis leur forme définitive. On s'envoyait des missives, et non seulement dans le monde grec, mais dans tout l'Orient. — Citons quelques faits que j'emprunte au hasard à un travail de M. Barthélemy St-Hilaire ([1]).

([1]) *Les origines de la philosophie grecque*, préface du traité de la génération et de la destruction d'Aristote. — Cette préface nous a fourni d'ailleurs beaucoup d'indications précieuses pour l'historique que nous présentons ici.

Polycrate, tout puissant à Samos, est en relation d'alliance et d'amitié avec Amasis, roi d'Égypte. Ils s'écrivent pour se demander ou se donner des conseils, ils correspondent couramment de Samos à Memphis. — Quand Pythagore s'en va en Égypte, Polycrate lui donne une lettre de recommandation qui doit l'introduire près d'Amasis et faciliter toutes ses relations à Memphis. Et ainsi de suite ; les récits d'Hérodote fourmillent d'ailleurs d'exemples de ce genre.

Ce ne sont pas seulement les missives qui circulent, ce sont aussi les livres qui se publient, qui se vendent, qui se transportent. Il y a très probablement des libraires ; il y a certainement des bibliothèques. Polycrate passe, par exemple, pour avoir amassé une grande bibliothèque ; et c'est même là un des indices notés de sa richesse. Nous aurons l'occasion, à propos de l'histoire de la géométrie, de parler d'ouvrages pythagoriciens, malheureusement perdus, dont l'existence nous est révélée historiquement par ce fait que quelques pythagoriciens ont fait de l'argent avec. Si nous allons seulement jusqu'au temps de Platon, les témoignages abondent où il est question de livre, au sens où nous l'entendons aujourd'hui. Socrate, dans le Phédon, fait allusion à un livre d'Anaxagore qu'il a entendu lire. Le Parménide nous montre encore Socrate, tout jeune, écoutant la lecture des écrits de Zénon. Xénophon, dans l'Anabase, raconte que les Thraces s'étant jetés sur quelques malheureux naufragés, sur la côte du Pont-Euxin, leur volent tout ce qu'ils trouvent dans leurs caisses et en particulier des livres, qu'ils prennent pour les revendre (¹).

Tout cela d'ailleurs ne nous surprend plus guère si nous jetons les yeux sur l'Égypte.—On a trouvé dans un des tombeaux de Gizeh, comme titre d'un haut fonctionnaire des commencements de la VIme Dynastie, c'est-à-dire d'une époque impossible à fixer dans un passé très éloigné, le titre que voici : *Gouverneur de la maison des livres*. Non seulement on écrivait des livres dans des temps aussi reculés, mais il y en avait assez pour qu'on pût parler d'une maison des livres ; et le bibliothécaire était un grand personnage. Récemment encore on a fait à El Amarna, en Égypte, la découverte de tablettes cunéiformes, fort instructives à cet égard ; ce sont des lettres que les gouverneurs Égyptiens de la Syrie et de la Palestine avaient adressées à leur souverain, au roi d'Égypte, pour lui demander des secours contre les bandes babyloniennes qui dévastaient le pays. Ces lettres datent de la fin du XVme siècle avant J.-C. ; elles s'adressent au roi Aménophis IV. Il est assez curieux de voir, 1500 ans avant J.-C., une correspondance régulière s'établir entre le gouvernement égyptien et ses fonctionnaires asiatiques, absolument comme aujourd'hui entre le gouvernement français et un préfet algérien, par exemple. Dé-

---

(¹) Voir la préface de M. Barthélemy St-Hilaire — déjà citée.

tails curieux : Nous apprenons par ces lettres qu'il y avait à Jérusalem un bureau des archives royales, — et qu'il était dirigé par une femme. — Rien d'étonnant à ce que, depuis longtemps, par l'intermédiaire des Phéniciens, se fût introduit chez les Grecs l'usage d'écrire des livres. Quelle était la matière qui servait, soit aux lettres, soit aux livres ? En Ionie, comme en Égypte, c'était le papyrus. Pline explique en détail par quels procédés simples on tirait, de la plante égyptienne de ce nom, les bandes toutes prêtes à recevoir les caractères écrits, — je vous y renvoie, si cela vous intéresse, et je continue ce rapide aperçu sur le monde ionien.

Vous voyez, en somme, qu'au moment où va naître la pensée scientifique, elle n'aura pas de peine à se communiquer, et, par cela même, à prendre plus de puissance et plus de vie. L'essentiel est qu'elle naisse. Eh bien, le terrain est merveilleusement préparé pour cela.

L'esprit grec est, nous le savons déjà, souple, délié, capable d'une activité prodigieuse ; les Ioniens, en particulier, l'ont prouvé, soit dans les affaires, soit dans toutes les manifestations artistiques. Mais il y a plus, et je dois attirer votre attention sur un caractère de cet esprit, qui a puissamment aidé à l'éclosion de la méditation scientifique et à ses progrès. De tous les peuples de l'antiquité, avec qui nous avons affaire quand il s'agit de l'histoire de la civilisation, c'est, à coup sûr, le peuple grec qui nous apparaît comme le moins absorbé, pourrait-on dire, par ses dogmes religieux et par ses traditions sacrées. Certes, en Grèce continentale, les prêtres et les oracles ont joué un rôle suffisant pour que la religion grecque ne soit pas un élément négligeable; mais enfin, là même, près des sanctuaires, les Grecs ne nous apparaissent pas comme les Égyptiens, les Hindous ou les Hébreux, attachés à la lettre de quelque livre sacré, dans les limites duquel leur pensée se croie obligée de se mouvoir. Si du continent nous passons aux colonies, c'est bien autre chose encore ! J'ai déjà dit qu'avec le temps le lien qui rattachait les Ioniens aux anciennes maisons royales s'était peu à peu rompu. Il en fut de même, et plus facilement encore, de celui qui les rattachait à leurs dieux. Le conseil fédéral, le Panionium, se réunissait, dans le temple commun aux Ioniens. C'était peut-être là le seul souvenir sérieux de leur religion première, et vous pensez bien que, dans ces assemblées, les affaires de toutes sortes, les intérêts matériels et politiques, pour ce peuple si remuant, devaient tenir assez de place pour que les rites religieux n'eussent pas beau jeu. Bref, les Ioniens en vinrent à cet état d'esprit dont Homère déjà nous donne l'impression, qui n'est pas, si on veut, l'irrévérence à l'égard des dieux, mais tout au moins un détachement suffisant des choses sacrées pour parler de Zeus, de Junon et des autres, à peu près comme nous en parlerions nous-mêmes.

Eh bien, Messieurs, sans songer ici à me demander,

parce que cela ne nous regarde pas, si cet état d'esprit était bon ou mauvais en soi, il m'est permis de dire, après quelques autres d'ailleurs, qu'il était particulièrement favorable à la mission qu'allait remplir l'Ionie, en créant la méditation philosophique indépendante, libre, en créant la science.

Vous imaginez-vous les Hébreux, par exemple, cherchant d'eux-mêmes, les premiers, une explication scientifique de l'Univers ? N'avaient-ils pas dans la Bible la réponse à toutes les questions qu'ils auraient pu se poser ? — Vous savez la réponse que fit le père Budée, vers la fin du XVIme siècle, au père Scheiner d'Ingolstadt, qui était tout contrit d'avoir trouvé des taches au soleil. « Des taches au soleil ! J'ai lu et relu bien souvent mon Aristote, lui dit-il, et je puis vous certifier qu'il ne s'y trouve rien de tel. Allez mon fils, tenez-vous l'esprit en repos, les taches que vous croyez avoir vues au soleil étaient dans vos yeux ou dans votre lunette ». — Si Aristote a pu exercer dans la société chrétienne du moyen âge une telle autorité, nous imaginons sans peine la répugnance qu'auraient pu manifester les Hébreux deux mille ans plus tôt, ou les Chinois, ou les Hindous, pour toute tentative de recherche en dehors de leurs livres saints. Aujourd'hui par bonheur, nous en sommes tous venus, — j'entends tous ceux qui comprenons ce qu'est la science et ce qu'est la religion — à sentir clairement qu'elles peuvent vivre côte à côte, se développer, se transformer, sans jamais craindre de faire mauvais ménage ; elles répondent à deux aspirations bien distinctes de l'âme, et doivent avoir chacune pour l'autre un respect absolu. Mais vous savez comme moi que cette vue claire des choses ne date pas de longtemps. Il nous a fallu de longs siècles de cette méditation libre, à laquelle les Ioniens ont donné l'élan, pour en arriver où nous en sommes. Et, par conséquent, vous comprenez combien il est heureux, pour la science, qu'il ait pu vivre quelque part, à un moment donné du passé, et dans une civilisation déjà assez avancée, des hommes ne trouvant pas dans leurs dogmes une réponse suffisante aux questions que la nature pose sans cesse à notre esprit. Enfin, Messieurs, il faudrait avoir l'éloquence d'un Bossuet pour vous faire sentir ce qu'il y a eu de merveilleux, de providentiel, ne manquerait pas de dire l'auteur du «Discours sur l'Histoire universelle», dans le concours des circonstances qui ont préparé l'avènement de la science et de la philosophie. Rappelez-vous quelle est la situation géographique de ce peuple, — de ce peuple ionien, seul capable de penser librement, de ce peuple seul tolérant, par suite de son état d'esprit, et seul capable, par conséquent, de ne pas rejeter ce qui lui venait des autres, comme un produit d'une civilisation barbare. Ce n'est pas n'importe où qu'il a vécu : c'est juste au point de jonction des trois continents ; c'est là, en ce point unique où ont pu venir se déposer et s'accumuler toutes les connaissances embryonnaires des civilisations antiques, c'est là que se trouvent les Ioniens, justement tout prêts à recevoir et à féconder aussitôt les germes de toutes les sciences.

Nous verrons dans la suite du cours, ce qu'étaient ces germes et ce qu'ils devinrent entre les mains des Grecs. Il me suffit de vous avoir donné aujourd'hui une idée du terrain où ils allaient tomber, et il me reste, pour être fidèle à mon programme, à vous dire deux mots de la chronologie des temps, dont nous devons nous occuper.

II

Par Hérodote, d'une part, et d'autre part par les listes chronologiques des marbres de Paros qu'Arundel a trouvées en 1627, nous avons une foule de renseignements sur la chronologie des grands évènements politiques. Nous savons à peu près faire correspondre les dates par Olympiades, usitées chez les Grecs depuis le VIIIme siècle, à nos dates rapportées à l'ère chrétienne. Mais ces renseignements manquent souvent de précision, de sorte que la difficulté devient énorme pour l'histoire de la science, quand il nous faut adapter les hommes et leurs œuvres à un cadre dont les points de repère sont eux-mêmes quelque peu flottants. — Ce n'est pas que dès l'antiquité on n'ait publié des histoires de sciences. Les premières ont été écrites au IIIme siècle avant J.-C., par deux disciples d'Aristote : Eudème, qui a traité l'histoire des mathématiques, Théophraste, celle des sciences physiques. Mais ces deux ouvrages ont disparu. M. Diels en Allemagne, pour la physique, et M. Paul Tannery en France, pour les mathématiques, ont récemment démontré que, en dehors d'Aristote, qui d'ailleurs est plutôt un polémiste qu'un historien (¹), toutes les sources dont nous disposons aujourd'hui dérivent de ces deux ouvrages d'Eudème et de Théophraste, et, le plus souvent, vous vous en doutez, sans que ceux dont il nous reste les écrits, aient eu l'original même sous les yeux. Or, au temps de Théophraste et d'Eudème, on ne se préoccupait pas encore de chronologie. Aucune des sources auxquelles nous pouvons puiser pour l'histoire des physiciens ou mathématiciens ne saurait donc nous aider sur ce point.

C'est Eratosthène, au IIme siècle avant J.-C., qui le premier s'est occupé de chronologie, et ses travaux furent vulgarisés par un poème d'Apollodore d'Athènes, également du IIme siècle, qui donnait toutes les dates depuis la prise de Troie (1184) jusqu'à l'année 144 avant J.-C. Ce poème est perdu ; — ce que nous en connaissons se compose d'emprunts faits de première ou de deuxième main à Apollodore, par Diogène Laerce (200 ans après J.-C.)

M. Diels est parvenu, il y a quelques années, à reconstituer la chronologie des premiers penseurs grecs d'après Apollodore. Malheureusement, si intéressant que soit ce résultat, il n'a pas une valeur absolue,

---

(¹) Nous y reviendrons plus loin, leçon V.

attendu qu'Apollodore lui-même manquait de données précises pour fixer sa chronologie. Voici comment ses procédés sont décrits par M. Paul Tannery.

« Ils sont, dit-il, passablement arbitraires ; mais en
» dehors de leur simplicité, ils offrent au moins l'avan-
» tage d'être systématiques. Apollodore recherchera
» les synchronismes ; dans le cas où une *succession* se
» dessine, il pourra partager également les temps ;
» mais surtout il s'attache à préciser l'*acmé* de chaque
» philosophe (il s'agit de la date du fait le plus sail-
» lant de la vie), quand il peut la déterminer histori-
» quement, et en même temps il suppose que l'acmé
» correspond à l'âge de quarante ans. Il remonte dès
» lors à la date de la naissance, et, quand la durée de
» la vie lui est connue par quelques renseignements
» biographiques, il en déduit également la date de la
» mort. Autrement, ou bien il s'abstiendra de préciser
» cette dernière date, ou bien il indiquera la limite
» extrême à laquelle des témoignages historiques pré-
» sentent comme encore vivant le personnage en
» question. »

Eh bien, reconstituer à peu près cette chronologie d'Apollodore, c'est ce qu'ont pu permettre de mieux les méthodes philosophiques et historiques.

N'en existe-t-il pas d'autre ? C'est ici le cas ou jamais — puisqu'il s'agit d'histoire et de science, — de dire quelques mots d'une méthode qui a eu ses moments de vogue, et qui, même encore, peut sembler à quelques-uns posséder une sûreté qu'elle n'a pas : je veux parler de la méthode astronomique. Elle consiste à utiliser nos connaissances astronomiques d'aujourd'hui pour calculer la date de tel évènement céleste dont les auteurs anciens nous ont gardé le souvenir, ou bien pour reconnaître, dans une figure astronomique trouvée sur quelque monument, l'image du ciel à certaine date, que la science permettrait de calculer. Toutes les fois que la science positive intervient, avec ses procédés de calcul mathématique, on est toujours porté à croire qu'on va tenir des résultats absolument exacts. Je ne vous surprendrai donc pas en vous disant que les esprits les plus élevés ont cru, de bonne foi, pouvoir résoudre les plus difficiles problèmes de chronologie à l'aide de quelques calculs astronomiques. C'est Newton qui le premier, je crois, songea à appliquer cette méthode, à propos de la fameuse sphère d'Eudoxe.

Eudoxe de Cnide, qui vivait dans la première moitié du IVme siècle, a construit, ou en tout cas a eu entre les mains, un globe sur lequel étaient indiquées quelques étoiles et l'écliptique dans une position déterminée, l'écliptique inclinée d'à peu près 24° sur l'équateur. Il a écrit un livre explicatif de cette sphère, livre que tous les astronomes de l'antiquité ont commenté, et qui nous a été conservé. Newton, y appliquant le calcul de la précession des équinoxes, se crut en droit de reculer d'abord de 500 ans environ la date adoptée jusqu'à lui pour la construction de la sphère, et, déduisant de là un ensemble d'autres dates, il en arriva à bouleverser complètement la chronologie ancienne.

On a acquis depuis la certitude que Newton se trompait; et je ne cite cet exemple que pour vous montrer à quel point les savants les plus éminents, les hommes du plus grand génie sont disposés à faire parfois preuve de quelque naïveté, quand il est question de la portée ou de la puissance de leur propre science. Certes les mathématiques ne se trompent jamais, mais il leur arrive de ne pouvoir nous renseigner. Elles ne sont qu'une langue dont nous disposons; c'est à nous d'en faire un bon usage.

Je choisirai, pour me faire comprendre, deux exemples fort importants, relatifs à des questions sur lesquelles nous pourrons revenir dans la suite du cours. Il s'agit d'abord du zodiaque de Denderah, et ensuite de l'éclipse de Thalès.

On a trouvé, sur le plafond de l'une des salles du Temple de Denderah, en Égypte, à 10 lieues environ de l'ancienne Thèbes, des figures sculptées ou peintes, parmi lesquelles, à première vue, on apercevait les douze signes du zodiaque, disposés à peu près en cercle, sauf pourtant que la constellation du cancer était nettement à l'intérieur du cercle. D'autres figures étaient mêlées à ces signes. Aux historiens se joignirent bientôt les astronomes, pour essayer de fixer la date de ce monument. Fourier, en désignant simplement ce qu'il crut être les points équinoxiaux sur cette figure, calcula le temps nécessaire pour leur déplacement jusqu'à nos jours, et fixa l'ancienneté du zodiaque d'abord à cent cinquante siècles, puis, toute réflexion faite, à vingt-cinq siècles avant J.-C. On en était resté à cette dernière appréciation, quand le gouvernement de Louis XVIII acquit le tableau de Denderah, et fournit ainsi à Biot l'occasion de l'étudier de près (¹). Biot, savant physicien, mathématicien et astronome, n'hésita pas longtemps à se prononcer : il déclara que le zodiaque de Denderah reproduisait l'état du ciel à peu près en l'an 716 avant J.-C.

L'ancienneté, vous le voyez, décroissait rapidement à chaque calcul nouveau. Mais ce n'était pas fini. Letronne vint à son tour, Letronne, non dépourvu de connaissances astronomiques, mais résolu, en tous cas, à faire appel exclusivement à la critique historique. Des inscriptions grecques, du caractère esthétique du moment, de la lecture des signes hiéroglyphiques du zodiaque faite par Champollion, Letronne sut déduire que le Temple de Denderah était *postérieur* à l'ère chrétienne. Du reste, la démonstration devint éclatante par le déchiffrement des inscriptions d'un sarcophage, parmi lesquelles était un zodiaque semblable à celui de Denderah, et où, cette fois, on sut lire la date du monument, ainsi que les titres du mort. On put comprendre alors que les zodiaques égyptiens, tels que celui de Denderah, ont une signification purement astrologique et non pas astronomique ; ils marquent

---

(¹) Je résume cette question d'après l'article de M. Bertrand, Journal des Savants, 83.

les mois de l'année, — le signe correspondant du zodiaque prenant une place à part, comme par exemple le cancer, à Denderah, — et ils se rapportent à quelque évènement, tel que la naissance d'un individu ou la construction d'un monument, ou tout autre évènement dont on veut garder le souvenir. — Pourquoi les astronomes se trompaient-ils? Vous le devinez, Messieurs. Leurs calculs, fort justes en eux-mêmes, avaient pour base l'interprétation que chacun d'eux donnait au tableau. Biot voulut y voir un planisphère, c'est-à-dire une projection sur un plan d'une figure sphérique représentant le ciel : c'était là une première hypothèse. Ce point admis, de quelle projection s'agissait-il? La figure plane pouvait être, d'une infinité de façons, la projection de la figure sphérique. Biot opta pour le mode de projection qui lui parut le plus simple : c'était là une deuxième hypothèse. Et enfin, pour déduire de la figure la position de l'Écliptique, Biot, voyant des étoiles dans les figures qui étaient mêlées aux signes du zodiaque, crut avoir le droit d'en désigner trois parmi elles comme étant trois étoiles connues : c'était une troisième hypothèse. Le malheur voulut que ces trois hypothèses fussent trois erreurs :

— 1° Le zodiaque de Denderah n'est pas un planisphère ; 2° par conséquent, ce n'est d'aucune façon la projection d'une figure sphérique ; 3° les figures qui accompagnent les signes du zodiaque ne sont pas des étoiles.

Cet exemple nous montre clairement quelle sorte de difficultés rencontre d'abord la méthode astronomique pour la chronologie : l'interprétation exacte des données sur lesquelles on raisonnera.

Mais si nous laissons de côté les monuments à prétention astronomique, il reste les observations de phénomènes précis, tels que les éclipses. Pour ceux-là, il est moins aisé de voir pourquoi nos calculs ne peuvent aller les atteindre dans le passé avec exactitude. Eh bien, prenons donc l'exemple de l'éclipse de Thalès. On en était à la sixième année de la guerre entre Lydiens et Mèdes, raconte Hérodote, quand, au plus fort d'une mêlée, une éclipse de soleil couvrit tout-à-coup les combattants d'une nuit sombre.

Il va sans dire que d'abord on peut se demander si cela est vrai. Hérodote vivant à peu près 150 ans après ces évènements, il est assez vraisemblable qu'un fait aussi important, surtout dans l'antiquité, se soit transmis fidèlement jusqu'à lui. Maintenant faut-il admettre que l'éclipse fut totale ? Étant donné l'impression profonde que produisaient les éclipses, on pourrait croire que, même partielles et obscurcissant quelque peu un ciel ordinairement pur sous ces climats, elle ait donné lieu, 150 ans plus tard, au récit d'Hérodote. Mais je n'insiste pas, et nous admettrons tout de suite qu'une éclipse totale s'est produite, visible des habitants de l'Asie-Mineure. Eh bien, même après avoir accepté ces données initiales, on n'est pas parvenu à s'entendre sur la date exacte de l'éclipse de Thalès.

Aujourd'hui les astronomes nous disent qu'ils hésitent entre trois dates : 585, 597 et 610. Après les travaux de M. Diels et de M. Tannery, cette dernière date semble la plus probable, mais, je m'empresse de le dire, pour des raisons qui ne sont pas toutes astronomiques. Eh bien, pourquoi donc l'astronomie est-elle impuissante à décider ? Est-ce que par hasard en 585, en 597 et en 610, on trouverait trois éclipses totales, visibles en Asie-Mineure ? Les astronomes pensent bien, en effet, qu'il y eut trois éclipses totales à ces dates; mais ils se déclarent incapables de dire avec précision d'où elles étaient visibles et d'où elles ne l'étaient pas. Ce qui les gêne, c'est qu'il entre dans le calcul de cette question un élément qui n'est pas suffisamment connu pour une époque aussi reculée, l'accélération du mouvement moyen de la lune autour de la terre. Halley le premier s'est aperçu, en étudiant de près des observations d'éclipses faites par les Grecs et les Arabes, que le mouvement moyen de la lune s'accélère. Il crut pouvoir dire que le déplacement de la lune sur son orbite, par suite de cette accélération, est d'environ 1° par 2000 ans. Mais ce n'est là qu'un résultat approximatif. Nous ne savons pas exactement sur quel déplacement il faut compter quand on passe de l'époque de Thalès à la nôtre, et nous ne pourrions être exactement renseignés que si d'abord nous connaissions avec précision toutes les circonstances de l'éclipse de Thalès.

Si j'insiste, c'est que je vois là une leçon fort

importante à tirer sur le rôle des mathématiques. Quand d'un certain nombre de faits, si grand qu'il soit, on a tiré une formule mathématique quelconque qui s'accorde avec eux, qui les exprime, par conséquent, dans un certain langage, il ne faut pas oublier que nous tenons simplement une explication soumise aux caractères que j'ai définis dans ma première leçon. Une série d'observations nous donne, par exemple, des formules, des lois où entre le temps, la variable t : si nous voulons les appliquer à des époques dépassant les limites de la période d'observations directes, si, par exemple, nous y faisons t égal à 2000 ans, à 3000 ans, etc., il ne nous est jamais permis d'affirmer que les résultats ne sont pas illusoires. Les formules mathématiques suivent les faits, elles ne doivent pas vouloir les déterminer. Loin que les faits s'assujettissent à s'y conformer éternellement, ce sont elles, les formules, qui doivent se tenir prêtes indéfiniment à se modifier, pour continuer à s'y adapter. Jusqu'à Hipparque, on ne se doutait pas du déplacement des points équinoxiaux; vous voyez ce qu'il y aurait eu d'illusoire à faire des cartes du ciel pour un temps trop éloigné. Avant Halley, on ne connaissait pas l'accélération du mouvement lunaire. Supposez qu'on ne s'en fût pas aperçu : on n'hésiterait plus à choisir aujourd'hui entre les dates de l'éclipse de Thalès ; on s'exposerait à énoncer des résultats faux au nom de l'astronomie. Et supposez même qu'on se croie en droit, un jour, pour des raisons quelconques, de donner à l'accélération lunaire, depuis Thalès jusqu'à nos jours, une valeur déterminée, savons-nous s'il ne reste pas quelque autre modification qui doive s'imposer à nos formules pour des temps si éloignés ?

Je touche là, Messieurs, à une question dont l'importance dépasse singulièrement celle du problème particulier que nous avions en vue. C'est pourquoi je crois devoir y insister. La mathématique joue dans la science générale un rôle de plus en plus grand : cela veut dire qu'elle constitue une langue de plus en plus précieuse. Mais ce n'est qu'une langue chargée de traduire en équations et en formules les données qui se sont offertes à nous.

Ce qui fait illusion, c'est la généralité et l'universalité des formules mathématiques ; mais dès qu'on sort du domaine abstrait, leur application à un fait quelconque suppose toujours, *a priori*, que ce fait est explicable par les seules circonstances introduites dans les formules. Or, le phénomène concret le plus simple dont nous ayons l'idée ne se trouve défini pour nous que par un nombre infiniment petit de conditions. Il y a longtemps qu'on l'a dit, c'est Claude Bernard, si je ne trompe : si nous connaissions toutes les conditions d'un seul phénomène, cela équivaudrait à la science intégrale. — Donc, Messieurs, à propos d'un fait nouveau, les conclusions de quelque démonstration mathématique seront ou non acceptables selon que ce fait ne dépendra pas ou dépendra d'autres circonstances que celles dont les formules ont tenu compte et il n'y a qu'un seul moyen, voyez-vous, de décider avec une certitude absolue si on se trouve dans l'un ou l'autre cas, c'est de savoir si le fait est ou non exact. Fixons-nous la date à quelque époque du passé d'un phénomène céleste, nous ne saurons si nous tenons bien compte de tous les éléments nécessaires à cette fixation, que lorsqu'il nous sera possible de savoir si, oui ou non, le phénomène s'est produit à la date indiquée. Déclare-t-on, avec M. Thomson, se fondant sur une hypothèse d'Helmholtz sur les causes de la chaleur solaire, que la nébuleuse solaire a commencé à se condenser il y a 18 millions d'années ? Nous concevrons l'hypothèse d'Helmholtz comme recevant de la réalité quelque justification, si le fait est exact. Dira-t-on, avec les géologues, qu'à la vitesse moyenne de formation des terrains, telle qu'elle résulte d'observations actuelles, il a fallu à la terre 500 millions d'années pour la stratification des couches géologiques ? Nous répondrons que, si vraiment il a fallu à la terre 500 millions d'années pour arriver à l'état actuel, il y aura là un argument en faveur des vues des géologues. — Le théorème de la conservation de la force s'oppose, soutient-on bien souvent, à l'existence de la liberté psychologique. C'est vrai, à moins.... à moins que nous ne soyons libres. Et ainsi de suite. — Cette digression m'a entraîné un peu loin : je ne la regretterai pas, si je me suis fait comprendre. Car si je me propose de vous retracer l'histoire de la science, je veux aussi, je vous en préviens, profiter de toutes les occasions de vous en faire mieux comprendre le sens et la véritable portée (¹).

(¹) Nous avons dit, au cours de cette leçon, qu'après les recherches de M. Diels et de M. Tannery, la date la plus probable de l'éclipse de Thalès semble être 610 av. J.-C. Les récentes découvertes des Assyriologues amènent aujourd'hui M. Tannery à se prononcer, de préférence, pour 585.

LIVRE DEUXIÈME

LA PART DE L'ORIENT ET DE L'ÉGYPTE DANS
LA SCIENCE GRECQUE.

TROISIÈME LEÇON

LA PART DE L'ORIENT ET DE L'ÉGYPTE DANS LA SCIENCE GRECQUE.

RÉSUMÉ HISTORIQUE DES OPINIONS FORMULÉES SUR LE PROBLÈME. — LES CONNAISSANCES DE L'ORIENT ET DE L'ÉGYPTE EN ARITHMÉTIQUE ET EN GÉOMÉTRIE.

Nous avons vu comment les Grecs d'Asie ont été amenés, par leur situation géographique, et par suite des circonstances que j'ai indiquées, à entretenir des relations de très bonne heure avec la plupart des peuples orientaux, et surtout, vers le VIIme siècle avant J.-C., avec les Égyptiens. Ces relations expliquent comment ce peuple, relativement jeune, a pu hériter d'un coup des connaissances accumulées depuis des milliers d'années par d'antiques civilisations. Quelle est la valeur des connaissances scientifiques que l'Orient dut ainsi transmettre à la Grèce ? Quelle est la part de l'Orient dans la science grecque ? Voilà la question que nous devons aborder aujourd'hui.

C'est là, Messieurs, un des problèmes les plus graves et les plus controversés de l'histoire des sciences. Au siècle dernier, la tendance, avec les

Encyclopédistes, est d'attribuer aux anciens peuples d'Orient, en même temps qu'une antiquité prodigieuse, des sciences fort avancées. Montucla est le premier, je crois, qui ait essayé, à peu près en même temps que Brucker faisait la même tentative pour la philosophie, de réduire à de justes proportions la science orientale. Mais il est probable que Montucla, dont le ton est celui du savant sincère, ennemi d'une thèse quelconque *a priori*, par crainte d'altérer la vérité scientifique, il est probable, dis-je, que Montucla n'aura pu déterminer à cet égard un nouveau courant d'opinion. Peu de temps après la publication de son Histoire des mathématiques, paraissaient les ouvrages de Bailly, (celui de la Révolution), dont le but principal était de présenter et de défendre énergiquement une hypothèse curieuse. Suivant lui, les connaissances des Égyptiens, Chaldéens, Hindous, Chinois, ne sauraient constituer de véritables sciences ; mais d'autre part, on y trouverait, confondus au milieu d'une gangue grossière, des éléments tout-à-fait merveilleux, qui empêcheraient de considérer la science des Orientaux comme une science naissante : on serait donc obligé d'y reconnaître, non pas les premiers éléments, mais les débris, au contraire, d'une science antique, sans doute créée par un peuple disparu. Les Chinois, les Hindous, les Égyptiens n'auraient pas fait preuve de l'originalité que l'on pense; en cela son opinion ne diffère pas de celle de Montucla. Mais ils auraient reçu du peuple disparu des débris épars d'une même science qui, dans leurs mains, sont à peine connaissables. Cette hypothèse de Bailly rajeunissait en partie la légende de l'Atlantide, cette fameuse île qui, dit Platon, était aussi grande que l'Asie et l'Afrique, dont les habitants atteignirent un haut degré de civilisation, et qui disparut un jour brusquement sous les flots (¹).

(¹) C'est dans le Timée et le Critias que Platon a soulevé cette fameuse question de l'Atlantide. Dans le Timée, d'abord, Critias, rapportant, sur la foi de son aïeul, un récit fait jadis à Solon par les prêtres égyptiens, dit : « Les
» livres nous apprennent quelle puissante armée Athènes
» a détruite, armée qui, venue à travers la mer Atlantique,
» envahissait insolemment l'Europe et l'Asie ; car cette mer
» était alors navigable et il y avait au devant du détroit, que
» vous appelez les colonnes d'Hercule, une île plus grande
» que la Lybie et l'Asie... Dans cette île Atlantide régnaient
» des rois d'une grande et merveilleuse puissance... Toute
» cette masse se réunit contre votre pays. C'est alors
» qu'éclatèrent au grand jour la vertu et le courage
» d'Athènes. Elle rendit à une entière indépendance tous
» ceux qui, comme nous, demeurent en deçà des colonnes
» d'Hercule. Dans la suite, de grands tremblements de
» terre et des inondations engloutirent en un seul jour et en
» une nuit fatale tout ce qu'il y avait chez vous de guerriers ;
» l'Atlantide disparut sous la mer ; aussi depuis ce temps
» la mer est-elle devenue inaccessible et a-t-elle cessé d'être
» navigable par les quantités de limon que l'île abîmée a
» laissées à sa place ». — D'autre part, dans le Critias, on lit : « Nous avons déjà dit que, quand les dieux se partagèrent

Les idées de Bailly eurent une très grande vogue. Tous ceux qui ont écrit sur ces questions, à la fin du siècle dernier et au commencement de celui-ci, ne manquent pas d'y faire allusion. On comprend cependant qu'elles ne pouvaient plaire qu'à demi, soit aux partisans de l'originalité et du mérite personnel des Orientaux, soit à tous ceux qui se refusaient à rien voir

---

» le monde, chacun d'eux eut pour sa part une contrée...
» L'Atlantide étant échue à Neptune, il plaça dans une île des
» enfants qu'il avait eus d'une mortelle... Le premier roi de
» cet empire fut appelé Atlas... La postérité d'Atlas se per-
» pétua toujours vénérée... Les descendants avaient amassé
» plus de richesses qu'aucune royale dynastie n'en a possédé
» ou n'en possédera jamais ; enfin ils avaient en abondance
» dans le pays tout ce qu'ils pouvaient désirer... L'île produi-
» sait elle-même presque tout ce qui est nécessaire à la vie...
» elle produisait et entretenait tous les parfums que la terre
» porte aujourd'hui dans diverses contrées... Tels sont les
» divers et admirables trésors que produisait en quantité
» innombrable cette île qui florissait alors quelque part sous le
» soleil. » Suit l'indication des travaux grandioses qu'exécutèrent les habitants de l'île, achevant de la transformer ainsi en un pays tout-à-fait merveilleux. Enfin la constitution politique répondait à l'idéal que Platon décrit dans la République.

Cette question de l'Atlantide, que Platon livrait ainsi aux méditations des commentateurs de tous les temps, comprend plusieurs problèmes distincts. D'abord naturellement le fait historique ou légendaire de la disparition d'une île, puis la position géographique de cette île, les phénomènes géolo-

de merveilleux dans leurs connaissances. Delambre, vers 1820, publia son « Histoire de l'astronomie ancienne », et chercha à détruire définitivement les illusions qu'avait pu laisser Bailly. Il y réussit si bien, que, depuis la publication de son travail, on peut dire que l'hypothèse de Bailly n'a plus qu'un intérêt de curiosité. De son côté, pour ce qui touche à l'astronomie, c'est-à-dire

---

giques qui auraient amené le bouleversement, enfin le caractère spécial de la civilisation qui aurait ainsi disparu. Ces divers problèmes auxquels des allusions plus ou moins vagues étaient faites, sur la foi de Platon, par quelques écrivains de l'antiquité et du moyen âge, reprirent tout-à-coup un intérêt puissant lors de la découverte de l'Amérique. A partir de ce moment, quantité de mémoires ne cessent de paraître, proposant chacun quelque explication nouvelle. Il faut voir dans la dissertation sur l'Atlantide de M. Th. Martin (Timée, tome I, page 257) le nombre prodigieux de systèmes que cette question a fait éclore dans le cerveau des savants. « Bailly a su prêter un vif intérêt aux discussions sur l'Atlan-
» tide en combinant avec esprit les opinions de ses prédéces-
» seurs. . Il a emprunté à de Paw la supposition d'un
» grand peuple primitif qui aurait autrefois occupé le plateau
» central de l'Asie. Rudbeck lui a inspiré la supposition
» d'après laquelle ce peuple lui-même serait venu d'une
» contrée plus septentrionale, qui ne serait autre que l'Atlan-
» tide de Platon. Buffon lui a fourni l'hypothèse du feu
» central et du refroidissement de la terre, nécessaire pour
» justifier l'hypothèse précédente. L'abbé Bannier lui a
» prêté sa manière commode de transformer la fable en
» histoire. Enfin, il doit à Baër beaucoup d'erreurs de détails

dans l'ordre d'idées où on était accoutumé à d(
aux anciens peuples de l'Orient le plus d'origin
Delambre s'applique à montrer que leurs con
sances sont tout-à-fait rudimentaires, et peuvent
ment s'expliquer, sans qu'ils aient eu à se :
d'autre instrument d'observation que du *gn*
(tige verticale, dont on observe l'ombre) et (
clepsydre ou horloge à eau.

Nous voici arrivés, avec Delambre, à un m(
capital. Le déchiffrement des écritures hiéroglyp
et hiératique, en Égypte, et de l'écriture cunéif(
en Asie occidentale, va nous permettre, sembl(

» et de contre-sens utiles ». Bailly a exposé les traits (
tiels de son système dans son Histoire de l'astro
ancienne. Ses *Lettres sur l'Atlantide* précisent la sit
géographique de l'île et les voyages à travers l'Asie
anciens habitants. C'est enfin dans ses *Lettres sur l'o*
des sciences que, discutant par le détail tous les éléme
connaissances que les livres anciens attribuent aux pe
asiatiques, il conclut à la nécessité du peuple primitif
ils les auraient reçues. — [Voir particulièrement, à [
de l'Atlantide : Suess, *Das Antlitz der Erde ;* (Pı
1885) ; E. Berlioux, *Les Atlantes, histoire de l'Atla*
de l'Atlas primitif, (Annuaire de la Faculté des Lett
Lyon, 1883, fasc. I) ; Roisel, *Études antéhistoriqu(*
Atlantes, (Paris, 1874) ; Paul Gaffarel, *l'Atlantide*,
de Géographie, t. VI, p. 241, 331 et 421, et t. VII, ɪ
Ignatius Donnelly, *Atlantis, The Antediluvian* ʜ
Londres, 1882].

de lire, soit sur les monuments, soit dans les tombeaux de l'Égypte, la réponse à toutes les questions touchant l'histoire ancienne de l'Orient. Hélas aucune merveille n'a ainsi été révélée dans le domaine de la science. Je reviendrai tout-à-l'heure sur les quelques découvertes qui nous intéressent. Pour le moment, sachez qu'elles n'ont nullement empêché les deux courants contraires d'opinion de se poursuivre jusqu'à nous. Du reste, si le déchiffrement des inscriptions et la lecture des papyrus égyptiens étaient bien capables de refroidir l'enthousiasme le plus ardent pour la science orientale, d'un autre côté, l'idée de l'évolution, pénétrant depuis cinquante ans dans tous les domaines intellectuels, continuait à plaider en faveur de cette science. Les évolutionistes, (et nous le sommes tous instinctivement, non pas seulement depuis Darwin et Lamarck, mais de toute antiquité, ce n'est pas d'aujourd'hui qu'on a dit : *Natura non facit saltus*), les évolutionistes, dis-je, étaient peu disposés à voir la science se constituer brusquement sur le sol hellène. Bref, si d'un côté Letronne s'applique à réduire la science orientale et surtout la science égyptienne à des proportions fort modestes, Biot, d'un autre côté, exalte la science chinoise. Le savant allemand Rœth, soutient, il y a 25 ans environ, que la géométrie est véritablement née en Égypte, l'arithmétique dans l'Inde, et que le génie de Pythagore réalisa leur fusion pour créer ce qui devait être la mathématique grecque. Hankel, dans son Histoire des mathématiques, montre de même les Asiatiques créant et développant les sciences abstraites. Ed. Zeller, l'historien de la philosophie des Grecs, s'efforce de prouver, dans son introduction, que cette philosophie est vraiment d'origine grecque ; mais en revanche, il ne montre aucun doute sur l'origine égyptienne de leur géométrie et de leur astronomie. Enfin, Messieurs, depuis une douzaine d'années, c'est décidément un nouveau courant qui l'emporte, sous diverses influences dont les principales sont d'une part la traduction, par Eisenlohr, du papyrus de Rhind, dont je vous parlerai tout-à-l'heure, et, d'autre part, les travaux de M. Paul Tannery. Les exagérations auxquelles inconsciemment on s'est laissé entraîner par le zèle évolutioniste ont eu le temps de s'atténuer. Une critique impartiale des seuls faits, dont l'appréciation importe à ce grave problème d'origines, nous ramène définitivement à l'opinion de Montucla. Les peuples d'Orient ont connu de toutes les sciences ce qu'on pourrait appeler les fondements matériels, mais ils ne semblent pas avoir fait preuve de méditation scientifique désintéressée, provoquée par le seul désir de connaître la vérité. La science pour elle-même, la science pure et désintéressée, semble bien vraiment d'origine grecque. Voilà ce que je me propose de vous montrer.

Ce que j'ai de mieux à faire pour cela, c'est d'abord de vous résumer ce que nous savons des connaissances scientifiques de l'Orient. Mais il me serait impossible de remplir cette tâche en une seule leçon : je me bornerai donc aujourd'hui à l'arithmétique et à la géométrie.

Chez tous les peuples asiatiques et chez les Égyptiens, aussi loin que les témoignages historiques nous permettent de remonter, nous retrouvons les traces d'un système de numération parlé et écrit, — ce qui n'a pas lieu de surprendre beaucoup. Il semble impossible qu'un peuple parvienne à l'état de société organisée, si sa langue ne comprend pas les signes qui désignent les nombres. Les échanges commerciaux, la transmission et le partage de la propriété, toutes les relations de la vie économique exigent un langage spécial pour les idées de quantité et de mesure. Et remarquez que ce ne sont pas seulement les nombres entiers, mais aussi les fractions dont l'usage s'impose. Car lorsqu'il s'agit d'étoffes ou d'étendue de terrain, ou de tout objet plus ou moins large, plus ou moins long, il est impossible de ne pas faire intervenir, pour en donner la mesure, les nombres fractionnaires. Les inscriptions hiéroglyphiques et cunéiformes les plus anciennes nous offrent en effet une notation spéciale pour les nombres et les fractions. Les fractions utilisées sont ordinairement des inverses de nombres entiers, elles ont pour numérateur 1, si vous aimez mieux. Leur notation se ramène donc à celle des nombres entiers, sauf qu'un signe spécial indique qu'il s'agit des inverses.

Un premier point curieux pour l'histoire des sciences,

c'est qu'il existe partout, pour la représentation des nombres entiers, un système décimal. A ce propos, Aristote fait remarquer que, parmi les anciens, seul, un peuple de Thrace a adopté le nombre 4 pour base de sa numération. C'est là une affirmation trop vague pour qu'on s'y arrête. Il est certain qu'en Asie ou en Amérique on trouve encore aujourd'hui des peuplades sauvages, qui n'ont pas l'idée de nombres tant soit peu élevés. Si quelque voyageur voulait, en les interrogeant, chercher la base de leur système de numération, vous devinez à quelles conclusions étranges il risquerait de se laisser entraîner.— Montucla cite une autre exception : les anciens Chinois. Évidemment, l'assertion de Montucla s'explique par une erreur du père Bouvet, qui avait cru trouver dans les livres chinois deux symboles pour représenter les nombres. Le père Bouvet connaissait Leibnitz, avec qui il était en correspondance, et Leibnitz s'est particulièrement occupé du système binaire, c'est-à-dire de ce système de numération où, avec l'unité et le zéro, on peut représenter n'importe quel nombre. Probablement cette influence ne fut pas étrangère à l'opinion du père Bouvet, que les livres chinois contenaient vraiment les caractères du système binaire, le 1 et le zéro ([1]). C'est une erreur dont on est revenu depuis. Les Chinois n'ont pas fait exception.

([1]) Voir Hœfer, Histoire des mathématiques, p. 47.

Tous les peuples civilisés, dont le souvenir nous est conservé par des documents positifs, ont usé du système décimal ; c'est là un des arguments de Bailly en faveur de ce peuple perdu, qui aurait transmis à tous les autres des lambeaux de sa science. Vous sentez pourtant combien peu cette hypothèse était nécessaire pour expliquer un pareil fait. Ou bien, — comme on l'a dit si souvent depuis Aristote, — les hommes ont pu compter d'abord avec leurs doigts, et être ainsi conduits partout à compter par dizaines. Ou bien, le système décimal, une fois formé dans un des centres de civilisation asiatique, se sera communiqué aux autres. Il est aisé de prévoir, par exemple, qu'un jour notre système métrique aura pénétré partout : pourquoi ne pas admettre que quelque chose d'analogue se soit passé, il y a trois ou quatre mille ans, pour la numération, et plus généralement pour toutes les analogies que nous rencontrerons dans la science des Orientaux? Cela suppose seulement des communications à des époques très reculées entre Chaldéens, Assyriens, Hindous, Chinois, Égyptiens. J'ai déjà fait allusion, dans notre dernier entretien, à l'existence des communications dans des temps extrêmement éloignés. Nous avons vu le gouvernement égyptien, par exemple, au XVme siècle avant J.-C., correspondre couramment avec ses fonctionnaires de l'autre côté de la mer Rouge. En dehors de la politique, les relations commerciales facilitaient ces communications. Nous imaginons sans peine, deux et peut-être trois mille ans av. J.-C., Babylone, par exemple, attirant par l'importance de son marché, les marchands nomades de l'Égypte, de la Syrie, de la Bactriane, de l'Inde, et même de la Chine, qui y apportaient les productions spéciales de leurs pays.

Vous pourriez avoir quelques doutes sur les rapports de la Chine et de la Chaldée. — Je tiens à vous citer quelques exemples que j'emprunte à M. Cantor, et qui me semblent démontrer l'existence de ces rapports dans des temps très lointains. Les Babyloniens partageaient le jour en 60 parties égales. Hérodote dit, il est vrai, qu'ils le partageaient en 12, mais cela n'est pas incompatible, et prouve simplement que les 12 heures civiles étaient divisées chacune en 5 parties égales par les astronomes. Du reste, ce nombre de 60 n'a rien qui nous surprenne en Chaldée ; — je vous donnerai dans un instant la preuve que les Chaldéens ont utilisé, à côté de leur système décimal, une numération sexagésimale. — Eh bien, les Chinois ont également divisé le jour en 60 parties. Les calendriers védiques de l'Inde antique le partageaient en 30 *muhurta* dont chacune valait 2 *nadika*, ce qui fait encore 60 parties égales. Il est difficile d'expliquer la coïncidence par des raisons naturelles. Mais il y a plus : on retrouve, dans les plus vieux livres indiens et chinois, l'indication du plus long jour. Le calendrier védique donne pour l'Inde $\frac{18}{30}$, c'est-à-dire en heures et minutes, $14^h 24^m$: les livres chinois donnent la même valeur $14^h 24^m$. Il est déjà curieux de trouver dans l'Inde et en Chine la même valeur ; cela fait soupçonner que ces nombres n'ont pas été calculés séparément par les Hindous et les Chinois ; l'explication nous apparaît avec clarté, si nous remarquons que la durée du plus long jour à Babylone, calculée, et cette fois très sérieusement, par Ptolémée, est de $14^h\ 25^m$. La différence est trop légère pour qu'on n'admette pas sans hésiter que les nombres hindous et chinois viennent de Babylone ([1]).

En tout cas, pour ce qui est du caractère décimal des numérations anciennes, après vous avoir démontré qu'il y a eu communication entre tous les peuples asiatiques, je vous laisse le choix de la conclusion.

Je ne finirais pas si je vous indiquais les signes à l'aide desquels Égyptiens, Chaldéens, Hindous, Chinois, Hébreux, Phéniciens représentaient d'une part les 9 premiers nombres, d'autre part les dizaines, cent, mille, etc..... Cela me paraît du reste toucher à la linguistique ou à la philologie plus qu'à la science. En général, la numération est purement additive ; c'est-à-dire que, pour lire le nombre, il faut ajouter les unités représentées par chaque signe. Dans l'écriture hiéroglyphique égyptienne, par exemple, 30 ne se représentera pas par le signe dix précédé du multiplicateur 3, mais par le signe dix répété 3 fois. C'est

---

[1] Vorlesungen uber Geschichte der Mathematik, t. I, p. 82.

là le type de la numération la plus primitive. Je dois dire qu'à côté de l'écriture hiéroglyphique, les Égyptiens avaient une écriture hiératique où la numération est un peu plus rapide, mais guère plus. L'usage des multiplicateurs, à gauche des signes dix, cent, mille, etc., se trouve plus nettement indiqué chez les Hindous, les Chinois et les Chaldéens. — Les Chaldéens se distinguent encore, pour leur numération décimale, en ce que les signes dix, cent, mille.... ne sont pas représentés par des symboles spéciaux, comme partout ailleurs. — Cent se représente dix fois dix, mille, dix fois cent, etc..., ce qui est évidemment un progrès, mais je n'insiste pas.

On croit pouvoir faire remonter aux temps les plus reculés l'usage, dans toute l'Asie, de la table à calculs. Des inscriptions, retrouvées sur des vases grecs, montrent l'antique usage qu'en faisaient les Babyloniens. D'autre part, de très fortes raisons nous font supposer que la table à calculs a été connue en Chine de toute antiquité. Le *Suan-pan* chinois y est encore très répandu. C'est par les conquérants Mongols qu'il a été introduit en Russie au moyen âge, et c'est de Russie qu'il nous est venu, apporté par Poncelet, qui conseilla de l'utiliser dans les salles d'asile ; il y est connu sous le nom de *boulier*. Voici en deux mots ce qu'était, pense-t-on, l'ancienne table à calcul : imaginez un cadre renfermant 3 rangées de boules mobiles sur des fils tendus ; ces rangées comprennent chacune 9 boules. Celles de la 1re rangée à droite seront des unités ; celles de la 2me, des dizaines ; celles de la 3me, des centaines. — En séparant vers le bas autant de boules de chaque rangée qu'on veut représenter d'unités de cet ordre, vous comprenez qu'on peut facilement exprimer n'importe quel nombre inférieur à mille. Cet appareil permet de faire très simplement les additions, pourvu que le total ne dépasse pas mille.

Cette façon de représenter les nombres impliquait déjà, remarquez-le, le principe de la valeur relative, de la valeur de position des chiffres. Il est étrange que ce principe n'ait pas été dégagé par l'antiquité. Les Grecs eux-mêmes ne remarquèrent pas que pour écrire un nombre, il n'est pas nécessaire de conserver une notation spéciale pour mille, pour cent et pour dix. — A la rigueur, pour les Grecs, cela s'explique ; nous les verrons créer, avec Pythagore, l'arithmétique, la science des nombres, par opposition à la *logistique*, qui est l'ensemble des calculs pratiques, et certainement, pour leur esprit spéculatif, ce problème matériel de la numération ne dut pas présenter un grand intérêt. Mais chez ces peuples, dont l'antiquité nous apparaît tous les jours de plus en plus reculée, et où l'instruction était certainement très répandue, comment n'a-t-on pas eu l'idée de supprimer un ensemble de mots ou de signes inutiles ? Comment n'a-t-on pas vu, par exemple, (pour exprimer par des notations symboliques notre idée générale) que le nombre :

3 2 5 1

M C D Ii

peut se passer des quatre lettres écrites sous les signes numériques ? Cela est inconcevable. — D'autant plus inconcevable, que nous allons voir chez les Chaldéens, à côté du système décimal, un système sexagésimal fort avancé, qui implique nettement le principe de la valeur de position des chiffres.

L'assyriologue anglais Hincks a traduit une curieuse inscription cunéiforme, où il est question des portions du disque lunaire qui se trouvent éclairées chacun des quinze premiers jours de la lunaison, de la nouvelle lune à la pleine lune. Et voici comment ces portions éclairées se trouvaient désignées :

5	10	20	40	1.20
1.36	1.52	2.8	2.24	2.40
2.56	3.12	3.28	3.44	4.

L'interprétation de ces résultats n'était pas commode. Hincks finit par deviner que les Chaldéens divisaient le disque lunaire en 240 parties égales ; que les nombres écrits représentent chacun un certain nombre de ces parties, et enfin que, pour les lire, il faut faire représenter aux nombres 1, 2, 3, 4, placés à gauche d'autres nombres, des *soixantaines*. Ainsi il faut lire :

5	10	20	40	80
96	112	128	144	160
176	192	208	224	240

Une première vérification de cette traduction c'est que, suivant le texte cunéiforme, les nombres inscrits doivent être en progression géométrique jusqu'au cinquième, — puis, à partir du cinquième, en progression arithmétique. Et en effet, vous le voyez, les cinq premiers nombres sont 5, 2 fois 5, 2 fois 10, 2 fois 20, 2 fois 40; à partir de là chaque nombre de ce tableau est égal au précédent augmenté de 16. — Il y a de fortes présomptions pour que Hincks ne se soit pas trompé, et pour que les Chaldéens aient eu un système sexagésimal, pour lequel ils jugeaient inutile d'indiquer que les nombres, placés à gauche d'un autre, représentent des unités 60 fois plus grandes. — Mais voici qui apporte une démonstration complète, si c'était nécessaire :

En 1854, le géologue Loftus trouva à Senkereh, sur l'Euphrate, deux petites tablettes d'argile, provenant de la bibliothèque de Sardanapale IV, à Babylone, recouvertes des deux côtés d'écriture cunéiforme. Sur l'une d'elles on a pu lire ce qui suit :

1	est le carré de	1
4	—	2
9	—	3
....		
49	—	7

et puis, non pas

64	est le carré de	8,
mais 1.4	est le carré de	8
1.21	—	9
....		
58.1	—	59

et enfin 1 — 1

Il est évident que 1.4 doit se lire 64, 1.21 doit se lire 81, et ainsi de suite, et que la dernière ligne signifie : 1 unité du 3me ordre, ou 60^2, est le carré de 1 unité du 2me ordre, 60, (ou 3600 est le carré de 60). — Sur l'autre tablette on lit :

1	est le cube de	1
8	—	2
27	—	3
1.4	—	4

Jusque-là il n'y a rien de nouveau à apprendre. Mais, arrivé au cube de 16, on lit le nombre 1, 8, 16. Or, $1 \times 60^2 + 8 \times 60 + 16 = 4.096$, c'est-à-dire justement le cube de 16, et ainsi de suite. — Nous trouvons donc ici non seulement un système sexagésimal bien construit, mais même une représentation assez simple fondée sur le principe de la valeur de position. — Comment l'idée qu'elle impliquait ne parvint-elle pas à se propager? Cela tient sans doute à ce que ce système utilisait deux numérations, la numération décimale de 1 à 60, et la numération sexagésimale au-delà.

En dehors de ces tablettes, quantité d'inscriptions et de témoignages historiques nous montrent, comme jouant un grand rôle dans la numération chaldéenne, le *soss*, 60, — le *ner*, 600, c'est-à-dire 10 fois 60, — et le *sar*, 60^2 = 3.600. Nous retrouvons dans le *ner*, comme le fait remarquer M. Cantor, la trace du mélange des deux numérations (¹).

Jusqu'où se sont élevées les connaissances arithmétiques des anciens peuples? Les documents positifs qui nous permettent d'en juger sont assez rares. —

Puisque j'ai cité tantôt l'inscription de Hincks et les tablettes de Senkereh, commençons par ces deux documents. Les Chaldéens savent parler, vous l'avez vu, de progressions arithmétiques et de progressions géométriques. Ont-ils étudié ces progressions en elles-

---

(¹) Le sens de ces unités a quelque importance quand on rapproche, au point de vue des nombres, le récit biblique de la tradition chaldéenne. Il est assez curieux que la Genèse emprunte à celle-ci beaucoup de nombres, mais en altérant le sens des unités qu'ils représentent. Ainsi, par exemple, le temps écoulé, d'après la Bible, entre le déluge et la naissance d'Abraham est de 292 ans. Le temps écoulé de la naissance d'Abraham à la mort de Joseph, qui clot la Genèse, est de 361 ans. Or *292 Soss* et *361 Soss* (ou soixantaines d'années) sont des périodes qui, dans la tradition babylonienne, ont une signification astronomique. — Autre exemple : la tradition chaldéenne donne aux rois antédiluviens une durée de 86,400 Soss de mois. La Bible donne pour la période antédiluvienne 86,400 semaines, ce qui fait 1656 années. — Du reste, on peut suivre dans la Bible, en maints endroits, les traces d'influence babylonienne justement au choix de nombres qui se rattachent visiblement au système sexagésimal de la Chaldée. (Voir l'article Babylone de M. Oppert, de la Grande Encyclopédie, et Cantor, Vorlesungen, — le chapitre consacré aux Babyloniens).

mêmes, rien ne l'indique ; rien ne nous autorise à croire qu'il y ait eu là pour eux autre chose qu'une désignation de suite de nombres, qui se présentent dans divers problèmes pratiques ou astronomiques. — Ils s'étaient préoccupés de connaître les carrés et les cubes des nombres entiers. Pourquoi cette préoccupation? Était-ce curiosité des propriétés des nombres? C'est peu probable. Nous allons voir dans un instant que le problème pratique de l'extraction de la racine carrée s'est posé de bonne heure dans l'Inde, et, les Hindous n'ayant jamais fait preuve d'une grande originalité scientifique, il est probable qu'il s'imposa partout, et surtout en Chaldée. Or, une première solution de ce problème consiste à placer le nombre donné entre les carrés de deux nombres consécutifs; 47, par exemple, est compris entre 36 et 49, c'est-à-dire entre les carrés de 6 et de 7. Une première approximation, pour le calcul de sa racine, consiste alors à prendre 6. — Il est difficile de savoir jusqu'où on poussait l'approximation, mais il y a tout lieu de penser que les tables toutes faites de carrés et de cubes servaient à donner rapidement cette première solution du problème de l'extraction de la racine carrée ou cubique. Du reste, aujourd'hui encore, les aide-mémoire destinés aux calculs pratiques des ingénieurs contiennent des tables toutes prêtes de carrés et de cubes.

Quelques savants ont cru trouver en Asie des traces incontestables de divagations plus ou moins mystiques sur les nombres. Une tablette de la bibliothèque de

Ninive, par exemple, nous a conservé la liste des principaux dieux assyriens, représentés chacun par l'un des soixante premiers nombres entiers, puis la liste des esprits désignés, eux, par des fractions. En outre, quelques écrits composés probablement sous l'influence chaldéenne, tels que le livre de Daniel et les Apocalypses, auxquelles il peut avoir servi de type, semblent bien donner à tels ou tels nombres un sens symbolique et prophétique; les exemples sont nombreux. De là à conclure que Pythagore a voyagé en Chaldée, s'est initié au mysticisme numérique des Asiatiques, et a pris à Babylone le goût de l'étude des nombres, il n'y a qu'un pas, et ce pas a été vite franchi.

D'abord il ne faut pas s'exagérer l'importance de ces documents. La tablette de Ninive peut n'indiquer qu'une sorte de classification des divinités assyriennes. Quant à Daniel, le premier en date des écrivains symbolistes dont il est question, on peut dire aujourd'hui, avec beaucoup de vraisemblance, qu'il vivait, non pas au VIme siècle, pendant la captivité de Babylone, mais au IIme siècle avant J.-C., après la conquête macédonienne, et il serait plus naturel de parler de l'influence sur Daniel des derniers Pythagoriciens, que de l'influence de Babylone sur Pythagore. Enfin et surtout si les Pythagoriciens ont été amenés à écrire des folies, comme Théon de Smyrne, par exemple, il faut se garder de les mettre sur le compte de Pythagore. Pythagore, tout nous le fait présumer, a été un mathématicien éminent, qui a étudié les propriétés des nombres pour elles-mêmes, comme il a fait de la géométrie pour elle-même, ce qui n'a aucun rapport avec les Asiatiques, contemplant les propriétés des nombres, pour s'aider dans l'art de deviner l'avenir, supposé qu'il les aient contemplées, absolument comme nous les verrons observer le ciel pour faire de l'astrologie.

J'ai fait allusion au problème de la racine carrée dans l'Inde. Voici de quoi il s'agit :

Le plus ancien livre pouvant nous donner quelques renseignements sur les mathématiques des Indiens est celui qui a pour titre les *Çulvasutras*, ou **Préceptes du cordeau**. Son auteur, Baudhayana, indique aux Brahmanes les règles à suivre pour la construction des autels. M. Léon Rodet y a trouvé et étudié une expression curieuse de $\sqrt{2}$. — Elle est ainsi écrite :

$$1 + \frac{1}{3} + \frac{1}{3.4} - \frac{1}{3.4.24}$$

M. Rodet a pu reconstituer le procédé qui conduit à cette valeur. En un mot, le voici : Après chaque élément trouvé pour la racine, on divise le reste par le double de la partie déjà obtenue ou par le double plus 1. Dans le premier cas on a une nouvelle valeur approchée par défaut, dans le second, par excès, comme cela est facile à voir. — Notez, en passant, ce qu'il y a de curieux à voir entrer un terme négatif dans l'expression.

Mais si je vous signale ces quelques points curieux, il ne m'est pas permis d'insister, ni d'en tirer des conséquences bien importantes sur le problème qui nous intéresse, les origines de la science grecque, parce que la date de ce traité, comme d'ailleurs de tous les livres hindous, est impossible à fixer exactement. On ne doute pas que le traité de Baudhayana ne soit antérieur à l'ère chrétienne, mais est-il antérieur à la conquête d'Alexandre ? Voilà le seul point important pour nous. S'il lui est postérieur, il ne nous intéresse que comme document pour la science grecque.

On a prétendu longtemps, il est vrai, qu'il est impossible de trouver chez les Grecs aucune règle définie pour l'extraction des racines carrées incommensurables. Mais M. P. Tannery a montré (Mémoires de la Société des Sciences physiques et naturelles de Bordeaux, tome IV, *l'Arithmétique des Grecs dans Héron d'Alexandrie*) que les racines fournies par les écrits héroniens ont été certainement calculées par un procédé presque identique à celui que signale M. Rodet dans l'Inde ([1]).

J'arrive, Messieurs, au document de beaucoup le plus important qui puisse nous renseigner sur l'arith-

---

([1]) Voir le *Bulletin de la Société mathématique de France*, tome V, *Sur une méthode d'approximation des racines carrées connue dans l'Inde, antérieurement à la conquête d'Alexandre*, par Léon Rodet. — M. Rodet explique, par ce procédé, la valeur curieuse de π, $\sqrt{10}$, que l'hindou Brahmagupta (VIIme siècle) substituera au nombre d'Archimède, $\frac{22}{7}$.

métique ancienne : c'est le papyrus égyptien de Rhind, qu'a traduit, il y a une quinzaine d'années, M. Eisenlohr, professeur à Heidelberg, et qui contient un *Manuel du calculateur.* Il a été impossible de fixer exactement la date de sa composition. Se fondant sur la forme des caractères, M. Eisenlohr affirme qu'il a été écrit sous la XVIIIme dynastie, probablement entre 1700 et 1750 av. J.-C. Ce manuel est un traité pratique, à l'usage peut-être des architectes ou ingénieurs, ou encore des fermiers chargés de gérer les biens de quelque riche propriétaire. Il indique la solution des problèmes que de pareils fermiers auraient à résoudre. Ce sont, d'une part, des questions de calcul relatives, en grand nombre, à des mesures de capacité pour les grains ou les fruits; d'autre part, des questions de géométrie où il s'agit surtout d'évaluer des surfaces et des volumes.

Laissons la géométrie pour tout-à-l'heure, et voyons ce que ce papyrus renferme d'intéressant en arithmétique. Je vous indique d'abord les types des principaux problèmes, tels que nous les donne M. Rodet, qui a corrigé sur certains points la traduction d'Eisenlohr :

Réduction des fractions ayant 2 pour numérateur, et pour dénominateur un nombre impair, en une somme de fractions ayant pour numérateur 1 ([1]). —

([1]) Cette opération, dit M. Rodet, est énoncée en ces termes « (d'après l'Égyptien, non d'après l'Allemand) ; « Exprime » 2 entre 13 » par exemple, ce qui rappelle l'expression ana-

Ces sortes de questions devaient avoir une grande importance chez tous les peuples anciens; car partout, dans toutes les numérations, les seules fractions utilisées ont 1 pour numérateur. La fraction $\frac{2}{3}$ seule fait exception et est représentée par un signe spécial. Notons encore à ce propos que les Grecs ne songeront pas à se débarrasser de cet usage exclusif. Dans Héron d'Alexandrie et dans l'Arithmétique de Nicomaque, ce sont encore des fractions à numérateur 1 qui seront maniées dans les calculs, et il en sera de même dans le papyrus grec d'Akhmîm, récemment traduit, dont la date semble devoir se fixer entre le VIme et le IXme siècle après J.-C.

Partage de 1, ou 3, ou 6 rations entre 10 personnes.

Calcul d'une quantité qui, augmentée de fractions d'elle-même, donne un nombre connu.

Nombreux problèmes de partage.

Évaluations de salaires.

» logue des Arabes et des Juifs : 2 parties de 13 parties dans
» l'unité, chose que les Arabes appellent une expression
» inarticulable, et l'auteur juif Aben-Ezra une fraction que
» l'homme ne saurait prononcer. Voilà pourquoi l'auteur
» égyptien la rend prononçable en la convertissant en une
» somme de fractions très simples. — Héron fait souvent
» des conversions de ce genre. Il dit, par exemple : 15876 dont
» la 200me partie est $79 \; \frac{1}{4} \; \frac{1}{8} \; \frac{1}{200}$. — L'auteur arabe Al-
» Kharizmi nous en offre aussi des exemples fréquents. »
(*Bulletin de la Société Mathématique*, tome VI, page 142).

Calculs du rendement en pains ou en brocs de bière de certains volumes de farine ou de grains.

Une question incomplètement déchiffrée, où se trouvent calculées quelques puissances de 7 et leur somme.

Tableau de concordance des mesures de capacité pour les graines et les liquides.

Enfin, trois problèmes où, suivant M. Eisenlohr, l'auteur enseignerait la manière de calculer la nourriture des oies et des bœufs.

A s'en tenir au type général des problèmes qui ont été clairement interprétés, vous voyez en somme qu'il s'agit de questions du premier degré, dans le genre de celles que l'on pose aux examens du brevet élémentaire.

Voici, tels que les donne M. Rodet, l'énoncé et la solution égyptienne d'un problème ([1]).

Je verse 3 fois mon vase dans un boisseau ; j'ajoute $\frac{1}{3}$ et $\frac{1}{5}$ de mon vase ; je le remplis. Quelle est la quantité en question ?

Si l'on te dit cela, fais comme ceci :

·	1	(30)		·	106
··	2	(60)		$\frac{1}{2}$	53
$\frac{1}{3}$	$\frac{1}{3}$	(10)	Exprime 30 entre 106, c'est-à-dire cherche quelle fraction de 106 vaut 30.	$\frac{1}{4}$	26 $\frac{1}{2}$
$\frac{1}{5}$	$\frac{1}{5}$	(6)		/ $\frac{1}{106}$	1
				/ $\frac{1}{53}$	2
				/ $\frac{1}{212}$	$\frac{1}{2}$
Total 3 $\frac{1}{3}$ $\frac{1}{5}$		$\frac{106}{30}$		Total. 1	$= \frac{30}{30}$

La quantité est donc $\frac{1}{4}$ $\frac{1}{53}$ $\frac{1}{106}$ $\frac{1}{212}$

Puis vient une série de calculs destinés à faire la preuve.

Sans entrer dans plus de détails, voici les remarques générales que suggère le papyrus sur la façon de calculer de son auteur :

Il sait effectuer sur les nombres entiers les calculs conduisant aux résultats des quatre opérations simples, mais il ne connaît pas de procédés spéciaux pour la multiplication et la division. Pour la multiplication, il n'effectue directement que la duplication, la multiplication par 2. En répétant cette opération un nombre de fois suffisant, et ayant recours à une suite d'additions, il parvient naturellement à effectuer n'importe quelle multiplication. Ainsi, pour multiplier un nombre par 5, il forme son double, puis le double du double auquel il ajoute le nombre. Vous avez vu dans l'exemple de tantôt, où le contenu du vase était représenté par 30, que le calculateur, pour former la somme indiquée par l'énoncé, n'écrit pas 3 fois 30 (90), mais 1 fois 30, puis 2 fois 30 (60).

Quant à la division, M. Rodet déclare, en dépit de certaines expressions de la traduction allemande, que l'auteur égyptien l'ignore absolument. L'opération qu'il y substitue consiste, selon le texte même, *à faire croître l'un des deux nombres, pour trouver l'autre,* c'est-à-dire à former successivement les multiples du premier jusqu'à atteindre le second.

Les fractions sont couramment employées dans les calculs. Ainsi que nous l'avons déjà dit, l'auteur n'y laisse jamais subsister que des fractions ayant pour numérateur 1, à l'exception de la fraction $\frac{2}{3}$.

Sans exposer à part aucune théorie de ses opérations sur les fractions, l'auteur du papyrus procède comme s'il connaissait nos principes fondamentaux de la théorie des fractions. Pour lui, sans doute, il est instinctivement évident qu'une fraction devient n fois plus grande, quand on multiplie son numérateur par n, — n fois plus petite quand on multiplie son dénominateur par n; — qu'elle ne change pas de valeur quand on multiplie les deux termes par un même nombre.

Quand il s'agit de prendre une fraction d'un nombre entier ou d'une fraction, il y parvient à l'aide d'une série de calculs. Mais ici encore il n'a pas dégagé une règle générale directe pour obtenir ces résultats; il est évidemment très loin de l'idée que cette opération peut rentrer dans une définition générale de la multiplication dont les nombres entiers ne fourniraient qu'un cas particulier.

Enfin l'auteur emploie fréquemment un procédé qui, au premier abord, a pu passer pour la réduction des fractions au même dénominateur, telle que nous la pratiquons nous-mêmes. M. Rodet a clairement démontré (Journal Asiatique, tome 18) qu'il ne s'agit nullement de cette opération. Le savant orientaliste a établi l'identité du procédé égyptien et d'une règle suivie couramment par les auteurs arabes ou hébreux du moyen âge, qui consiste à remplacer dans un problème certaines fractions par des nombres entiers proportionnels, puis, une fois la solution trouvée, à la réduire dans le rapport inverse de celui où l'on avait multiplié l'unité. Ces nombres entiers que l'on substitue aux fractions sont bien les numérateurs que nous obtiendrions en réduisant au même dénominateur, et le nombre par lequel on a multiplié l'unité, et par lequel il convient de diviser le résultat, n'est autre que le dénominateur commun ; mais cependant l'auteur du papyrus ne s'est certainement pas élevé à cette conception beaucoup plus récente à coup sûr ([1]).

Ce document, Messieurs, détruit l'antique légende suivant laquelle la géométrie grecque seule venait d'Égypte. Non seulement nous voyons chez les Grecs quelques usages dont ce manuscrit donne l'exemple, comme celui qui concerne les numérateurs 1 et la fraction $\frac{2}{3}$, mais même nous retrouvons, jusque dans

---

([1]) Cette interprétation de M. Rodet vient d'être pleinement confirmée par la traduction du papyrus d'Akhmîm (Baillet, Mémoires de la mission française du Caire, 92). Dans ce traité mathématique grec, — mentionné plus haut, — les règles égyptiennes se trouvent, pour les questions analogues, éclaircies et portées à leur complet développement, mais la ressemblance avec le papyrus de Rhind reste encore telle, que nous nous demandons si l'original dont le papyrus d'Akhmîm n'est qu'une copie, paraît-il, ne serait pas un traité égyptien beaucoup plus ancien.

Héron et Diophante, des types de problèmes identiques à ceux du papyrus de Rhind. Seulement ce n'est pas l'arithmétique des Grecs, c'est leur *logistique* qu'il faudra rapprocher du manuel égyptien, c'est-à-dire la science pratique, l'ensemble des règles utiles aux applications journalières. Nous ne trouvons pas dans le papyrus la moindre trace de ce qui sera la théorie des nombres des Pythagoriciens. En Égypte, moins encore qu'en Asie, nous n'avons aucune raison de croire qu'on ait eu l'idée d'une arithmétique théorique.

Passons à la géométrie.

Et d'abord, puisque nous parlions du papyrus de Rhind, que nous apprend-il sur la géométrie égyptienne ? Je l'ai déjà dit, il est surtout question de surfaces et de volumes à évaluer. Pour les volumes, il est à peu près impossible jusqu'ici de reconstituer les règles suivies, ou, quand on retrouve la règle, il est difficile de savoir de quel solide il s'agit. Pour les surfaces, voici ce qui nous intéresse :

L'aire du carré s'obtient régulièrement en faisant le produit du côté par lui-même.

L'aire d'un quadrilatère quelconque se calcule en faisant le produit des demi-sommes des côtés opposés. Pour un rectangle, cette règle donne bien le produit des deux dimensions, mais dans le cas général la règle est inexacte.

L'évaluation de l'aire d'un cercle est particulièrement curieuse : l'auteur du papyrus prend les $\frac{8}{9}$ du diamètre, qu'il élève au carré. Cela revient à prendre pour l'aire :

$$\frac{16}{9} R^2$$

au lieu de

$$\pi R^2,$$

de sorte que finalement la règle consiste, peut-on dire, à prendre pour π la valeur

$$\left(\frac{16}{9}\right)^2 = \frac{256}{81} = 3,1604...$$

au lieu de 3,1415... Cette approximation, évidemment due à un procédé pratique qui nous échappe, est peut-être ce que le traité égyptien contient de plus intéressant pour la géométrie.

En dehors des questions sur la mesure des surfaces et des volumes, je dois vous signaler un certain nombre de problèmes curieux, où on demande le rapport d'une longueur à une autre, et qui reviennent ordinairement à déterminer l'inclinaison d'une arête ou d'une face sur le plan horizontal. Voici un exemple ([1]) :

Préceptes pour énoncer une pyramide de 360 au « travers de la plante » du pied, 250 à la « saillie en tranchant ([2]) ». Donne-moi son rapport. — Fais la

---

([1]) Rodet. Article cit., page 145.

([2]) « C'est-à-dire 360 de diagonale de base, 250 d'arête ; le
» mot qui désigne l'arête et qui signifie littéralement *saillie*
» *en tranchant*, est écrit pir-em-us : c'est vraisemblablement
» de là qu'est emprunté le grec πυραμίς. » (Rodet, *idem*.)

moitié de 360, ce qui donne 180. Fais croître le nombre 250 pour trouver 180. Cela fait $\frac{1}{2}$ $\frac{1}{5}$ $\frac{1}{50}$ de coudée.

Le fait que les Égyptiens portaient ainsi leur attention sur le rapport des lignes d'une figure est intéressant, mais il ne faudrait pas en exagérer l'importance, et y voir seulement l'ébauche d'une théorie scientifique de la similitude. Ce n'est qu'un indice de ce sentiment instinctif, que nous avons tous, de la variation des corps dans des conditions telles que les grandeurs des éléments soient modifiées sans que la forme le soit, toutes proportions gardées, comme on peut dire, sans prétention scientifique. Les premiers hommes, qui ont dessiné sur les rochers des figures humaines plus ou moins grossières, témoignaient déjà de ce sentiment par leur seul désir de faire ressemblant, semblable par conséquent, sans conserver les dimensions ([1]). Vous sentez bien la distance qui sépare un pareil sentiment

---

([1]) Il est évident d'ailleurs que ce sentiment de similitude ou de proportionnalité ne se montre pas seulement, dans le papyrus de Rhind, à l'occasion des problèmes de géométrie, dont nous venons de parler. Ainsi que M. Rodet l'a fait remarquer, — et suivant une interprétation que confirme le papyrus d'Akhmîm, — ce sentiment se retrouve à la base même de la méthode de calcul par laquelle l'auteur égyptien substitue des entiers aux fractions, sauf à corriger à la fin, — méthode qui fournira d'ailleurs pendant de longs siècles la règle dite *de fausse position*.

d'une théorie quelconque de la similitude, et vous conviendrez avec moi que les questions géométriques du papyrus de Rhind ne témoignent pas de préoccupations d'ordre moins terre à terre que le reste du manuel.

N'avons-nous pas d'autres indices certains des connaissances géométriques de l'Égypte ?

Clément d'Alexandrie nous a conservé un mot de Démocrite, qui semble très instructif, et d'autant plus significatif que Démocrite a voyagé en Égypte vers le milieu du Vme siècle. « Pour la combinaison des lignes avec démonstration, dit Démocrite, personne ne m'a surpassé, pas même ceux qu'on nomme en Égypte Ἁρπεδονάπται ». Zeller, dans son Histoire de la philosophie des Grecs, dit que le sens de ce mot Ἁρπεδονάπται est très controversé. J'ai trouvé le mot traduit ainsi : « ceux qui attachent le cordeau » par M. Tannery et M. Cantor, et, ayant cherché moi-même à comprendre à l'aide d'un dictionnaire grec-français, j'ai trouvé pour ἁρπεδόνη : cordeau, cordon tiré ; et pour ἁπτεῖν : attacher ; de sorte que j'ai peine à croire que le sens du mot puisse être discuté. Ce qu'on se demande avec quelque curiosité, c'est évidemment quelles pouvaient bien être les fonctions des Arpédonaptes. La première pensée qui vient à l'esprit, c'est que ce devaient être des arpenteurs chargés soit de mesurer, soit de niveler des terrains. Cela pouvait entrer dans leurs attributions, mais sûrement il y avait autre chose. Si Démocrite les nomme comme possédant une science démonstrative, c'est qu'au moins ils en ont la réputation et l'apparence ;

c'est que, parmi les opérations auxquelles ils se livrent, il doit y en avoir une particulièrement importante. Les papyrus et les inscriptions confirment d'ailleurs cette opinion. D'une part, un des plus anciens papyrus, qui fait partie de la collection de Berlin, mentionne, en lui donnant une certaine importance, l'opération *des Speilspannen* (comme l'ont traduit les Allemands), c'est-à-dire l'opération qui consiste à tendre la corde, et ce papyrus remonte à Amemenhat I, de la douzième dynastie, dont la chronologie est impossible à fixer, mais qu'il faut placer sûrement bien au-delà de l'an 2000 avant J.-C. D'autre part, les peintures trouvées sur les murs des temples nous montrent assez souvent un personnage, qui n'est rien moins que le roi lui-même, tenant dans ses mains une corde et des piquets, et il ressort clairement des inscriptions que le roi, ainsi représenté, collabore avec une déesse à la très grave opération de *l'orientation du temple*. Nous savons, en effet, que tous les temples, ainsi que tous les monuments funéraires, en Égypte, sont à peu près exactement orientés : je reviendrai dans ma prochaine leçon sur cette question qui touche à l'astronomie. Pour le moment, je vous ferai remarquer, avec M. Cantor, à qui j'emprunte cette idée, qu'il ne suffit pas pour l'orientation du monument de déterminer la méridienne, la ligne nord-sud : il faut encore fixer la direction perpendiculaire à celle-là ; et c'est ici que nous arrivons à un problème de géométrie. M. Cantor n'hésite pas à déclarer que c'est la résolution de ce problème qui constituait la fonction essentielle des Arpedonaptes, et, c'est là surtout ce qui nous intéresse, il croit que les Arpedonaptes utilisaient, pour cette opération, la propriété des nombres 3, 4, 5, d'être les côtés d'un triangle rectangle.

Vous connaissez tous le fameux théorème du carré de l'hypoténuse. La figure classique qui sert à le démontrer est populaire et connue aujourd'hui sous le nom de *pont-aux-ânes*. Les Grecs lui avaient également donné un nom vulgaire, c'était chez eux le θεώρημα τῆς νύμφης. Les témoignages de l'antiquité attribuent la découverte du théorème à Pythagore. La tradition même nous le montre, sur la foi de deux vers grecs dont on ne connaît pas exactement l'auteur, offrant un sacrifice aux dieux, dans la joie de sa découverte. Vous comprenez de quel intérêt il est pour l'histoire des sciences, de démontrer que Pythagore trouva en Asie ou en Égypte l'énoncé de son théorème. Je m'arrête donc un instant sur les vues de M. Cantor.

Supposons d'abord, dit-il en substance, que les Arpedonaptes aient connu la propriété du triangle 3, 4, 5, aient su par conséquent que si dans un triangle ABC, AB=3, BC=4, AC=5, ABC est un angle droit; alors tout s'éclaire. Une fois que, pour l'orientation du temple, on aura disposé deux piquets sur la méridienne à une distance de 4 unités de longueur, qu'on prenne une corde de 12 unités de longueur, dont les deux bouts soient réunis, et qu'on aura partagée, une fois pour toutes, en 3 parties, respectivement égales à 3, 4, 5, par deux autres nœuds ; qu'on fixe ces deux nœuds sur les deux piquets, en B et C, et enfin que, prenant en main le nœud A, on tende la corde : la direction B A sera celle de la ligne E O ([1]). Du même coup nous comprenons pourquoi les Égyptiens chargeaient de ces fonctions sacrées, dans leurs peintures, le roi lui-même ; pourquoi aussi les Arpedonaptes étaient considérés comme très savants géomètres : il suffit d'admettre qu'ils ne disaient pas leurs secrets au vulgaire, de sorte que toutes les suppositions fussent permises sur les procédés mystérieux qui leur permettaient si facilement de résoudre le problème géométrique de l'orientation. Démocrite pouvait, sur la foi de leur renommée, croire lui-même qu'ils résolvaient de véritables problèmes avec démonstration, comme il dit.

Bien qu'il n'y ait là, en somme, qu'une hypothèse, elle nous semble déjà très vraisemblable. Elle devient plus probable encore, si on tient compte de quelques passages de livres chinois et hindous, où se trouve également mentionnée la propriété du triangle 3, 4, 5. Malheureusement, quand il s'agit des Chinois et des Hindous, on ne sait jamais à quoi s'en tenir exactement sur l'ancienneté des témoignages que l'on cite. Pour les Hindous, il est curieux de voir comme peu à peu

---

([1]) Ce procédé est suivi couramment par nos soldats du génie pour la construction des angles droits.

leurs livres les plus anciens sont rapprochés de nous par la critique moderne. De tous leurs *Sydanta* réputés jusqu'ici d'une si colossale ancienneté, on se demande aujourd'hui s'il en reste un seul antérieur, non pas seulement à la conquête d'Alexandre, mais à l'ère chrétienne. En Chine, c'est encore plus obscur : ce peuple a vécu si concentré en lui-même, que pour les témoignages anciens qui nous viennent de lui seul, il est difficile de contrôler quoi que ce soit. En tout cas, si nous laissons de côté les Çulvasutras hindous, qui mentionnent le triangle 3, 4, 5, mais qui peuvent bien n'être pas antérieurs à la conquête d'Alexandre, voici un fragment d'un livre chinois, auquel on donne comme date probable 1100 ans avant J-C., et qui certainement est antérieur à Pythagore. — Le livre d'où il est extrait a été écrit par l'Empereur Tchaou-Kong, et a été traduit par Biernartzki. « Tchaou-
» Kong dit un jour à Schang-Kaou : j'ai appris que
» tu es très expert dans les nombres. Je voudrais
» donc te demander comment l'ancien Fo-Hi a fixé
» les degrés sur la sphère céleste. Il n'y a point
» d'échelons avec lesquels on puisse gravir le ciel ; le
» fil-à-plomb et la mesure de la grandeur de la terre
» sont des moyens qui ne peuvent s'appliquer au ciel.
» Je voudrais donc savoir comment on a fixé ces
» nombres. — Schang-Kaou répondit : L'art de
» compter se ramène au cercle et au carré. Si on ana-
» lyse un angle droit, la ligne qui joint les deux
» extrémités de la base et de la hauteur est égale à

» 5, quand l'une est égale à 3 et l'autre à 4. —
» Tchaou-Kong s'écria : En vérité, c'est merveil-
» leux ! »

Ces derniers mots sont assez clairs, et il nous semble difficile de douter que la propriété du triangle 3, 4, 5, ne fût connue en Orient, et sans doute en Égypte, depuis des temps très reculés. Remarquez bien ce que comprend cette connaissance. La propriété arithmétique des nombres entiers consécutifs 3, 4, 5, à savoir que les carrés des deux premiers ont pour somme le carré du troisième, avait certainement frappé les penseurs à une époque fort éloignée dans le passé. Puisque l'on a construit des tables de carrés, cette singularité ne pouvait pas ne pas sauter aux yeux. La correspondance d'un nombre carré à la surface d'un carré géométrique, dont le côté est égal à la racine, n'offrait aucune difficulté, et par conséquent la propriété arithmétique pouvait se traduire sans peine ainsi : l'aire du carré construit sur une longueur égale à 5 est équivalente à la somme de deux carrés, de côtés 3 et 4. Mais tout cela n'est pas encore cette propriété géométrique curieuse que le triangle formé par les côtés 3, 4, 5 a un angle droit. Comment avait-on bien pu la découvrir ?..... C'est une question à laquelle il est impossible de répondre. Mais rien absolument ne nous permet de soupçonner une démonstration théorique. Il est probable que c'était chez les Égyptiens comme chez les Chinois, une règle de routine qu'avait suggérée l'expérience, et, en tous cas, n'oubliez pas que ce qui nous a incités à chercher en

Égypte les traces du fameux théorème, c'est le besoin de définir une opération toute pratique, la vérification expérimentale d'un angle droit.

Il me reste à vous dire deux mots des connaissances géométriques de la Chaldée. — On a trouvé parmi les peintures des monuments quelques figures de géométrie, dont la plus intéressante et la plus fréquente est un cercle partagé en six parties égales par trois diamètres. La division de la circonférence en six parties égales s'obtient, comme vous savez, en portant six fois le rayon sur la circonférence; la corde qui sous-tend la sixième partie de la circonférence est le rayon. La construction rigoureusement exacte du cercle trouvé sur les monuments babyloniens exigerait la connaissance de cette propriété. Faut-il conclure que vraiment les Chaldéens l'ont connue? — Je n'en vois pas la nécessité. Autre chose est de connaître les propriétés géométriques des figures; autre chose de les construire avec adresse.

Cependant quelques-uns ont pensé autrement, et je vais vous donner tout de suite le principal argument en faveur de cette thèse. Si on sait que le rayon du cercle, porté 6 fois sur la circonférence, ramène au point de départ, il peut paraître naturel, dans une première approximation grossière, de prendre pour la longueur de la circonférence 6 fois le rayon ou 3 fois le diamètre. Or, si aucun document ne nous prouve que ce fût là en Chaldée la mesure de la circonférence, la Bible, très instructive à cet égard, nous montre bien, en effet, le nombre 3, pris comme rapport de la circonférence au diamètre. Il y est dit que le temple de Salomon a la forme d'une sphère, et que le diamètre a dix coudées et le tour 30 coudées. Je vous laisse juges de la valeur de l'argument. Mais en tous cas, personne n'a songé à soutenir que les Chaldéens aient démontré le théorème relatif à l'hexagone régulier, ce qui pour nous est le plus important.

A propos de cette division de la circonférence en six parties égales, laissez-moi vous fair remarquer après M. Cantor, qu'elle jette un certain jour sur l'origine de la numération sexagésimale des Chaldéens. Des observations astronomiques très primitives avaient suffi pour leur montrer que le soleil accomplit sa révolution à peu près en 360 jours, de sorte qu'en prenant pour unité le chemin parcouru chaque jour par l'astre, ils avaient dû être naturellement conduits à diviser le grand cercle que décrit annuellement le soleil en 360 parties égales. C'est sans doute là l'origine de leur division des arcs en degrés, aujourd'hui encore en usage. Leur division du cercle en six parties égales, qu'ils jugeaient commode, mettait ensuite en évidence la soixantaine de degrés, d'où probablement le rôle immense qu'ils ont fait jouer à ce nombre 60 ([1]).

Eh bien, Messieurs, j'ai fait successivement passer sous vos yeux tous les documents sérieux pouvant

---

([1]) Voir Cantor (Vorlesungen), tome I, page 92 et suiv.

nous fournir quelque indication sur les connaissances de l'Orient et de l'Égypte en arithmétique ou en géométrie, et il nous est bien permis de dire que nous n'avons rien trouvé qu'un ensemble de règles pratiques.

Mais vous allez me reprocher d'avoir quelque peu négligé dans cette étude les témoignages des auteurs anciens. Pour les Égyptiens, en particulier, ne nous donnent-ils pas une haute idée de leurs connaissances mathématiques ?

Prenons bien garde de nous fier trop naïvement à ces témoignages. Tous ceux qui ont voyagé en Égypte après la conquête d'Alexandre, et qui nous rapportent, comme Diodore de Sicile, l'opinion des prêtres égyptiens sur leur antique savoir, doivent nous être suspects. La science grecque, quand elle pénétra en Égypte, au IIIme siècle avant J.-C., avait déjà atteint un prodigieux développement ; elle était glorieuse et toute triomphante, et les prêtres égyptiens furent trop tentés de la revendiquer comme leur propre bien, pour que nous puissions ajouter foi à leurs assertions. Il y eut là quelque chose de comparable au désir des Juifs d'Alexandrie de s'attribuer la paternité de la philosophie socratique, et de voir dans Platon un adepte du mosaïsme. Nous ne devons prendre au sérieux que les témoignages qui datent d'avant la conquête d'Alexandre. Or, si nous remontons jusque-là, les témoignages favorables à la science orientale sont très vagues. D'après Hérodote, la géométrie est née en Égypte, l'arithmétique vient des Phéniciens ; et c'est cette tradition qui arrive jusqu'à Platon et Aristote. Mais quelle géométrie ? Quelle arithmétique ? L'histoire des mathématiques d'Eudème, disciple d'Aristote, aurait peut-être pu nous donner quelques renseignements précis si elle nous eût été conservée. Malheureusement, nous ne trouvons quelques fragments d'Eudème que dans Proclus, du Vme siècle après J.-C., qui d'ailleurs, M. Tannery l'a prouvé, les tirait d'un ouvrage de Geminus, auteur du Ier siècle de notre ère. Ces fragments sont à la fois suspects et insuffisants.— Reste, pour nous éclairer, deux témoignages dont vous apprécierez l'importance. D'une part, Platon, voyageant en Égypte, refuse aux habitants de ce pays la qualité de φιλομάθεις. Je reviendrai dans ma prochaine leçon sur ce jugement de Platon, qui nous éclaire sur le caractère général de la science égyptienne. Pour le moment, j'en dégage ce qui se rapporte aux mathématiques pures, et je passe au second témoignage, celui de Démocrite, que je vous ai déjà cité à propos des Arpedonaptes. Vous vous le rappelez, Démocrite prétend que personne ne l'a dépassé en géométrie, pas même les géomètres les plus réputés de l'Égypte, et c'est au Vme siècle que Démocrite s'exprime ainsi ; la géométrie grecque n'avait donc pas eu beaucoup de peine, aussitôt née, à dépasser la science égyptienne ([1]).

([1]) Citons à ce propos ce passage de Montucla, au jugement duquel nous avons fait allusion dès le début de cette leçon :

Je voudrais, après les documents positifs et les témoignages de l'antiquité, examiner avec vous ce qu'on pourrait appeler les documents indirects ; je veux parler des monuments orientaux et égyptiens, qui attestent peut-être des connaissances mathématiques appréciables. Mais cela risquerait de m'entraîner trop loin. Je remets cette question à la prochaine leçon, qui sera consacrée à terminer cet examen des connaissances de l'Orient, — et à conclure.

« Quelque grande idée que certains auteurs aient conçue
» du savoir géométrique des Égyptiens, je suis porté à croire
» qu'il ne fut pas considérable, et qu'ils ne passèrent guère
» les bornes des vérités élémentaires les plus communes. Les
» travaux et les premières découvertes des philosophes
» grecs me paraissent en fournir des preuves. En effet, si les
» transports de joie, que Thalès et Pythagore firent éclater
» à la vue de quelques théorèmes géométriques qu'ils ve-
» naient de découvrir, ne furent point affectés, nous ne
» devons pas concevoir une idée très relevée du savoir des
» prêtres égyptiens, ou bien il faut dire qu'ils ne leur
» révélaient que les connaissances les plus élémentaires dont
» ils étaient en possession ; ce qui me paraît difficile à croire.
» Mais en l'adoptant même, nous pouvons juger de la fai-
» blesse du corps des sciences qu'ils cachaient, par la
» faiblesse des éléments qu'ils dévoilaient. Ils auraient été
» bien plus étendus, si leur savoir dans ce genre répondait
» à l'imagination de leurs panégyristes. »
(Histoire des Mathématiques, tome I, livre II, page 52).

QUATRIEME LEÇON

LA PART DE L'ORIENT ET DE L'ÉGYPTE DANS
LA SCIENCE GRECQUE. *(Suite et fin.)*

LES CONNAISSANCES SCIENTIFIQUES DONT TÉMOIGNENT LES MONUMENTS ANCIENS. — ASTRONOMIE, PHYSIQUE, MÉDECINE, SPÉCULATIONS SUR L'UNIVERS. — SCIENCE ORIENTALE ET SCIENCE GRECQUE.

Nous avons passé en revue, dans notre dernière leçon, les documents positifs capables de nous éclairer sur les connaissances mathématiques de l'Orient et de l'Égypte; nous n'avons rien dit des monuments grandioses dont les restes couvrent encore le sol de l'Égypte et de la Chaldée.

Quand, faute de pouvoir admirer sur place, on feuillète une histoire de l'art, — le beau livre, par exemple, de MM. Perrot et Chipiez, — on est véritablement confondu par la puissance que semblent attester ces témoins muets d'un passé merveilleux ; et, dans l'enthousiasme légitime qu'éveille la vue de tant d'œuvres gigantesques, on se demande s'il n'est pas prétentieux de vouloir jauger la science de leurs auteurs. Involontairement, on se prend à songer aux mystères dont les légendes entourent la science des prêtres orientaux, et, au moment où on allait conclure à la vanité de cette science, sur la foi d'inscriptions ou de quelque papyrus peut-être mal compris, on se sent vaguement intimidé par l'énigmatique regard des Sphinx... A la réflexion cependant, le charme de cette illusion disparaît, les ombres de la rêverie se dissipent, et il faut bien s'avouer que les monuments antiques, s'ils attestent un haut degré de civilisation et des qualités esthétiques appréciables, n'ont exigé que des connaissances scientifiques fort rudimentaires.

L'architecture est certainement aussi vieille que l'humanité. Nous pourrions en faire remonter l'histoire, comme on l'a dit, jusqu'aux abris que les premiers hommes savaient se ménager dans les rochers, et elle a produit des œuvres belles en même temps qu'utiles, le jour, sans doute fort éloigné de nous, où le sentiment artistique naturel à l'homme a trouvé dans les constructions une occasion de se manifester. Les monuments antiques qui de ce jour se sont élevés n'ont exigé, j'imagine, en dehors des qualités esthétiques de l'architecte, que l'art plus ou moins expérimenté du charpentier, du tailleur de pierres et du maçon.

Cela vous surprend peut-être, parce que nous parlons couramment aujourd'hui de la science de nos architectes et de nos ingénieurs. Nous avons raison d'en parler ! Mais voici le point essentiel par où se distinguent nos constructions des anciennes. Grâce justement aux progrès de la science, c'est aujourd'hui un minimum de matière qui se trouve utilisé pour le but à atteindre. Un exemple éclaircira ma pensée. Supposons qu'un cataclysme venant tout-à-coup à anéantir la civilisation européenne, quelque savant retrouve dans deux ou trois mille ans un monument tel que la tour Eiffel : s'il est intelligent, il comprendra qu'il y a là œuvre de science, et non pas seulement œuvre d'art. Pourquoi ? — Parce que, étant donné la hauteur de la tour, sa stabilité, la résistance des diverses parties les unes à l'égard des autres, et la résistance du monument entier à l'égard des tempêtes, une quantité infime de matière a servi à la construction. Vous vous rappelez, pour l'avoir vue, au moins en gravure, la partie inférieure de la tour, jusqu'au premier étage, qui a à peu près la hauteur de 70 mètres. Sur cette première partie repose une hauteur de tour de 270 mètres. Vous imaginez-vous le colossal tronc de pyramide massif qu'eussent construit les anciens à la place, vous le savez, de ces constructions évidées, réduites presque aux arêtes de la pyramide ? Vous vous rappelez l'écartement gigantesque des pieds des montants, l'ouverture énorme des arches et leur hauteur. Comment si peu de matière suffit-il ? C'est précisément là que la science intervient, déterminant la forme des courbes, la direction des tangentes ou des normales, les dimensions et le poids des innombrables éléments qui entrent dans la construction, justement de telle façon que les conditions de stabilité et de résistance soient assurées. Mais en présence des monuments de la vieille Égypte ou de la Chaldée, de quelles connaissances scientifiques pourrions-nous y voir le témoignage ?

Voulez-vous que nous consultions sur ce point un architecte célèbre de l'antiquité, Vitruve, qui vivait du temps d'Auguste, et qui justement nous a laissé un ouvrage complet sur son art ?

« L'architecte, dit Vitruve, doit savoir écrire, des-
» siner, être instruit dans la géométrie, n'être pas
» ignorant de l'optique, posséder la science du calcul,
» connaître l'histoire, avoir étudié la philosophie, avoir
» acquis des connaissances en musique, et quelque
» teinture de médecine, de jurisprudence et d'astro-
» nomie. » Certes, il était fort raisonnable d'exiger que l'architecte reçût une instruction générale suffisante, mais nous ne nous préoccuperons pas beaucoup de ce qu'il devait savoir en philosophie, en musique, en jurisprudence,... voire même en astronomie. Ce qui nous intéresse surtout ce sont les connaissances que Vitruve réclame en géométrie et en calcul. Quelle géométrie et quels calculs sont-ils nécessaires ?

Vitruve nous répond d'abord : « La géométrie sert à prendre des alignements, et à dresser toutes choses par le niveau et l'équerre. » Voilà tout ce qu'un architecte de renom, vivant à une époque où la géométrie a atteint depuis longtemps un très haut degré de développement, voilà ce que Vitruve demande à la géométrie pour l'architecte : aligner et dresser toutes choses par le niveau et l'équerre. Un apprenti maçon sans savoir lire ni écrire, s'en tirerait à merveille. —

Et le calcul ? « Le calcul, dit Vitruve, sert à régler les mesures et proportions. » Qu'entend-il sous cette forme un peu vague? Mon Dieu, il me semble que nous pouvons en avoir quelque idée, en songeant à un menuisier à qui nous aurions commandé un meuble; les calculs à l'aide desquels il assurera les mesures et proportions n'exigent pas, croyez-le bien, qu'il ait son diplôme de bachelier.

Et pourtant, direz-vous, ne fallait-il pas savoir exactement mesurer les surfaces et les volumes? N'était-ce pas indispensable pour le calcul de la quantité nécessaire de matériaux, et pour la fixation d'un devis, que l'architecte devait sans doute présenter d'avance? Qu'il fût question, par exemple, d'une de ces pyramides d'Égypte, dont nous avons tous vu quelque dessin, l'architecte n'était-il pas tenu d'en connaître d'avance le volume? — Nullement, Messieurs. D'abord, vous vous figurez aisément, je suppose, et je n'ai pas besoin d'y insister, ce que pouvait être au temps des Pharaons, cette chose que nous nommons aujourd'hui le budget de l'État. Ensuite, laissez-moi vous citer un détail fort instructif. Les Hindous, 500 ans après J.-C., ne savaient pas encore mesurer le volume d'une pyramide. Ahriabatta, leur premier mathématicien classique, donne pour expression de ce volume la moitié du produit de la base par la hauteur, au lieu du tiers (¹).

(¹) Voir P. Tannery. La Géométrie grecque, p. 121.

N'est-ce pas le meilleur argument pour montrer que la connaissance des volumes, même les plus simples, n'a pas été indispensable à l'érection d'une quantité colossale de monuments ?

Enfin, Vitruve a parlé du dessin : n'avons nous pas tort de négliger ici cette recommandation ? Le dessin de l'architecte ne serait-il pas scientifique plus qu'artistique ? ne serait-il pas quelque chose comme une épure savante, capable de nous révéler enfin quelque côté de la science antique, qui jusqu'ici nous eût échappé ? Par une heureuse circonstance, des inscriptions fort anciennes, en nous offrant un certain nombre d'exemples de plans d'architectes, nous permettent sur ce point autre chose que des conjectures. Les plans que l'on a retrouvés en Égypte ou en Chaldée, et dont vous trouverez la reproduction dans l'ouvrage de MM. Perrot et Chipiez, ont un caractère tout-à-fait enfantin ; ce sont des dessins grossiers, primitifs, où l'architecte a tâché de donner une idée de l'ensemble à l'aide de plusieurs vues différentes. Quelques-uns semblent, au premier abord, donner avec une certaine précision des coupes horizontales ; ils rappellent vaguement un dessin fait à main levée par un jardinier qui vous proposerait une disposition générale pour les corbeilles et les allées d'un jardin. La plupart des objets sont plutôt rabattus que projetés, et ils ne sont même pas tous rabattus dans le même sens. Peut-être quelque convention nous échappe-t-elle, mais à coup sûr il faut renoncer à chercher dans ces plans aucune

règle véritablement mathématique. « Il n'est pas
» toujours facile d'y retrouver, disent MM. Perrot et
» Chipiez, sous les formes toutes conventionnelles de la
» figuration, les formes réelles des bâtiments et la
» disposition de leurs différentes parties. Ce qu'il
» importe de comprendre, c'est le sentiment auquel
» obéissait la main du dessinateur, quand elle traçait
» sur les parois d'une hypogée des représentations de
» cette espèce. Ce sentiment, c'était le très vif désir
» de tout montrer à la fois, de montrer dans un seul
» coup d'œil, et dans une image unique, ce qui dans
» la réalité n'est aperçu que séparément et successive-
» ment, comme les deux faces opposées d'un édifice,
» comme son aspect extérieur avec sa distribution
» intérieure et tout ce qu'il contient. C'est l'idée
» de l'enfant qui, s'essayant à figurer une tête de
» profil, s'obstine à y mettre deux oreilles, parce
» qu'après tout, quand il regarde un visage, il voit
» toujours deux oreilles s'en détacher et former saillie
» à droite et à gauche des joues ». Et encore les
auteurs accordent-ils aux Égyptiens un certain sentiment de la proportion ; quant aux Chaldéens et aux
Assyriens, leurs procédés semblent plus primitifs et
plus enfantins, si c'est possible.

Que reste-t-il alors des connaissances scientifiques
que nous devions attribuer aux architectes de l'antiquité?

Vitruve, vous l'avez remarqué peut-être, ne mentionne pas les connaissances en mécanique. Son silence

est déjà pour nous significatif: si peu que l'on sût de mécanique de son temps, vous supposez comme moi qu'on en savait moins sans doute, mille ou deux mille ans plus tôt. — Du reste, nous savons positivement que les Grecs ont montré une ignorance presque complète de la mécanique théorique. C'est à peine si Archimède, de qui elle date vraiment, commence à élaborer les premières notions par ses études sur la composition des forces parallèles, le centre de gravité, l'équilibre des corps flottants. Au IVme siècle après J.-C., Pappus nous offre une théorie complètement inexacte du plan incliné. Vous savez comme moi cependant que l'architecture grecque, puis l'architecture romaine ont eu une brillante histoire entre le VIme siècle avant J.-C. et le IVme après. Cela ne prouve rien pour les Égyptiens directement, mais démontre de la façon la plus péremptoire que la mécanique théorique n'était pas plus indispensable qu'une savante géométrie à l'architecture ancienne.

Reste, il est vrai, la mécanique pratique. Comment les anciens auraient-ils construit les monuments colossaux qui nous ont été conservés, s'ils n'avaient eu pour leur usage de puissantes machines? Voilà la pensée qui vient naturellement à l'esprit de tous. Eh bien, je vous demanderai d'abord de remarquer que même si les anciens ont eu à leur disposition des engins puissants, nous devrons admirer leur ingéniosité, leur habileté pratique qui les aurait conduits à les inventer, beaucoup plus que leur science. Mais hélas, je crains bien qu'il ne nous faille ici même perdre encore une de nos illusions !

Assurément les Égyptiens et les Chaldéens ont usé du levier : l'enfant, qui veut soulever une pierre un peu lourde, se servira instinctivement de son bâton, s'il peut trouver un point d'appui ; l'ingéniosité même ici n'a pas besoin d'être bien grande. Ils ont très probablement utilisé le plan incliné et quelques appareils peut-être inconnus de nous. Mais, en tous cas, les inscriptions de l'Égypte et de la Chaldée nous ont révélé aujourd'hui le plus puissant des moyens dont ils disposaient.

A El-Bercheh, en Égypte, on a trouvé une peinture datant de la XIIme dynastie, qui montre 172 hommes, disposés deux à deux sur quatre rangs, tirant avec des cables un traîneau sur lequel on a fixé une énorme statue : l'ingénieur qui dirige le travail est debout sur les genoux du colosse et marque la mesure en frappant des mains (¹). — L'épitaphe d'un haut personnage de la VIme dynastie mentionne, parmi les services rendus par le mort, le transport à Memphis d'un monolithe, pour lequel 3000 hommes ont été employés. M. Perrot nous dit encore que 2000 hommes ont été occupés pendant trois ans à transporter, pour Amasis, une chapelle monolithe qui devait peser 4800 kilogr. En Chaldée et en Assyrie, nous trouvons des exemples

---

(¹) *Histoire de l'Art.* Perrot et Chipiez, tome I. Les matériaux.

analogues. Tout au plus faut-il remarquer l'emploi du levier, nettement indiqué, pour mettre en branle la pièce à transporter, la présence de rouleaux huilés sur lesquels elle glisse, et enfin un usage plus judicieux de la force humaine : ainsi les hommes tirent sur les cables à l'aide de cordes qui leur sont attachées aux épaules, au lieu de tenir, comme en Égypte, le cable dans les mains. Vous pourrez voir dans le 2me volume de l'ouvrage de MM. Perrot et Chipiez, la description d'un bas-relief du palais de Sennacherib, fort instructif à cet égard. Il représente, dans ses diverses phases, le transport d'un taureau.

« Un jour, dit M. Maxime Ducamp (¹), j'étais assis
» sur les architraves qui relient les colonnes de la
» salle hypostyle à Thèbes, et je regardais cette forêt
» de pierres germée sous mes pieds. Involontairement
» je m'écriai : « Mais comment donc ont-ils fait tout
» cela ? » — Mon drogman Joseph, qui est un grand
» philosophe, entendit mon exclamation et se mit à rire.
» Il me toucha le bras, et, me montrant un palmier qui
» se balançait au loin, il me dit : « Voilà avec quoi ils
» ont fait tout cela. Savez-vous, signor ? avec 100000
» branches de palmier cassées sur le dos de gens qui
» ont toujours les épaules nues, on bâtit bien des
» palais et des temples par-dessus le marché ! » —
Concluons, avec M. Maxime Ducamp, que Joseph pour-

(¹) J'emprunte cette citation à l'ouvrage de MM. Perrot et Chipiez.

rait bien avoir raison. — Et Joseph ne savait pas le grec! S'il s'était douté que ce mot *architecte,* formé en grec six ou sept siècles avant notre ère, désigne non pas le savant, le mathématicien, le géomètre, ni même l'artiste, mais tout simplement *celui qui commande aux ouvriers* (ἄρχω, je commande, et τέκτων, ouvrier) comme il eût été satisfait de son explication! Nous nous en tiendrons donc, si vous voulez, à son opinion, et nous passerons, sans plus tarder, aux connaissances astronomiques de l'Orient.

Si je voulais vous énumérer toutes les suppositions qu'autorisent sur l'astronomie ancienne les livres à consulter, les Syria Vedanta, dans l'Inde, — l'histoire de Bérose, dont quelques fragments sont conservés, pour la Chaldée, — plusieurs livres d'annales, en Chine, traduits par les missionnaires ou par Ed. Biot, — Diodore, Jamblique, Diogène Laerce, Cléomède, sans compter Plutarque et Cicéron, — et bien d'autres encore, qui parlent soit d'après des ouvrages disparus, soit le plus souvent, d'après d'anciennes traditions, — et Bailly qui, à force d'interprétations et de déductions, fait en 1780, du fond de son cabinet de travail, des quantités de découvertes sur l'astronomie de deux à trois mille ans avant J.-C., vous comprenez que je ne finirais pas; et, de plus, je craindrais de troubler considérablement vos idées. Je me contenterai de vous indiquer, le plus brièvement possible, quelles seraient les conclusions d'une pareille étude, me bornant aux points pour lesquels l'opinion peut se fixer sur des témoignages positifs.

Depuis des temps immémoriaux, Égyptiens, Chaldéens, Phéniciens, Hébreux, Hindous, Chinois et Grecs même, d'avant le VIIme siècle (Hésiode et Homère nous en donnent la preuve), avaient remarqué dans le ciel des étoiles particulières et des constellations qu'ils utilisaient pour s'orienter en mer. Tous ont connu le mouvement de la sphère céleste d'Orient en Occident. Tous enfin ont été frappés de ce fait que quelques planètes, et surtout le soleil et la lune, se déplacent d'un mouvement qui leur est propre sur la sphère céleste, — et ont déterminé sur celle-ci avec plus ou moins de précision l'écliptique, c'est-à-dire le chemin que décrit annuellement le soleil.

La nécessité de mesurer le temps et de règlementer les principaux évènements de leur vie les a tous conduits à se faire un calendrier, fondé sur les mouvements du soleil et de la lune. Les notions de jour, de mois, ou lunaisons, et d'année, durée de la révolution solaire, remontent à une antiquité que nous ne pouvons pas soupçonner. Ou bien l'année se compose d'un certain nombre de lunaisons de 28, 29, 30 jours, de façon à faire un total de 354 à 360 jours, et alors on intercale des mois de temps en temps, pour ne pas trop s'écarter, au bout du compte, du mouvement révolutif du soleil: c'est le cas pour les Hébreux et pour les Chaldéens, à qui du reste les Hébreux purent emprunter leur calendrier primitif. Ou bien, comme en témoignent les plus vieux monuments égyptiens, l'année se compose de 36 décades, de 10 jours chacune, ce qui fait 360 jours, auxquels on ajoute 5 jours complémentaires, les jours *épagomènes* : c'est l'année *vague* des Égyptiens. Vous savez que la durée de la révolution solaire est d'environ 365 jours 1/4, de sorte que l'année vague égyptienne est un peu trop courte. Si le soleil s'est levé une fois, le premier jour de l'an, en même temps qu'une étoile connue, Sirius, — (cette étoile joue un rôle dans les mythes religieux des Égyptiens) — au bout de 4 ans, le lever héliaque de Sirius ne se produit que le deuxième jour de l'année; au bout de 8 ans, il ne se produit que le troisième, et ainsi de suite. Une grande fête signalait cette circonstance chez les Égyptiens : vous comprenez comment sa date parcourait successivement tous les jours de l'année, tous les mois et toutes les saisons, qui se trouvaient tour à tour bénies, d'après les rites égyptiens. Le lever héliaque devait retomber au premier jour de l'an, au bout d'un nombre d'années dont le calcul est d'une facilité enfantine; il suffit de multiplier 365 par 4, ce qui donne 1460 ans. C'est là cette période *sothiaque* (Sothis est le nom égyptien de Sirius), dont on a tant parlé. Il n'est pas démontré que les Égyptiens d'avant le VIIme siècle l'aient connue, mais au fond la question n'a pas pour nous une bien grande importance.

Il est difficile de dire quand et où, pour la première fois, on a songé à considérer la ligne nord-sud, en un lieu, autrement dit, la trace sur l'horizon du lieu du plan méridien, de ce plan vertical qui partage en deux parties symétriques les arcs décrits chaque jour par les étoiles au-dessus de l'horizon. Les livres chinois nous donnent l'indication du procédé, sans doute bien ancien, qui permettait de tracer la méridienne ; il consiste à bissecter l'angle des directions que suit, le matin et le soir, quand le soleil se lève et quand il se couche, l'ombre d'un *gnomon*, c'est-à-dire tout simplement d'une tige verticale. Cela est fort simple, et il ne faut pas trop s'extasier sur la science égyptienne, par exemple, sous prétexte que les pyramides sont orientées [1].

D'autre part, les papyrus ne laissent pas de doute sur la connaissance fort ancienne des solstices et des équinoxes, et rien ne fait croire que dans tout l'Orient les témoignages de la tradition puissent être suspects à cet égard. Le gnomon, je l'ai dit, est mentionné dans les livres chinois ; il l'est également dans les livres hindous, et nous ne risquons pas beaucoup d'affirmer qu'il fut utilisé aussi en Égypte et en Chaldée. En tous cas, il est presque impossible à des gens, vivant au soleil beaucoup plus que nous aujourd'hui,

---

[1] On a cru longtemps que ces antiques monuments avaient été destinés, par leurs constructeurs, à l'observation du ciel. Nous savons positivement aujourd'hui que ce sont des tombeaux royaux orientés, parce que l'orientation des tombeaux

de n'avoir pas remarqué, dans le courant de l'année, les variations de l'ombre fournie par un objet vertical quelconque, une tige, un arbre, une tour, une statue. Les jours des solstices, ceux où le soleil cesse de monter vers le nord pour redescendre, ou inversement, sont les jours où l'ombre, à midi, a la plus grande ou la plus petite longueur de l'année. Les époques des équinoxes, c'est-à-dire des passages du soleil de l'hémisphère austral dans l'hémisphère boréal ou inversement, pouvaient se déduire de celles des solstices par une approximation grossière, et d'ailleurs fondée sur un principe inexact, en partageant en deux parties égales les périodes de six mois qui séparent deux solstices. — Ou bien encore l'observation directe d'un équinoxe pouvait, sans science aucune, se faire à peu près exactement, si les faces de quelque monument étaient orientées au nord et au sud, de telle sorte qu'on pût saisir l'instant de l'année où chacune des faces était nouvellement éclairée par le soleil levant ou couchant. Or, c'est justement ce qui arrivait pour les pyramides d'Égypte.

Pour que vous ne pensiez pas, Messieurs, que je dissimule, pour les besoins de la cause, les difficultés des problèmes, laissez-moi vous conter, au sujet précisément de l'observation des équinoxes à l'aide des pyramides, l'anecdote significative que voici. Biot, dans un mémoire lu à l'Académie des Sciences et à l'Académie des Inscriptions et Belles Lettres, dit un jour : « La pyramide de Memphis, depuis qu'elle

» existe, a fait l'office d'un immense gnomon, qui, par
» l'apparition et la disparition de la lumière solaire
» sur les diverses faces, autrefois complètement polies,
» a marqué les époques annuelles des équinoxes et
» des solstices avec une certaine approximation. » Et
il demandait ensuite « s'il est croyable que des déter-
» minations aussi simples eussent échappé aux prêtres
de Memphis. » Les membres de l'Académie des Sciences
virent sans peine la simplicité de l'opération, mais
dans l'autre académie, on se montra sceptique. Biot
eut alors l'idée d'écrire à Mariette, qui venait justement d'arriver en Égypte. C'était un amateur zélé
d'antiquités, mais, en tous cas, un homme que la
nature de ses occupations avait tenu en dehors de toute
étude astronomique. On était au commencement du
mois de Mars 1853 : Biot lui demanda de vouloir bien
observer à Memphis l'équinoxe de printemps, lui expliquant en deux mots comment il devait s'y prendre.

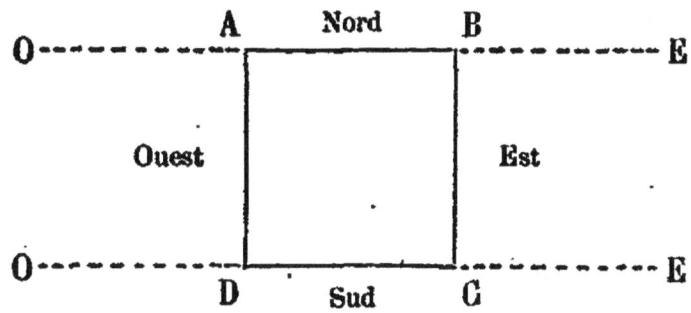

Vous le voyez sans peine : A B C D étant la base
de la pyramide orientée comme l'indique la figure, un
observateur placé sur la ligne C D voit, avant

l'équinoxe, — c'est-à-dire tant que le soleil est encore dans l'hémisphère sud, — le soleil se coucher, par exemple, sur le prolongement de CD, de telle sorte que son disque se montre nettement à sa gauche, éclairant la face sud de la pyramide. Au bout de quelques jours, l'observateur, dans les mêmes conditions, ne voit plus qu'une partie du disque, et la face nord commence à s'éclairer : le soleil passe dans l'hémisphère nord. — Mariette s'exécuta de bonne grâce et fixa l'instant de l'équinoxe à 29 heures près. Des observateurs un peu plus expérimentés, mais sans plus de science, auraient facilement atteint une approximation plus grande. Mais ce n'est pas tout. Dans la lettre où il rendait compte de son observation, Mariette disait : « Les habitants de tous les villages
» avoisinant les pyramides savent parfaitement que,
» le jour de l'équinoxe, le soleil se couche à l'horizon
» occidental dans une position telle que son disque
» s'aperçoit sur le prolongement d'une des faces
» boréale ou australe. Les habitants du village de
» Koneisseh, en particulier, sont plus accoutumés
» que d'autres à déterminer les équinoxes, parce que
» à ces deux époques de l'année, un quart d'heure
» avant le coucher du soleil, l'ombre de la grande
» pyramide, qui s'étend à plus de 3 kilomètres, dirige
» sa pointe sur une pierre de granit, située un peu au
» nord de leur village, ce que leur cheik m'a signalé
» comme un fait bien connu d'eux ». Ainsi, dirons-nous avec Biot, voilà de pauvres Bédouins du désert,

ne sachant ni lire ni écrire, qui font annuellement pour leur usage des observations d'équinoxes !

Si j'ai insisté sur cette question des observations de solstices et d'équinoxes, c'est qu'elle a donné lieu à de longues discussions. Delambre refuse d'y croire, sous prétexte que Ptolémée n'en cite aucune qu'il emprunte aux Égyptiens ou aux Chaldéens. Ce n'est pas là un argument suffisant. Ptolémée ne cite que six observations chaldéennes d'éclipses, et nous savons d'une façon incontestable aujourd'hui que les Chaldéens, Égyptiens et tous les peuples d'Orient en ont observé, de temps immémoriaux. La vérité sur toutes ces questions, c'est que, sans posséder une science proprement dite, sans instruments spéciaux, il est beaucoup plus facile qu'on ne pense de faire des observations astronomiques, pourvu bien entendu qu'on n'exige pas une précision idéale. Je dis sans instruments spéciaux, ce n'était pas tout-à-fait le cas des anciens. J'ai déjà cité le gnomon ; ajoutons la clepsydre, ou horloge à eau, qui mesurait le temps par l'écoulement de l'eau (¹).

(¹) Il est impossible de dire à quelle époque doit remonter l'usage de la clepsydre, pour mesurer le temps. L'appareil antique dut consister simplement en un vase, d'où l'eau s'écoulait par un trou, et l'hypothèse que des quantités égales de liquide s'écoulent dans des temps égaux suffisait pour en faire des horloges. Le procédé était assez grossier. Faut-il supposer avec Bailly qu'il pût se corriger déjà entre les

J'arrive, Messieurs, à la question qui a toujours joué le rôle capital dans toutes les discussions sur l'astronomie ancienne, à celle des éclipses. Personne ne songe plus à nier que les Égyptiens, les Chinois,

---

mains des Chaldéens, grâce à la précaution de remplacer sans cesse l'eau écoulée, et de maintenir ainsi le niveau à peu près constant ?... Quoi qu'il en soit, la clepsydre fut d'un très grand usage chez les Grecs qui l'héritèrent des Orientaux, puis à Rome, où elle fut introduite, dit-on, par Scipion Nasica. Vitruve nous donne la description d'un appareil déjà très perfectionné, dû à l'Alexandrin Ctésibius. En 807, le Calife Haroun Al Raschid envoya à Charlemagne une clepsydre où un mécanisme ingénieux faisait sonner les heures. L'horloge à eau reçut du reste au moyen âge, et jusqu'au XVIIme siècle, mille formes et modifications diverses. Aujourd'hui encore les Hindous se servent parfois, pour mesurer le temps, d'un appareil curieux. Il consiste en un fragment de boule creuse en cuivre, percé, au-dessous, d'une ouverture très petite. On le place sur l'eau, il se remplit peu à peu, et jusqu'au moment où il s'enfonce, un temps déterminé s'écoule. [Voir Cantor, Vorlesungen, tome I, page 83.]

Pour en revenir aux anciens, et particulièrement aux Chaldéens, le principal problème astronomique, auquel ait servi la clepsydre, semble avoir été la division du zodiaque. La méthode est attribuée aux Chaldéens par Sextus Empiricus, Macrobe l'attribue aux Égyptiens, — (ce qui fait dire à Bailly qu'ils la tenaient donc les uns et les autres d'un peuple antérieur). — Elle consiste à diviser d'abord, à l'aide de la clepsydre, en un certain nombre de parties égales, l'intervalle de temps qui s'écoule entre deux levers successifs d'une même étoile, c'est-à-dire la durée de la rotation diurne ; puis

les Chaldéens surtout ont observé des éclipses et cherché à les prédire.

Certes nous ne croirons pas sur parole les Babyloniens qui, d'après Cicéron et Diodore, prétendaient

---

à observer la portion d'écliptique qui se lève pendant une des divisions fournies par la clepsydre. En supposant qu'en des temps égaux se lèveront des arcs égaux d'écliptique, on obtient par ce procédé des fractions connues de ce grand cercle. Il est évident que, l'écliptique étant incliné sur l'équateur, la méthode n'est qu'approximative. Quoi qu'il en soit, les Chaldéens purent ainsi repérer sur l'écliptique, divisé en 360 degrés, les principales étoiles qui en font partie.

Enfin, la clepsydre semble avoir été utilisée de bonne heure pour une première évaluation du diamètre apparent du soleil. A l'instant où le soleil commençait à paraître à l'horizon, on laissait couler l'eau dans un vase jusqu'à ce que le soleil fût levé tout entier. L'eau coulait ensuite dans un autre vase tout le reste des 24 heures. Le rapport des deux quantités d'eau donnait facilement le diamètre apparent.

La clepsydre n'a certainement pas été le seul instrument que les anciens peuples aient utilisé pour mesurer le temps. Le cadran solaire a lui aussi une antiquité qu'il est impossible d'apprécier. La Bible [Rois, IV] mentionne, comme un miracle de Dieu, en faveur d'Ezechias, le recul de l'ombre de dix degrés sur le cadran d'Achaz. Quelle pouvait être la forme de ce cadran, qu'étaient ces degrés, dont il est question? Nous ne pouvons le dire. Les premiers cadrans solaires durent se composer simplement d'un gnomon, c'est-à-dire d'une tige verticale dressée sur un plan horizontal.

Hérodote mentionne chez les Babyloniens l'usage du *polos*. C'était une demi-sphère concave installée horizontale-

observer le ciel depuis 470,000 ans, — pas plus que Jamblique parlant de 72,000 ans d'observations des Assyriens. Simplicius donne 2,000 ans d'observations aux Égyptiens, et un peu plus aux Chaldéens, ce qui

---

ment. La pointe d'un style, ou un globule suspendu d'une manière quelconque, occupe le centre et projette son ombre le long d'un parallèle, à mesure que le soleil parcourt son chemin au-dessus de l'horizon. L'arc ainsi décrit par l'ombre était divisé en 12 parties égales. Il va sans dire que ces heures n'avaient pas la même durée aux diverses époques de l'année.

Le polos ainsi constitué ne pouvait être utilisé que le jour. Les Grecs ont connu depuis Eudoxe et, en tous cas, utilisé depuis Hipparque, un polos perfectionné donnant l'heure la nuit, et dont l'idée peut très bien remonter aux Chaldéens eux-mêmes [Cf. Paul Tannery, La Science hellène, p. 82, et son article Astronomie ancienne de la Grande Encyclopédie]. Imaginons une sphère mobile qui peut se déplacer à l'intérieur du polos, et sur laquelle sont indiquées les positions des principales étoiles du zodiaque. Supposons en outre l'écliptique divisé en 360°. On saura pour chaque jour de l'année quel degré occupe le soleil sur ce grand cercle. Au moment de la nuit, où on voudra savoir l'heure, il suffira de disposer la sphère mobile de telle façon que certaine étoile du zodiaque soit à l'horizon, ou au méridien, comme le montrera à cet instant une observation directe: on verra où vient sur la sphère creuse le point de la sphère mobile qui ce jour-là tient la place du soleil, et on en déduira l'heure sans difficulté. — Chez les Grecs, les deux sphères seront remplacées par deux pièces planes représentant les projections stéréographiques des sphères, et l'appareil portera le nom d'*astrolabe*.

est déjà raisonnable, et les livres chinois nous citent une éclipse qui se placerait 2159 ans avant notre ère. Quoi qu'il en soit de ces chiffres, le seul fait intéressant et certain est que depuis longtemps tous ces peuples ont observé régulièrement les phénomènes célestes, et surtout les éclipses. Avec quelle précision ces observations étaient-elles enregistrées ? Nous pouvons nous en rendre compte. Ptolémée nous a conservé six observations chaldéennes d'éclipses de lune. « Tel » jour, disait-on, à deux heures avant minuit, ou une » heure après le coucher du soleil, la lune a été » éclipsée, au nord ou au sud, de la moitié ou du » quart de son diamètre ». Je n'ai pas besoin d'insister sur la facilité de pareilles observations : n'importe lequel d'entre nous pourrait par un beau ciel, et sans le secours d'aucun instrument, en faire de semblables.

Mais on n'observait pas seulement, on prédisait les éclipses ! Oui, mais comment ? Nous sommes bien sûrs que notre explication du phénomène ne fut pas connue des Orientaux, car nous assisterons pendant deux siècles au moins, après qu'ils auront transmis leurs connaissances aux Grecs, aux tâtonnements des astronomes pour découvrir la cause physique des éclipses, et nous verrons les Grecs constituer peu à peu la théorie du phénomène, depuis Anaximène jusqu'à Eudoxe de Cnide et Aristarque de Samos. De plus, rien n'est plus simple que de comprendre comment on a pu se passer de la théorie scientifique du phénomène. Si les Égyptiens et Chaldéens ont vraiment observé et noté les éclipses depuis si longtemps, comment n'auraient-ils pas remarqué qu'au bout de 18 ans environ les éclipses de soleil et de lune se reproduisent périodiquement dans le même ordre? C'est là la fameuse période de 223 lunaisons, très probablement connue dans tout l'Orient et en Égypte. La constatation de cette périodicité pouvait se faire de plusieurs manières. Ou bien elle se dégageait tout naïvement d'un registre d'observations suffisamment copieux : à la seule vue du registre on pouvait être frappé du retour régulier, après des intervalles déterminés, des mêmes éclipses aux mêmes dates. Ou bien on se laissait guider par quelques remarques un peu moins naïves, mais bien éloignées encore de la théorie du phénomène. Les éclipses de lune ou de soleil ne se produisent jamais que lorsque la lune est très voisine de l'écliptique (nom qui précisément rappelle ce fait). La lune occupe alors à très peu près l'un des points où son orbite coupe l'écliptique, l'autre point diamétralement opposé étant occupé par le soleil, quand c'est celui-ci qui s'éclipse. Eh bien, il est impossible que les Chaldéens n'aient pas constaté que ces deux points, ou *nœuds* de l'orbite lunaire, ne sont pas fixes ; que le diamètre qui les joint tourne d'un mouvement rétrograde uniforme, de façon à coïncider successivement avec tous les diamètres de l'écliptique et à faire un tour complet en 18 ans environ. Au bout de cette période, les positions respectives de la lune et du soleil par rapport à nous seront redevenues les mêmes, et les éclipses des 18 années précédentes se reproduiront dans le même ordre, et aux mêmes intervalles.

Du reste, ne croyez pas que les prédictions se fissent avec une précision rigoureuse. Les dates des phénomènes annoncés n'étaient données qu'à peu près. Thalès, qui rapportait probablement d'Égypte ce qu'il savait d'astronomie, n'avait fait après tout, d'après le témoignage d'Hérodote, que fixer *l'année* de l'éclipse. La grosse question, — question parfois de vie ou de mort pour ceux qui en étaient chargés, puisque en Chine la tradition veut que les astronomes Hi et Ho aient été condamnés à mort pour n'avoir pas prédit l'éclipse de 2159, — la grosse question était qu'une éclipse ne se produisît pas sans être annoncée. Elle surprenait moins alors, et la terreur qu'elle inspirait se trouvait atténuée. On en prédisait donc beaucoup, et, dans le tas, un certain nombre se produisaient. Celles qui ne se produisaient pas passaient inaperçues, ou, en tous cas, l'erreur des astronomes causait une telle joie, qu'on ne songeait pas à s'en plaindre. Quant aux autres, pour peu que l'époque ne fût indiquée qu'approximativement, on avait bien des chances de ne pas paraître se tromper. Voici, à ce sujet, un texte cunéiforme, déchiffré par M. Smith, qui me semble assez instructif [1].

« Au roi mon Seigneur, son serviteur Abil-Istar.
» Que la paix protège mon Seigneur; que Nébo et

---

[1] Paul Tannery. Pour la Science hellène, p. 57.

» Merodak lui soient favorables ; que les dieux lui
» accordent longue vie, santé et joie ! En ce qui re-
» garde l'éclipse de lune, pour laquelle le roi mon
» Seigneur a envoyé dans les villes d'Akkad, de
» Borsippa et de Nipour, j'ai fait l'observation dans
» la ville d'Akkad ; l'éclipse a eu lieu ; et je l'annonce
» à mon Seigneur. Pour l'éclipse de soleil, j'ai fait
» aussi l'observation ; l'éclipse n'a pas eu lieu et j'en
» rends de même compte à mon Seigneur. L'éclipse
» de lune qui se vérifie regarde les Hittites et signifie
» destruction pour la Phénicie et les Chaldéens. Notre
» Seigneur aura paix, et pour lui l'observation n'in-
» dique aucune disgrâce. Que la gloire accompagne
» mon Seigneur ! »

Certes on ne peut nier que ces premiers éléments d'astronomie ne soient déjà de la science : ils la préparent tout au moins, et Hipparque et plus tard Ptolémée sauront utiliser les observations des Chaldéens. Mais enfin vous sentez bien quelle était la préoccupation des prêtres orientaux, interrogeant le ciel durant des siècles. Leur principal souci n'est pas de savoir par amour de la vérité, mais d'appliquer leurs découvertes aux évènements de la vie terrestre. Pour eux, il y a un lien étroit entre le cours des astres et tout ce qui arrive ici-bas : ce n'est pas de *l'astronomie* qu'ils font, c'est de *l'astrologie*. En particulier les éclipses sont, aux yeux des Orientaux, des présages d'une telle importance que leur observation, loin d'être suggérée par l'amour de la science, est imposée par les lois, et les détails en

sont parfois l'objet d'une réglementation spéciale. Voici, par exemple, d'après les Annales de la Chine, le cérémonial (qu'on suivait encore au siècle dernier) pour l'observation d'une éclipse : « Quelques jours
» avant l'éclipse, le Tribunal des Rites fait placer une
» affiche en gros caractères dans un lieu public de
» Pékin. Les mandarins de tous les ordres sont avertis
» de se rendre, revêtus des habits et des marques de
» leurs dignités, dans la cour du Tribunal des Mathé-
» matiques pour y attendre le moment où le phénomène
» aura lieu. Au moment où l'on s'aperçoit que le soleil
» ou la lune commence à s'obscurcir, tous se jettent à
» genoux et frappent la terre de leur front. Aussitôt
» on entend s'élever de toute la ville un bruit épou-
» vantable de tambours et de timbales, restes de l'an-
» cienne persuasion où étaient les Chinois que par ce
» tintamarre ils secouraient l'astre souffrant et l'empê-
» chaient d'être dévoré par le dragon céleste. Le même
» cérémonial se pratique dans tout l'Empire. »

Eh bien donc, Messieurs, le sentiment qui présida à ces longues observations ou à ces prédictions de phénomènes célestes, ne doit pas être confondu par nous avec cette soif de science que nous trouverons chez les Grecs. D'ailleurs, plus les partisans à outrance de la science orientale insisteront sur son ancienneté, plus nous aurons le droit d'être surpris qu'elle soit restée impuissante à expliquer des phénomènes tels que les phases de la lune et les éclipses, — à donner l'idée de la forme sphérique de la terre; — à constater l'anomalie du mouvement solaire, la précession des équinoxes ; bref, nous comprendrons difficilement que des milliers d'années n'aient pas suffi à créer le plus petit chapitre de l'œuvre que la science grecque va accomplir en quelques siècles.

Les connaissances de l'Orient en chimie ne sont peut-être pas négligeables. Le nom même de cette science, suivant quelques égyptologues, prouverait que la vieille Égypte fut son berceau. Quoi qu'il en soit, nous pouvons affirmer que là, comme dans tout l'Orient, on a de bonne heure possédé une série de procédés pratiques relatifs à l'industrie des métaux, des bronzes, des verres, des émaux. On a connu, en Égypte particulièrement, d'excellents procédés pour conserver les corps : il y a au Louvre des momies dont la peau n'a pas été altérée après des milliers d'années. Tout cela, c'est de la chimie, si on veut, — comme l'emploi de quelques remèdes empiriques sera de la médecine.

Bien que je n'aie pas l'intention de vous parler de la médecine grecque, que créera Hippocrate de Cos, — encore un Ionien, — laissez-moi vous dire que nous possédons un véritable traité de médecine égyptienne. C'est un manuscrit qui fait partie de la collection de Berlin et date de la XIXme dynastie. L'original, dont il est une reproduction sans doute modifiée, remonterait à la deuxième dynastie, et daterait, par conséquent de trois ou quatre mille ans avant J.-C. A cause de son ancienneté même, pense M. Maspero, ce traité était en grand honneur dans les écoles égyptiennes et « devait faire partie de cette fameuse bibliothèque » médicale de Memphis, qui, même au temps des » empereurs romains, fournissait des remèdes aux mé- » decins grecs (¹). » M. Maspero résume ce manuscrit dans son livre sur l'histoire des peuples de l'Orient (²).

(¹) Maspero. *Histoire des Peuples de l'Orient*, p. 82.
(²) « Les médicaments indiqués, dit M. Maspero, sont de
» quatre sortes : pommades, potions, cataplasmes et clys-
» tères. Ils sont composés chacun d'un assez grand nombre
» de substances empruntées à tous les règnes de la nature.
» On y trouve citées plus de cinquante espèces de végétaux,
» depuis des herbes et des broussailles jusqu'à des arbres,
» comme le cèdre, dont la sciure et les copeaux passaient
» pour avoir des propriétés lénitives, le sycomore et maints
» autres, dont nous ne comprenons plus les noms antiques.
» Viennent ensuite des substances minérales.... La chair
» vive, le cœur, le foie, le fiel, le sang frais et desséché de
» divers animaux, le poil et la corne de cerf, jouaient un
» grand rôle dans la confection de certains onguents. Mais
» les maladies n'avaient pas toujours une origine naturelle :
» elles étaient souvent produites par des esprits malfaisants
» qui entraient dans le corps de l'homme et trahissaient leur
» présence par des désordres plus ou moins graves. En trai-
» tant les effets extérieurs, on parvenait tout au plus à sou-
» lager le patient. Pour arriver à la guérison complète, il
» fallait supprimer la cause première de la maladie en
» éloignant par des prières l'esprit possesseur. Aussi une
» ordonnance de médecin se composait-elle de deux parties :
» d'une formule magique et d'une formule médicale. L'invo-
» cation magique passait pour anéantir la cause mystérieuse;
» le traitement combattait les manifestations visibles du
» mal. » (Maspero, p. 84-85.)

Vous pourrez vous convaincre, en lisant ce résumé, qu'en médecine, comme dans tous les autres domaines scientifiques, on ne trouve en somme que préoccupations pratiques, recettes, procédés, formules de routine.

Enfin, trouverons-nous trace, dans l'Orient, de quelque tentative d'explication scientifique de l'Univers ? Nous ne rencontrerons, vous le devinez, que des cosmogonies religieuses, dont la formule sera immuablement fixée par des livres sacrés. C'est presque un contresens que d'y chercher des traces de science. On peut cependant, je crois, faire une remarque intéressante à propos même de ces cosmogonies. Les savants semblent d'accord sur ce point qu'aucune d'elles, à l'exception de celle des Hébreux (et encore quelques restrictions ont été formulées à cet égard), n'implique l'idée de création : ce serait là une notion relativement récente. Je n'hésite donc pas, pour ma part, à voir dans la formation même de ces cosmogonies une tendance à satisfaire ce besoin inné chez l'homme de ramener indéfiniment les phénomènes les uns aux autres, ce qui est le principe même de l'explication scientifique. Mais il est clair que la tentative d'explication reste tout entière ici dans l'intention : le merveilleux se mêle bien vite au naturel, de sorte qu'on ne peut songer sérieusement à voir dans ces cosmologies œuvre de science.

En dehors de la philosophie religieuse, existe-t-il des écoles de penseurs indépendants ? La question ne peut vraiment se poser que pour l'Inde. On y connaît en effet quelques systèmes philosophiques, tels que le Sankya, le Nyava, le Vedanta. Mais des recherches récentes ont définitivement établi que ce sont là des systèmes formés après Bouddha, c'est-à-dire après le VIme siècle, dont le but a été précisément de concilier les croyances nouvelles et les anciennes [1]; enfin, ce sont des méditations philosophiques sur l'âme et sur Dieu, et non pas des synthèses explicatives de l'univers physique, comme le seront les philosophies grecques.

En résumé, Messieurs, s'il est inexact de dire que la science n'ait pas eu ses commencements chez les peuples orientaux, s'il faut reconnaître que, dans tous les domaines, les premières données rudimentaires ont été amassées au cours des siècles par les vieilles civilisations pour être transmises aux Grecs, nous devons déclarer en même temps que ces données n'ont pas dépassé le minimum que devaient fatalement faire naître, chez des peuples civilisés, les nécessités de l'existence ou les croyances astrologiques invétérées de tous les hommes primitifs. Nous ne trouvons qu'un ensemble de préoccupations et de procédés pratiques, n'indiquant pas que l'idée de la science pure se soit vraiment affirmée.

---

[1] Voir la préface de M. Barthélemy St-Hilaire *(Les Origines de la philosophie grecque)* à la traduction du Traité de la Génération et de la Destruction, d'Aristote.

Voilà du moins où nous conduit une consultation directe des connaissances que nous pouvons positivement attribuer à la science orientale.

Mais, me direz-vous, cette consultation est-elle bien décisive ? Tant d'œuvres ont pu disparaître, sans laisser de traces, depuis ces temps reculés, et même avant que les Grecs aient pu les connaître ! Pour ne citer qu'un exemple, le plus important, d'ailleurs, de ce genre, nous savons bien, d'après le témoignage d'Hérodote, à quel point Cambyse maltraita l'Égypte, juste au moment où les premiers penseurs grecs commençaient à y arriver. Qui peut dire jusqu'où allèrent les ravages des Perses ? — Letronne, dans une étude complète sur l'Égypte après Cambyse, a établi que ces ravages ont été considérablement exagérés, je vous y renvoie, si cela vous intéresse ; et je réponds de mon côté à la question plus générale : les documents que nous possédons comptent-ils pour quelque chose, près de tous ceux qui ont pu disparaître, et les conclusions auxquelles ils nous conduisent présentent-elles un caractère suffisant de certitude ?

D'abord, Messieurs, les livres ont pu disparaître en partie, les inscriptions qui couvrent les monuments, et les innombrables papyrus, soigneusement conservés dans les tombeaux, nous ont fait véritablement pénétrer, depuis le commencement de ce siècle, dans les secrets les plus cachés de la civilisation égyptienne. Dans tous les ordres d'idées, nous avons trouvé de quoi nous éclairer, de quoi répondre à nos questions les plus indiscrètes, de quoi nous permettre de reconstituer les mœurs, les croyances, les lois des Égyptiens. Eh bien, ces moyens d'information dont nous avons été tout-à-coup comblés n'ont pas modifié sur la science orientale l'opinion que, dès le siècle dernier, des esprits sincères et sans parti pris se faisaient déjà d'après les anciens. Vous avouerez qu'il est douteux que quelques livres de plus ou de moins puissent apporter des documents capables de changer cette opinion.

De plus, nous avons d'autres moyens de contrôler nos conclusions. L'histoire des peuples orientaux ne s'est pas arrêtée au VIIme siècle avant J.-C. Qu'ont produit tous ces peuples dans la suite des temps ? De quoi se sont-ils montrés capables ?

Voyez les Hindous : nous y connaissons quelques mathématiciens, Ahriabatta (VIme siècle après J.-C.), Brahmagupta (VIIme siècle), Bhaskara (XIIme siècle). Durant ce long moyen âge où la science occidentale semble vouloir s'éclipser, les travaux des Hindous ont pu donner l'illusion d'un regain d'ardeur du côté de l'Orient et d'une originalité propre ; la critique moderne a dû singulièrement en rabattre et reconnaître que ces travaux ne sont probablement qu'un reflet de la science grecque qui avait pénétré dans l'Inde avec les compagnons d'Alexandre. Et quel caractère, quel tempérament ont montré les Hindous à tous ceux qui ont voyagé parmi eux ? Celui d'hommes nonchalants par nature, rêveurs, métaphysiciens nuageux peut-être, mais dépourvus des qualités indispensables

au savant : le besoin de précision et de clarté. « Si
« nous voulions déterminer, dit M. Gustave Lebon,
» qui les a longuement observés, en quoi l'Hindou
» des classes supérieures diffère des classes euro-
» péennes correspondantes, nous verrions qu'il s'en
» distingue surtout par le défaut de précision et
» d'exactitude qu'il apporte en toutes choses, par son
» absence d'esprit critique, par son manque d'initia-
» tive, par la faiblesse de son jugement et de son
» raisonnement, par l'exagération de son imagination
» et par son étonnante incapacité à voir les choses
» comme elles sont, défauts que ne compensent nulle-
» ment son grand pouvoir d'assimilation, et une cer-
» taine dose de logique : cette logique est d'ailleurs
» limitée à l'aptitude à tirer d'un fait unique toute une
» série de conséquences, et ne s'étend pas jusqu'à
» l'aptitude, mère des jugements exacts, à saisir les
» analogies et les différences qu'on peut tirer de la
» comparaison de plusieurs faits. » Et ailleurs : « Les
» formes flottantes de la pensée des Hindous les ont
» empêchés de dépasser dans les sciences exactes la
» plus vulgaire médiocrité. »

Pour les Chinois, je me bornerai à citer un fait
que vous trouverez, je crois, significatif. Les missionnaires catholiques qui avaient pénétré en Chine ayant
été adjoints au Tribunal des Mathématiques de Pékin,
les Chinois protestèrent, et, vers 1620, demandèrent
leur exclusion de cet antique tribunal. L'empereur fit
assembler les astronomes européens et chinois et de-

manda à ceux-ci d'abord de désigner quelque épreuve qui pût établir clairement la supériorité des Chinois sur les Européens. Les Chinois ne surent rien proposer. Consultés à leur tour, les Européens proposèrent de calculer l'ombre que donnerait le lendemain, à midi, un certain gnomon, de hauteur connue. Aucun membre chinois du Tribunal des Mathématiques de l'empire ne put résoudre la question. Or, vous voyez de quoi il s'agit : la longueur de l'ombre méridienne est un côté de l'angle droit d'un triangle rectangle, dont l'autre est connu, et l'angle opposé à ce côté cherché est la distance zénithale méridienne du soleil ce jour-là. En somme, la question revient à demander la longueur d'un côté de l'angle droit d'un triangle rectangle, connaissant l'autre côté et l'angle opposé ; on n'oserait pas la poser aux examens du baccalauréat, comme étant trop facile.

Je n'ai pas besoin, d'ailleurs, d'insister sur le caractère chinois. Vous savez comme moi l'esprit chinois attaché à la lettre même de ses traditions, au point d'être opposé à tout progrès scientifique. Il réalise assez bien le type de l'immobilité absolue, de la cristallisation intellectuelle, si vous me permettez le mot.

Les Chaldéens ont toujours passé en Grèce, et plus tard, à Rome, comme devins, sorciers, astrologues, capables de résoudre beaucoup de mystérieux problèmes, mais de les résoudre mystérieusement aussi. L'esprit chaldéen nous apparaît comme personnifiant le symbolisme mystique : de nos jours, c'est par le

Sar Peladan et ses adeptes qu'il est le mieux représenté, et je n'ai pas besoin de vous dire (le Sar lui-même ne me contredirait pas sur ce point) que ce n'est pas de ce côté que nous trouverons la clarté et la lumière, qu'avant tout exige la science.

Quant à l'Égypte, après la conquête macédonienne, c'est Alexandrie, il est vrai, qui deviendra le centre de la science grecque. Mais avant cette période où les Égyptiens auront cessé d'être eux-mêmes, du VIme au IIIme siècle avant J.-C., rappelez-vous les témoignages de Démocrite et de Platon sur l'état de leur science, et sur leur peu de goût pour les recherches scientifiques. Au dire de Platon, les Égyptiens ne s'attachent qu'à la vie pratique et toutes leurs découvertes ou inventions ont un but utilitaire.

Puisque je vous parle de Platon, laissez-moi vous citer quelques passages de la République, propres à vous montrer comment, en opposition avec l'Orient, les Grecs, eux, comprenaient la science.

« J'aperçois maintenant, dit Socrate à Glaucon ([1]),
» combien cette science du calcul est belle en soi, et
» en combien de manières elle est utile à notre projet,
» pourvu qu'on l'étudie pour connaître et non pas
» pour faire un négoce.
» — Comment donc l'envisages-tu ?

([1]) Livre VII de la République. (Traduction Cousin.)

» — Comme je te l'ai montrée, c'est-à-dire donnant
» à l'âme un puissant élan vers la région supérieure,
» et l'obligeant à raisonner sur les nombres tels qu'ils
» sont en eux-mêmes, sans jamais souffrir que ses
» calculs roulent sur des nombres visibles et palpa-
» bles... Et si on demandait : admirables calculateurs,
» de quels nombres parlez-vous ? Où sont ces unités
» telles que vous les supposez, parfaitement égales
» entre elles, sans qu'il y ait la moindre différence,
» et qui ne sont point composées de parties ? — Mon
» cher Glaucon, que crois-tu qu'ils répondissent ?

» — Ils répondront, je crois, qu'ils parlent de ces
» nombres qui ne tombent pas sous les sens, et qu'on
» ne peut saisir autrement que par la pensée.

» — Ainsi tu vois, mon cher ami, que nous ne
» pouvons absolument nous passer de cette science,
» puisqu'il est évident qu'elle oblige l'âme à se servir
» de la pure intelligence pour connaître la vérité.

» — Oui, c'est bien là son caractère. »

....

« Si donc la Géométrie porte l'âme à contempler
» l'essence des choses, elle nous convient ; si elle
» s'arrête à ses accidents, elle ne nous convient pas.

» — Soit.

» — Or, la moindre teinture de géométrie ne permet
» pas de contester que cette science n'a absolument
» aucun rapport avec le langage qu'emploient ceux
» qui en font leur occupation.

» — Comment ?

» — Leur langage est plaisant, vraiment. Ils par-
» lent de quarrer, de prolonger, d'ajouter, et emploient
» d'autres expressions semblables, comme s'ils opé-
» raient réellement et que toutes leurs démonstrations
» tendissent à la pratique. Mais cette science n'a, tout
» entière, d'autre objet que la connaissance.

» — Il est vrai.

» — Alors conviens encore de ceci.

» — De quoi?

» — Qu'elle a pour objet la connaissance de ce
» qui est toujours, et non la connaissance de ce qui
» naît et périt.

» — Je n'ai pas de peine à en convenir : la géomé-
» trie est en effet la connaissance de ce qui est toujours.

» — Par conséquent, mon cher, elle attire l'âme
» vers la vérité; elle forme en elle cet esprit philoso-
» phique qui élève nos regards vers les choses d'en
» haut, au lieu de les abaisser, comme on le fait, sur
» les choses d'ici-bas.

» — C'est à quoi rien n'est plus propre que la
» géométrie. »

....

« — L'astronomie, dit Socrate, sera-t-elle la troi-
» sième science [que nous enseignerons à nos jeunes
» gens]? Que t'en semble?

» — C'est mon avis, répond Glaucon ; car, selon
» moi, une connaissance exacte des saisons, des mois,
» des années, n'est pas moins nécessaire au guerrier
» qu'au laboureur et au pilote.

» — Vraiment, c'est bonté pure de ta part. Tu as
» l'air d'avoir peur que le vulgaire ne te reproche de
» prescrire l'étude des sciences inutiles. Le plus solide
» avantage de ces sciences, mais un avantage dont
» il n'est pas du tout facile de faire sentir le prix,
» c'est qu'elles purifient et raniment un organe de
» l'âme aveuglé et comme éteint par les autres occupa-
» tions de la vie, organe dont la conservation est
» mille fois plus précieuse que celle des yeux du corps,
» puisque c'est par celui-là seul qu'on aperçoit la
» vérité. »

Ainsi, pour Platon, la science n'est précieuse que par la connaissance des rapports éternels qu'elle apporte à l'âme. Nous sommes loin, vous le voyez, de la science orientale. — Écoutez encore ces paroles que Jamblique attribue à Pythagore (¹). S'il ne les a pas prononcées, il suffit que la tradition les lui attribue pour qu'elles achèvent de caractériser à nos yeux l'idée que les Grecs se font de la science.

« Les hommes réunis en société ont des occupations
» diverses. Les uns sont entraînés par les attraits
» irrésistibles de la richesse et du plaisir; les autres
» sont dominés par l'ambition du pouvoir et des hon-
» neurs; mais le but le plus relevé de l'homme, c'est
» de contempler dans cet univers les beautés qu'il

(¹) Cf. Barthélemy St-Hilaire. Les origines de la philosophie grecque, (déjà cité.)

» nous offre et de mériter ainsi le titre de philosophes.
» Il est bien de contempler l'immense étendue des
» cieux et d'y suivre le cours des astres qui s'y meu-
» vent dans un ordre si régulier, mais on ne peut le
» bien comprendre que par le principe purement
» intelligible qui régit tout avec nombre et mesure.
» La sagesse consiste à connaître autant qu'on le peut
» ces phénomènes divers, éternels, primitifs, immua-
» bles, et la philosophie n'est que la poursuite assidue
» de cette noble étude qui éclaire et corrige les
» hommes. »

Ce langage aurait-il été compris des peuples de l'Orient? — Non, Messieurs, il est bien vraiment grec, et il ne nous surprend pas dans la bouche d'un Grec. Même dans ses recoins en apparence les plus humbles, quand il s'agit seulement de substituer à quelque formule empirique une démonstration logique fondée sur des concepts clairs et précis, la science pure, la science théorique exige précisément les qualités d'esprit que nous a révélées toute l'œuvre esthétique des Grecs. Une logique claire, rigoureuse, conduisant à des vérités générales, qu'on peut dire éternelles, parce qu'elles s'élèvent au-dessus des phénomènes contingents de la vie sensible, une logique faite de lumière et d'harmonie, n'est-elle pas comme un aspect particulier de la beauté grecque? — Quand nous voulons comprendre ce que les Grecs ont conçu comme le beau idéal, nous nous reportons d'ordinaire aux sculptures du siècle de Périclès ou au Parthénon:

je ne sais si leur géométrie ne porte pas mieux
encore l'empreinte de leur âme.

En nous éloignant des documents positifs pour consulter le caractère des peuples dont nous voulons étudier le rôle dans la marche intellectuelle de l'humanité, ne trouvez-vous pas, comme moi, que le doute fait définitivement place à la certitude ?

Concluons donc :

L'Orient a transmis aux Grecs un ensemble de connaissances pratiques, qui ont pu servir de base à leur science, mais celle-ci leur appartient bien véritablement. Ce qui la caractérise, c'est qu'elle a pour unique but la recherche de la vérité, et pour seul mobile l'amour désintéressé de l'ordre éternel des choses.

LIVRE TROISIÈME

LA PHYSIQUE GÉNÉRALE
AU VIme ET AU Vme SIÈCLES AVANT J.-C.

CINQUIÈME LEÇON

LA PHYSIQUE IONIENNE

SOURCES POUR LA PHYSIQUE GÉNÉRALE AUX VIme ET Vme SIÈCLES. — PROBLÈMES PRINCIPAUX SOULEVÉS PAR THALÈS, ANAXIMANDRE, ANAXIMÈNE.

Nous voici arrivés, Messieurs, après plusieurs leçons d'introduction, à l'étude de la science grecque elle-même. Je distinguerai deux ordres d'idées :

1° les problèmes de physique générale, auxquels nous joindrons, comme complément, les premiers tâtonnements de l'astronomie grecque;

2° les mathématiques pures.

Et j'aborderai aujourd'hui la physique générale.

Il me faut d'abord expliquer ce que nous entendrons par là. Vous ne devez pas vous attendre à voir les premiers penseurs grecs faire seulement l'ébauche d'un traité de physique tel que ceux que nous lisons aujourd'hui. Dans ces traités, la science physique comprend deux parties: d'une part, et surtout, l'indication de faits observés et expérimentés avec une infinité de précautions; d'autre part, des théories, des explications fondées sur ces faits, suggérées par eux, comme j'ai tâché de vous le faire comprendre dans ma première leçon. Des deux parties, l'une matérielle, l'autre formelle, — la première énumérant les données de l'observation, la deuxième apportant les vues, les conceptions à l'aide desquelles l'esprit interprète ces données, — c'est évidemment la première qui guide et contrôle l'autre, et un exposé de systèmes *a priori*, indépendants d'une observation rigoureuse, nous semble relever d'une métaphysique nuageuse, plutôt que de la science. Comme il serait dérisoire de soutenir que Thalès ou Anaximandre, par exemple, aient d'abord réuni un ensemble d'observations précises capable de justifier leurs conceptions, on pourrait avoir quelque répugnance à leur reconnaître le nom de physiciens que leur a donné l'antiquité.

Cependant, Messieurs, prenons garde de rien exagérer. D'abord il n'était pas indispensable de créer des laboratoires et d'inventer des instruments de précision pour observer. Que nous le voulions ou non, une multitude de phénomènes physiques tombent à chaque instant sous nos sens, et les premiers penseurs ioniens qui se prirent à réfléchir sur l'univers ne doivent pas nous apparaître comme ayant construit des systèmes en dehors des faits, mais bien au contraire, comme ayant cherché à expliquer le monde qu'ils avaient sous les yeux, à coordonner les phénomènes divers qui les frappaient, à faire, par conséquent, jusqu'à un certain point des synthèses *a posteriori*.

Et ensuite, si nous sommes bâtis de telle sorte, que notre esprit ait une tendance à dépasser démesurément par ses conceptions les faits positifs observés, faudra-t-il négliger l'histoire de ces conceptions, jusqu'à ce qu'on juge les méthodes d'observation suffisamment rigoureuses? Cela dépend peut-être du rôle qu'on leur attribue dans la science. Pour ma part, Messieurs, il me semble que les vues plus ou moins ingénieuses, auxquelles même l'imagination prend parfois plus de part qu'une saine raison, ne sont jamais négligeables dans la marche de la science, et, *a fortiori*, à son début. N'est-il pas permis de dire que ce refus de l'esprit de se laisser enchaîner par les faits positivement connus, cette audacieuse activité qu'il manifeste quand même, pour les dépasser, sont le ferment le plus puissant qui pousse la science toujours plus haut? — Nous touchons ici à la question générale de l'idée et du fait, du formel et du matériel, que vous connaissez bien pour l'avoir vue s'agiter dans tous les domaines scientifiques; et vous savez bien que la vérité est à égale distance des thèses extrêmes, et que, une fois accordé que toute vue générale doit subir le contrôle des faits ou des documents positifs, et doit être modifiée pour un seul qu'elle contredit, on doit bien vite reconnaître que notre esprit ne saurait, sans renoncer à ses qualités non seulement les plus chères, mais aussi les plus précieuses pour cette science même qu'il veut former, se défendre de toute anticipation au-delà du seul connu.

C'est pourquoi nous ne craindrons pas de faire entrer dans le cadre d'une histoire des sciences physiques les recherches des premiers Ioniens, et c'est leurs ébauches de synthèse qui formeront ce que j'appelle la physique générale à cette époque. Vous trouverez, du reste, *a posteriori*, une preuve que nous ne nous serons pas égarés avec eux dans les régions d'une métaphysique nébuleuse, dans ce simple fait que, plus tard, lorsque une rigoureuse observation sera devenue l'unique base de toutes ses théories, la science nous apparaîtra comme guidée encore par les mêmes idées qui dirigeaient les premiers efforts des penseurs grecs. C'est au point que le meilleur moyen de vous faire apprécier ces idées sera précisément de vous montrer le rôle qu'elles ont joué depuis dans l'évolution de la science.

La première question qui se pose est celle-ci : De quelles sources disposons-nous pour les physiciens grecs du VIme et du Vme siècles avant J.-C. ?

Il existe d'abord quelques fragments de la plupart d'entre eux ; on les trouve cités dans les ouvrages des commentateurs qui ne sont jamais antérieurs à la période alexandrine. Vous devinez combien il est difficile de dire pour chacun d'eux jusqu'à quel point il est authentique. En dehors de ces fragments, nous pouvons consulter les nombreux écrits de ceux qu'on a appelés les doxographes grecs. Ce sont des ouvrages où nous trouvons mentionnées les opinions des premiers Grecs sur les diverses questions de physique. Certes, ce seraient des documents inappréciables pour l'histoire de la science, si on pouvait affirmer que leurs auteurs avaient eu sous les yeux les écrits originaux des premiers physiciens. Il est loin d'en être ainsi. Grâce aux travaux récents de M. Diels, que nous résume M. Tannery, nous savons aujourd'hui que tous les écrits des doxographes se rattachent à un grand ouvrage de Théophraste, disciple d'Aristote, sur l'histoire des physiciens, et que leurs auteurs ont utilisé non pas cet ouvrage même (disparu de bonne heure, et dont il ne nous reste qu'un seul fragment important : *Sur les sensations*), mais des résumés ou des compilations. C'est ainsi que toutes ces sources se réduisent en réalité à une seule : Théophraste, et encore un Théophraste revu et évidemment altéré. Ajoutons que le sens même dans lequel se fait cette altération contribue à augmenter les difficultés pour l'historien. — Théophraste avait déjà, à l'exemple d'Aristote, opposé les unes aux autres les opinions des physiciens. Les sceptiques tels que Sextus Empiricus et les commentateurs chrétiens des premiers siècles insistèrent outre mesure pour des raisons différentes, et qui se devinent aisément, sur les divergences de vue et les contradictions des philosophes grecs, de sorte que l'ensemble de ces documents est un véritable chaos [1].

---

[1] Cf. P. Tannery (Pour la science hellène, ch. I).

Mais Aristote, direz-vous, Aristote du moins nous est conservé : il a écrit avant Théophraste, il est Grec, savant, philosophe, et quel savant, et quel philosophe, lui qui semble avoir suffi pendant des siècles au besoin de philosophie et de science de l'humanité ! Eh bien, non, Messieurs, Aristote ne remplit pas les conditions nécessaires à une histoire impartiale des idées. Aristote demande à être corrigé par la critique moderne, et voici pourquoi.

D'abord, comme Théophraste, et plus que lui, puisqu'il est chef d'école, il combat pour des théories bien arrêtées. Sa discussion des opinions antérieures est faite d'un point de vue tout spécial ; il apprécie, compare, juge ces opinions en tant qu'elles s'éloignent ou se rapprochent de ses propres idées (¹).

Mais il y a plus, et je crois que ce n'est pas un paradoxe de soutenir qu'Aristote, trois siècles après Thalès et Anaximandre, n'était pas aussi capable que nous, plus de deux mille ans plus tard, de comprendre les premiers penseurs grecs. La première raison, c'est que les progrès de la science en amenant à un degré plus avancé l'évolution de quelques idées fondamentales, ont grossi à nos yeux, pour ainsi dire, les premiers rudiments de la pensée scientifique où ces idées étaient en germe. La deuxième, et la plus importante,

---

(¹) Cf. L'article Aristote (E. Boutroux), de la Grande Encyclopédie, Aristote historien.

c'est que nous ne jugeons plus aujourd'hui de la même manière les conceptions philosophiques. Aristote est un dogmatique dans toute l'acception du terme, comme Platon d'ailleurs. Ils croient l'un et l'autre, sans la moindre hésitation, atteindre la vérité, la vérité absolue. Depuis qu'ils ont écrit, — pour ne pas dire la même chose, — tant d'autres sont venus, pour défendre chacun quelque vue nouvelle, qu'un autre ruinait aussitôt, que, plus encore que la critique de la raison pure, cette diversité de systèmes innombrables nous a conduits à un état d'esprit bien différent de celui des anciens. Si vous lisez quelquefois aujourd'hui des comptes rendus d'ouvrages de philosophie, vous remarquerez avec quelle facilité le mot de candeur vient sous la plume du critique, dès qu'il rencontre dans le livre la moindre intention de prendre appui sur quelque vérité définitivement établie. Eh bien, cet état d'esprit est particulièrement favorable à la reconstitution de l'histoire des idées. Toutes les théories, toutes les conceptions nous intéressent également comme documents historiques, puisque nous sommes préoccupés, en les étudiant, bien moins de leur vérité ou de leur fausseté que de leurs rapports, de leurs oppositions, du rôle qu'elles ont joué dans la pensée humaine, et nous apportons ainsi autant d'ardeur à comprendre Anaximène ou Zénon, que Platon, Saint Augustin ou Auguste Comte.

Enfin, à ces raisons générales expliquant pourquoi nous sommes mieux préparés qu'Aristote à faire une histoire de la pensée, il faut joindre une raison spéciale au caractère même de la philosophie des premiers Ioniens. C'est, comme on l'a dit, une philosophie naturelle ou mieux naturaliste et concrète. Aristote l'a reconnu ; mais voilà ! chez lui, le savant se double d'un métaphysicien, qui, sous les idées les plus simples, tirées de l'ordre sensible, a une tendance à voir des notions, je ne dirai pas transcendantales, pour ne pas commettre d'anachronisme, mais du moins trop subtiles et répondant à un travail ultérieur de la pensée philosophique. C'est ainsi qu'à son exemple, jusque dans ces derniers temps, on nous a présenté les opinions des premiers Ioniens sous un tel jour, que nous les eussions pris bien plus volontiers pour des rêveurs métaphysiciens, que pour les savants très simples et nécessairement un peu naïfs qu'ils sont en réalité.

Pour toutes ces raisons, Messieurs, la critique moderne se trouvait obligée, et devait se croire permis de reviser toutes les opinions, y compris et surtout celles d'Aristote, pour reconstituer l'histoire des origines de la pensée scientifique. Si elle n'a pas complètement résolu le problème, du moins ses résultats sont déjà assez intéressants et présentent un accord suffisant pour satisfaire dans certaines limites notre curiosité. Ce sont ces résultats que je veux vous exposer. Je m'occuperai aujourd'hui des premiers penseurs ioniens, ceux qui forment l'école ionienne proprement dite, Thalès, Anaximandre et Anaximène, tous trois de Milet.

Sur leur vie, nous ne savons pas grand'chose. C'est à peine si nous parvenons, au moins pour les deux premiers, à fixer à peu près leur chronologie.

Thalès vivait, nous le savons par Hérodote, pendant la guerre des Mèdes et des Lydiens, — dont une bataille, vous vous en souvenez, fut arrêtée par une éclipse de soleil, qu'il avait prédite. Nous savons qu'il voyagea en Égypte, et enfin la tradition nous le montre à Sardes, jouant près de Crésus le rôle d'un conseiller apprécié. — A-t-il écrit ? Il est probable que non. A-t-il enseigné ? C'est encore moins vraisemblable. Les expressions de maître, de chef d'école, d'auditeur, de successeur, de disciple, que nous trouvons chez les doxographes grecs et dans quelques fragments de Théophraste cités par Simplicius, pour définir les rapports de Thalès et d'Anaximandre, puis d'Anaximandre et d'Anaximène, ne datent évidemment que d'une époque fort postérieure à celle de Théophraste lui-même, dont le langage aura été altéré. Cette sorte d'enseignement auquel de pareilles expressions pourraient nous faire croire ne s'accorde guère avec les mœurs ioniennes au VIme siècle ([1]). Ce qui est vrai, ou infiniment vraisemblable, c'est qu'Anaximandre a connu Thalès. Si Thalès n'a rien écrit, Anaximandre, puis Anaximène, ont laissé chacun son traité « sur la nature. » Apollodore a eu entre les mains celui d'Anaximandre et a pu en déduire la date de sa publication (547)

([1]) Cf. P. Tannery, p. 81.

ainsi que l'âge de son auteur à ce moment, 64 ans. Or, Thalès semble avoir vécu jusqu'à cette même date. On peut donc les dire l'un et l'autre contemporains.

Quant à Anaximène, les dates fournies par les doxographes s'accordent si peu, qu'il est impossible de savoir même s'il a connu Anaximandre. La chronologie d'Apollodore qui le ferait naître vers 528 est rejetée par la critique : il est probable qu'il était né plus tôt.

Les détails biographiques sur les deux derniers Milésiens manquent d'ailleurs à peu près complètement. Nous ne savons rien de positif sur Anaximandre, et c'est à peine si pour Anaximène nous pouvons dire qu'ayant quitté Milet, il vint à Lampsaque, colonie milésienne, où il installa un gnomon. C'est peu de chose, et cela n'aide guère à fixer sa chronologie ; mais peu importe : il vint après Anaximandre, dont il reproduisit les idées, au moins dans leurs grandes lignes, et cela nous suffit pour ce qui intéresse l'histoire de la science.

Il est temps d'en venir à ce que présente d'essentiel la physique générale des trois Milésiens.

L'idée principale qui s'en dégage avant tout, c'est qu'ils tentent de ramener à l'unité les phénomènes multiples et complexes qui forment le monde, en attribuant un principe commun à toutes choses. Par là, ils nous apparaissent comme les premiers penseurs cherchant une explication scientifique de l'univers. Chacun d'ailleurs apporte ici sa solution.

Thalès déclare que l'eau est le principe des choses. Comment fut-il conduit à cette thèse? Théophraste et après lui tous les commentateurs l'ont expliqué par la seule observation : « Les apparences sensibles, dit un
» fragment de Théophraste cité par Simplicius (¹), le
» conduisaient à cette conclusion : car et ce qui a
« chaud a besoin d'humidité pour vivre, et ce qui est
» mort se dessèche, et tous les germes sont humides,
» et tout aliment est plein de suc; or, il est naturel
» que chaque chose se nourrisse de ce dont elle pro-
» vient; mais l'eau est le principe de la nature humide
» et ce qui entretient toutes choses, d'où la conclusion
» que l'eau était le principe de tout, et que la terre
» repose sur l'eau. » — D'autre part, dans les Philosophumena, nous lisons : « D'après Thalès, l'eau est le
» principe et la fin de tout, car en se figeant ou,
» au contraire, en se vaporisant, elle constitue toutes
» choses. L'univers est supporté par l'eau, d'où les
» tremblements de terre, les tourbillons des vents et
» les mouvements des astres..... » (²).

Il est très possible que l'observation des phénomènes ait contribué à la forme nette et décisive de la pensée de Thalès. Mais l'ensemble de ces citations montre déjà, ce que confirmera d'ailleurs l'étude des autres physiciens, que, aux yeux de Thalès, c'est le monde,

---

(¹) P. Tannery, p. 76.
(²) Idem.

considéré dans son ensemble, qu'il s'agit surtout d'expliquer. Il veut rendre compte, non seulement des divers phénomènes que nous observons autour de nous, mais de l'univers, de la terre et du reste du monde. Son système, s'il est permis d'employer un mot aussi gros à propos de Thalès, est cosmologique. Eh bien, l'induction qui de quelques phénomènes observés le porterait à considérer le monde serait diablement audacieuse. Ce n'est pas une raison pour n'y pas croire, car il est naturel d'admettre, à l'origine de la pensée philosophique, quelque naïveté et quelque illusion sur les difficultés. Mais du moins on peut se demander, pour le premier homme qui au nom de la science seule, au nom de la pensée libre, osa envisager d'un coup le monde, on peut se demander s'il n'empruntait pas aux cosmogonies mythologiques les éléments de son système. Certes, une fois l'exemple donné par lui, la question ne se posera plus pour Anaximandre et Anaximène, mais pour Thalès elle est naturelle.

Aristote a songé à rapprocher l'idée de Thalès des vieux mythes grecs qui montrent Thétys et l'Océan engendrant toutes les divinités. Comme le fait remarquer M. Tannery, c'est bien plutôt dans la cosmologie des Égyptiens qui circulait parmi les Grecs dès l'époque de Thalès, ou qu'en tous cas celui-ci avait pu connaître directement pendant son séjour en Égypte, qu'il faut voir l'origine de son explication du monde par l'eau. Voici, en effet, d'après M. Maspero, quel-

ques traits de la cosmologie égyptienne (¹) : « Au
» commencement était le Nou, masse liquide primor-
» diale, dans les profondeurs infinies de laquelle
» flottaient confondus les germes des choses. Lorsque
» le soleil commença à briller, la terre fut aplanie et
» les eaux séparées en deux masses distinctes. L'une
» donna naissance aux fleuves et à l'Océan ; l'autre,
» suspendue dans 'es airs, forma la voûte du ciel,
» les eaux d'en haut, sur lesquelles les astres et les
» dieux, entraînés par un courant éternel, se mirent
» à flotter.... »

L'analogie est frappante. Mais remarquez bien, Messieurs, que cette origine probable de l'idée de Thalès ne lui ôte pas son caractère essentiel de conception scientifique, car Thalès, lui, ne l'énonce pas au nom de la religion égyptienne. Cela est si vrai, le mouvement imprimé par lui à la pensée a si nettement le caractère scientifique, que sans retard Anaximandre et Anaximène vont apporter d'autres solutions au problème qu'il a posé.

Anaximandre propose comme origine des choses, ce qu'il a appelé ἄπειρον. Que signifie ce mot ? Il est formé de α et de πέρας. πέρας c'est la fin, le terme, l'extrémité, ou encore ce qui délimite, détermine, comme une ligne délimite une surface, ou une surface un volume. Aristote, Théophraste, tous les doxographes grecs à

(¹) P. Tannery, p. 71.

leur suite, et tous les historiens de la philosophie, jusqu'à E. Zeller inclusivement, ont traduit ἄπειρον par *infini*. Le principe d'Anaximandre serait alors une matière qui s'étendrait à l'infini. Teichmüller, puis M. Tannery ont les premiers dénoncé cette erreur. Je n'hésite pas à employer ce mot, parce qu'il est infiniment probable qu'ils ont raison.

D'abord cette conception soulèverait déjà le problème si étrangement difficile du monde infini en dimensions : ce n'est pas impossible, mais c'est peu probable. Ensuite, voici un argument positif que M. Tannery a mis particulièrement en relief. Nous allons voir que de cette matière première Anaximandre fait sortir toutes choses par le simple effet de la rotation du monde sur lui-même. Or, la rotation sur elle-même d'une masse qui s'étend à l'infini est quelque chose de difficile à se figurer. Quand Xénophane emploiera le même mot ἄπειρον, on pourra se demander si son univers n'est pas infini, parce qu'il niera, lui, le mouvement rotatoire, et déclarera le monde immobile. Mais pour Anaximandre, c'est d'autant plus difficile que tout ce que nous savons de lui tend à prouver qu'il a l'imagination très vive; et, il y a évidemment pour l'imagination une véritable antinomie dans le fait d'une rotation infinie.

Enfin, l'étymologie du mot ἄπειρον que je vous donnais tout-à-l'heure n'autorise-t-elle pas tout naturellement une signification bien plus claire que celle d'infini, à savoir celle d'*indéterminé* ? Et en vérité, il est curieux que ce sens n'ait pas été du premier coup choisi par Aristote, lui dont vous connaissez la théorie de la matière qui se détermine en s'adjoignant la forme. — Je ne veux pas dire, bien entendu, que, plus de deux cents ans avant lui, Anaximandre élaborât déjà ces notions de la matière et de la forme. L'*indéterminé* d'Anaximandre n'est pas le principe métaphysique du Stagirite, qui n'a rien de réel avant d'avoir reçu la forme. L'ἄπειρον du Milésien est au contraire réel par lui-même, et, s'il pouvait y avoir à ce sujet le moindre doute, il se dissipererait bien vite avec Anaximène qui reprend, en les précisant, les idées d'Anaximandre, et qui, en dehors de l'épithète d'ἄπειρον qu'il conserve à la matière, principe des choses, déclare que cette matière est l'*air*.

Dans quel rapport se trouve, aux yeux des Milésiens, la matière première, adoptée pour principe, avec les choses qui en dérivent ? Comment ces choses en dérivent-elles ?

Pour Thalès qui n'a rien écrit et qui s'est borné à énoncer des idées assez vagues, le problème pourrait presque ne pas se poser. On a rangé souvent Thalès parmi les dynamistes, par opposition aux mécanistes, on a dit que la dérivation des choses de leur principe, l'eau, était pour lui plutôt une génération qu'une nutrition, que, en d'autres termes, il y aurait à ses yeux création plutôt que simple addition d'éléments préexistants. Un mot qu'on cite de lui : « Le monde est plein de dieux », c'est-à-dire, peut-être, de puissances, de forces, a certainement contribué à propager ces opinions. Mais ce mot lui-même ne doit pas être pris comme une profession de foi dynamiste. Au temps de Thalès, à l'aurore de la pensée scientifique, il pouvait bien ne pas exprimer autre chose que la croyance toute naïve à des êtres cachés partout dans l'univers et produisant les phénomènes étranges tels que le tonnerre, l'éclair, tels encore que l'attraction des corps légers par l'ambre (phénomène qui fut constaté par Thalès, comme vous le disent tous les traités de physique). Ce qui est infiniment probable, c'est que Thalès n'eût rien compris aux distinctions à l'aide desquelles on cherche à classer ainsi ses idées dans tel ou tel ordre répondant à des concepts ultérieurs.

Quant à Anaximandre et Anaximène, cette question de savoir comment ils font dériver toutes choses du premier principe offre plus d'intérêt. L'un et l'autre signalent, comme le phénomène le plus saillant dans le monde, le mouvement de révolution diurne. Pour Anaximandre, c'est ce mouvement qui fera sortir de l'ἄπειρον les vents, les nuées, l'eau, la terre, les pierres, tout l'univers ; c'est lui également qui sera source du chaud et du froid. Voici d'ailleurs le résumé de son système que M. Tannery nous donne d'après Teichmüller. « Le mouvement a commencé à rejeter au
» centre et laissé dès lors échapper à sa loi la masse
» qui a formé notre terre, puis l'atmosphère dont elle
» est enveloppée ; il s'est concentré tout autour dans

» une sphère creuse qui s'est enflammée. Cette sphère
» s'est formée comme l'écorce autour d'un arbre; mais
» la continuité du mouvement et de l'effet centrifuge
» l'a brisée en couches successives, et celles-ci, enve-
» loppées par l'air entraîné par l'explosion, se sont
» réduites à des anneaux concentriques. Dans ces
» anneaux, ainsi constitués en somme par les parties
» de l'air les plus dilatées et les plus ténues, leur
» séparation des parties moins mobiles et leur réunion
» en masse suffisent pour accélérer le mouvement par
» rapport à la couche plus épaissie et comme feutrée,
» qui, les entourant, forme une sorte de tube enroulé
» en cerceau et doué d'une certaine consistance ; il
» en résulte dans les tubes circulaires un mouvement
» rapide, un vent, car c'est ainsi qu'Anaximandre se
» représente aussi la production des vents dans notre
» atmosphère. Ce courant tend à s'échapper au dehors
» et si le feutrage d'air présente une ouverture dirigée
» du côté de la terre, il s'y précipite avec violence et
» jaillit hors du canal sous forme de flammes qui
» nous apparaissent comme un astre, etc. » Suit l'explication des éclairs, phases de la lune, éclipses, etc.
— Je n'ai pas besoin de prolonger l'indication des
détails, parce que ce n'est pas dans ces détails mêmes
qu'est l'intérêt. Aussi bien il est évident qu'une semblable reconstitution poussée trop loin risque de devenir
conjecturale. Ce que nous en retiendrons surtout,
c'est ce fait extrêmement important qu'Anaximandre
rend compte de l'univers entier, de tous les phéno-

mènes célestes et terrestres, par le mouvement diurne agissant sur l'ἄπειρον qu'il transforme.

De quelle nature est cette action ? Comment sous son influence l'ἄπειρον se transforme-t-il ? Les éléments qui deviennent les diverses parties du monde étaient-ils tout formés dans la matière première, et le mouvement a-t-il eu pour simple effet de les séparer ? Ou bien la même matière, homogène, subissant diversement l'action du mouvement se change-t-elle en corps différents ? S'agit-il d'une transformation mécanique ou dynamique ? — On a beaucoup discuté sur ces questions sans pouvoir arriver à une conclusion définitive. Il est probable que, pour Anaximandre, il s'agissait plutôt d'une division, d'une dispersion, d'une séparation des éléments divers, primitivement mêlés et confondus dans la matière indéterminée.

Mais, en tous cas, avec Anaximène la pensée se précise encore sur ce point. Nous avons déjà dit que sa matière première est l'air indéterminé. La formation de l'univers à l'aide de cet air est, dans ses grandes lignes, celles d'Anaximandre; mais une idée s'ajoute, très nette, sur laquelle tout le monde est d'accord : c'est que l'air indéterminé est une matière homogène, capable de produire tout ce qui en sortira par simples *dilatations* et *condensations*. L'air d'Anaximandre n'est pas seulement capable de produire les corps qui affectent diversement nos sens; il est encore susceptible de sentir, de penser, de vouloir. Cette substance unique donnera donc tous les êtres, tous les animaux, nous-mêmes, — par de simples dilatations et condensations. Voilà déjà proclamée, presque au début de la science grecque, cette idée si intéressante de l'unité de substance, en même temps que le mouvement apparaît comme le facteur essentiel destiné à expliquer scientifiquement l'univers par les transformations qu'il fait subir à la substance unique.

Ce mouvement — je ne l'avais pas encore dit de crainte de compliquer mon exposé — est déclaré éternel par Anaximandre et Anaximène, éternel dans le passé comme dans l'avenir. Ici, Messieurs, vous pourriez vous étonner, après ce que j'ai dit tantôt du monde infini en dimensions, que nous acceptions sans hésiter, chez les premiers Ioniens, l'idée du monde infini dans le temps.

D'abord, vous vous en souvenez, nous avons trouvé un argument positif pour rejeter la première conception : elle soulevait l'antinomie inimaginable du mouvement rotatoire infini; tandis que la deuxième n'est en contradiction avec aucune autre idée du système. En outre, l'histoire de la pensée nous montre de la façon la plus incontestable que l'infinitude dans le temps a été familière à toute l'antiquité, tandis que l'autre — l'infinitude dans l'espace — ne s'est présentée que tardivement : ainsi nous ne trouvons pas trace de celle-ci dans les cosmologies anciennes, et au contraire la durée infinie du passé est tout naturellement sous-entendue dans les plus vieilles cosmogonies orientales. M. Tannery, qui insiste sur cette distinction, l'explique par ce fait que l'infinitude du monde rencontrait aux yeux des anciens un obstacle objectif, le globe céleste qu'ils voyaient tourner et auquel instinctivement ils limitaient l'univers, tandis qu'à l'écoulement indéfini dans le passé ne s'opposait aucun obstacle. Cela paraît assez juste. L'imagination pouvait cependant sans trop de peine, semble-t-il, placer au-delà du globe mobile une matière quelconque à l'intérieur de laquelle il tournât, (c'est du reste ce que feront les Pythagoriciens). Pour ma part, je suis tenté d'ajouter aux raisons que donne M. Tannery une raison d'un autre ordre et qui me paraît plus importante. J'ai déjà dit dans ma deuxième leçon, à propos des cosmogonies anciennes, que je n'hésitais pas à voir dans l'absence de toute idée de création ou de commencement absolu des choses la marque du besoin qu'a l'homme d'explication scientifique. J'y vois, en d'autres termes, l'application, la plus ancienne sans doute dans l'histoire des idées, du principe de causalité, de ce postulat que rien ne naît de rien. Et en effet, nous ne concevons pas naturellement que le monde qui existe ait pu un instant avant ne pas exister : il nous faut quand même le rattacher à ce qu'il était auparavant par quelque rapport, par quelque lien qui explique l'état présent en fonction de l'ancien ; cet état antérieur nous est donc indéfiniment imposé. Au contraire, quand nous pensons qu'au-delà des corps les plus éloignés, que nous ont révélés de puissants instruments d'optique, il s'en trouve d'autres, c'est seulement par analogie. Le grossissement des télescopes et des lunettes allant en croissant, la liste des astres connus n'a pas cessé de croître : nous jugeons que fort probablement les choses continueront à se passer de la sorte. Mais aucun postulat ne nous commande de le croire. Pour rendre compte d'un corps situé quelque part dans l'espace, nous ne nous sentons nullement le besoin de le rattacher à des corps plus éloignés. Aussi je ne crois pas qu'il y ait sur ce point une différence essentielle entre l'esprit ancien et l'esprit moderne. La différence de vues s'est introduite avec les dogmes religieux ; mais, en dehors de ces dogmes, pour nous comme pour les anciens, je crois que la limitation du monde dans le passé heurte plus vivement notre besoin d'explication scientifique qu'une limitation dans l'espace.

En tous cas, Messieurs, pour en revenir à Anaximandre et à Anaximène, c'est un point hors de doute qu'ils ont déclaré éternel le mouvement qui a fait sortir le monde de la matière première, également éternelle.

Mais alors un problème se pose tout naturellement. La série des phénomènes successifs qu'ils ont décrits a bien son commencement, son point de départ : Anaximandre a du reste un mot significatif qui accompagne chez lui le terme ἄπειρον, c'est ἀρχή. Théophraste a eu tort de lui donner le sens aristotélique de essence, principe métaphysique : il est mille fois plus naturel de le traduire avec Teichmüller et M. Tannery par *commencement*. Le point de départ de la série des phénomènes qui ont amené le monde à l'état actuel, c'est l'ἄπειρον, ou l'air indéterminé d'Anaximène, qui, dans la pensée des Milésiens, se trouve, au commencement de cette série, tout prêt aux transformations qu'il va subir. Cela est clair. Mais il reste à concilier l'éternité du mouvement avec le commencement de la suite de ses effets. Or, il n'y a évidemment que deux manières de résoudre la difficulté.

Ou bien en remontant dans le passé, on n'atteint ce qui est donné comme point de départ qu'à la limite d'un temps infini. Supposez le système traduit en équations analytiques; on ne ferait correspondre les formules au phénomène initial du système qu'en attribuant à la variable t (le temps) la valeur infinie négative. Au fond, ce sera la solution de Xénophane.

Ou bien on admettra une série illimitée et périodique de mondes successifs naissant chacun de la matière première, à laquelle la ruine du monde antérieur aura rendu son indétermination ; de telle sorte que, après chaque période de formation et de destruction, l'univers revienne indéfiniment à son point de départ : eh bien, c'est là justement la conception des Milésiens, conception grandiose qui d'un coup résout à sa façon ces deux problèmes qu'agitera éternellement la science humaine, de l'origine du monde, d'une part, — et, d'autre part, de l'avenir du monde.

Enfin, Messieurs, j'en aurai fini avec les vues principales des Ioniens en physique générale, quand je vous aurais cité quelques fragments des doxographes, où je vous laisse le soin de décider vous-mêmes s'il faut ou non voir une ébauche naturellement grossière de la théorie de l'évolution.

Philosophumena. — « Les animaux (d'après Anaxi-
» mandre) sont nés de l'humide évaporé par le soleil.
» Au commencement l'homme avait une forme tout
» autre et ressemblait à un poisson. »

Ps. Plutarque. — « A l'origine, l'homme sortit
» d'animaux ayant une autre forme, car si les autres
» animaux peuvent bien vite trouver eux-mêmes leur
» pâture, l'homme seul a besoin de longs soins nour-
» riciers; si donc il avait été à l'origine comme il
» est actuellement, il n'aurait pu subsister. Voilà les
» opinions d'Anaximandre. »

» Aetius. — « Les premiers animaux (d'après Anaxi-
» mandre) naquirent dans l'eau, recouverts d'une
» écorce épineuse; ayant pris assez d'âge, ils montè-
» rent sur le rivage; l'écorce se déchira, et, au bout
» de peu de temps, ils changèrent de vie (¹). »

Faut-il voir dans Anaximandre, au VIme siècle avant J.-C. un précurseur de Lamarck et de Darwin? — Je n'ose pas insister, et, sans entrer dans plus de détails sur les opinions des Milésiens, je reviens aux concepts nets et précis qui se dégagent de leur œuvre,

---

(¹) P. Tannery, p. 114 et suivantes.

pour vous montrer, en un aperçu rapide, le rôle qui leur était réservé dans l'évolution de la pensée scientifique.

Si, pour plus de clarté, nous nous en tenons à Anaximène, nous pouvons résumer ainsi ces concepts essentiels : 1° Unité de substance pour l'univers entier, lequel se forme de cette substance, sous l'influence du mouvement ; 2° Éternité des choses dans le passé et dans l'avenir, avec formation indéfinie de mondes successifs.

I. — Abstraction faite d'une substance distincte de la matière, dont la philosophie spiritualiste et les religions amèneront un jour la notion ; à ne considérer que le monde physique, l'idée d'une matière homogène unique, capable de produire tous les corps et tous les phénomènes sensibles par des transformations dues au mouvement, cette idée est d'une telle importance pour l'explication scientifique des choses, qu'on peut dire de la science physique qu'elle a progressé ou reculé selon qu'elle s'en est plus ou moins rapprochée. Cette conception sera reprise sous une autre forme par les Atomistes, mais elle se trouvera brusquement arrêtée, et pour longtemps compromise, par Aristote. Aristote s'élève en effet contre la transformation des corps par le mouvement. A ses yeux, les qualités sont des réalités. Lorsqu'un corps devient autre, c'est qu'une qualité qui en lui n'était qu'en puissance s'y réalise. Il y a création alors d'une autre substance par ce passage de la puissance à l'acte. Nous sommes loin, vous le voyez, de la substance unique produisant tous les phénomènes par de simples transformations cinétiques. Eh bien, Messieurs, Aristote nous apparaît comme un observateur déjà sérieux ; on peut dire qu'il a créé les sciences naturelles : il semble que son puissant esprit aurait dû donner l'élan aux sciences physiques. Si son influence, au contraire, leur fut néfaste, si elles ont dû attendre, pour naître, Galilée et Descartes, n'en cherchez pas la raison ailleurs que dans la théorie des qualités substantielles. — Celles-ci disparaissent avec Descartes, qui construit l'univers avec une matière homogène douée seulement d'étendue, et soumise au mouvement. Vous voyez la distance qui nous sépare de l'air d'Anaximène, capable d'affecter nos sens de toutes façons, et de sentir lui-même. Mais c'est pourtant l'idée première de l'unité de la matière et la possibilité de lui faire produire tous les corps par transformation cinétique, idée qui appartient déjà aux premiers penseurs ioniens, qui atteint chez Descartes son développement extrême. De ce moment, vous le savez, datent véritablement les sciences physiques. A la physique de Descartes semble bien succéder, avec Leibnitz et Newton, la physique dynamiste, mais remarquez bien que, quelle que soit l'importance de cette distinction au point de vue philosophique, elle n'existe pas pour nous, car, dans les sciences physiques, la notion de force, partout où elle est utilisée, s'introduit comme une simple circonstance du mouvement. Aussi peut-on dire que ces sciences n'ont pas cessé de progresser depuis Descartes ; et inversement leurs progrès n'ont fait qu'encourager, au point de la pousser aujourd'hui jusqu'à ses plus extrêmes conséquences, la conception d'un mécanisme universel : je n'ai pas besoin de vous rappeler le rôle de plus en plus important que joue l'éther pour l'explication de tous les phénomènes physiques.

Du reste, la question que je viens d'envisager se rattache directement à une autre. Ce qui fait que les sciences physiques s'accommodent merveilleusement de la conception mécaniste, c'est que celle-ci n'implique que des notions que peut facilement s'assimiler la mathématique, c'est que finalement elle se résout en concepts de quantité. Plus la qualité s'efface, plus aisément pénètrent les mathématiques. La facilité devient maximum si la qualité disparaît à peu près complètement, pour ne faire face qu'à des notions de géométrie ou de mécanique, comme cela s'est produit depuis Descartes. Il est certain que, sans l'autorité d'Aristote, la physique mathématique, après Anaximène, Pythagore, Démocrite et Platon, n'aurait pas attendu deux mille ans pour naître.

Mais ne vous trompez pas, Messieurs, sur le sens de mes affirmations. Je ne veux nullement insinuer que la science a, dans son développement ultérieur, justifié les vues des Ioniens, en les démontrant vraies. Il ne s'agit pas ici à mes yeux de vues vraies ou fausses, mais plus ou moins commodes, plus ou moins favorables à la marche de la science. Je n'appelle pas une erreur la conception d'Aristote. Je dis simplement qu'elle ne se prêtait pas à l'application des mathématiques à l'univers. Mais cette application même d'un langage spécial, que l'homme s'est créé pour les concepts de quantité, ne s'impose pas nécessairement. Elle rend depuis deux siècles à la science des services de plus en plus grands : rien ne dit cependant que la mathématique soit destinée à une carrière indéfinie, rien ne prouve qu'un jour il ne faille pas avoir recours à quelque autre forme de pensée, pour l'étude de phénomènes irréductibles à la quantité; et qu'enfin le retour à Aristote et aux qualités substantielles ne puisse trouver sa justification. Il n'en restera pas moins vrai que les conceptions donnant accès à la mathématique auront fourni dans l'histoire de la pensée scientifique une glorieuse carrière, et qu'il faudra remonter, pour en trouver le germe, jusqu'aux Ioniens de Milet.

II. — Il me reste à vous parler, du même point de vue, bien entendu, de leur idée de la succession indéfinie des mondes dans le passé et dans l'avenir.

Avec Platon et Aristote, c'est l'opinion de Xénophane qui l'emporte : il faut remonter une suite infinie de phénomènes pour atteindre le commencement du monde. Puis, sous l'influence de la philosophie religieuse, la science se refuse le droit, semble-t-il, jusqu'à Kant et Laplace, de traiter le problème cosmogonique. C'est donc seulement à partir de la fin du siècle dernier qu'il faut chercher, sur ce point, une suite aux conceptions scientifiques des philosophes grecs. Le système de Laplace est trop connu pour que je m'y arrête : vous avez pu d'ailleurs remarquer tout-à-l'heure quelques traits de ressemblance avec celui d'Anaximandre. M. Faye, vous le savez, l'a profondément modifié, tandis que d'autre part on essayait et on essaie encore de le corriger simplement pour lui permettre de rendre compte de quelques phénomènes, qu'il semblait ne pouvoir pas expliquer. Quoi qu'il en soit de ces théories grandioses, elles ne répondent qu'à une partie du problème posé par les Milésiens. Elles nous font remonter, même si on veut les étendre du système solaire au ciel tout entier, jusqu'à la nébuleuse, — j'allais dire jusqu'à l'ἄπειρον. Mais on ne nous explique ainsi qu'une certaine période du passé. Et, au point de vue scientifique, nous ne trouvons pas plus le problème cosmologique résolu parce que nous pouvons rendre compte de quelques millions d'années, que parce que nous saurons ce qui s'est passé depuis hier. L'opinion de nos savants, aujourd'hui, semble être que la science n'a qu'à ramener le monde actuel à une matière première informe, et à la remettre alors aux mains du Créateur. Il y a là, ce me semble, une confusion d'idées capable de choquer un croyant aussi bien qu'un esprit avide de science. Car de quel droit d'une part recule-t-on la création jusqu'à l'instant où on ne peut plus rien voir d'antérieur ? N'est-ce pas trop prétentieux ? Et d'autre part, de quel droit déclare-t-on, à un moment donné, que la science ne saurait plus désigner un état antérieur ? N'est-ce pas trop modeste ? — Combien je préfère cette vue de Chateaubriant, suivant laquelle, Dieu eût-il créé le monde hier, par exemple, tel que nous le voyons, avec des êtres vivants à la surface, des débris de squelettes et de fossiles dans l'écorce terrestre, bref tel qu'il est sous tous les rapports, la géologie, la zoologie, les hypothèses cosmogoniques, toutes les études en un mot, par lesquelles la science se rattache au passé le plus lointain et cherche à le reconstruire pour l'esprit de l'homme, n'en auraient pas moins leur raison d'être. Et dans ce sens, je crois qu'il est permis de dire qu'une hypothèse cosmogonique, pour être complète, doit, tout comme celle de Xénophane ou des Milésiens, nous faire remonter indéfiniment dans le passé.

Enfin, la science moderne s'est également posé le problème de l'avenir. D'une part la stabilité mécanique du système solaire, qui passait pour un dogme depuis Laplace, ne s'impose plus avec la même nécessité. La considération du phénomène des marées qu'exerce le soleil sur les planètes pourrait faire prévoir, d'après des travaux récents, le rapprochement progressif des planètes du soleil, et un jour même leur précipitation sur lui. D'ici là la théorie mécanique de la chaleur nous rassure, en nous laissant entendre que depuis longtemps la chaleur et la vie se seront éteintes dans le système solaire. Mais la chute possible des planètes sur le soleil développerait un tel dégagement de chaleur que la vie pourrait renaître(¹). De ces vues à celles d'une suite indéfinie de mondes renaissant de leurs cendres il n'y a pas loin, et il serait bien curieux de voir la science, au bout de vingt-cinq siècles, revenir sur ce point aux conceptions d'Anaximandre.

Du reste, ce ne serait pas la première fois que les savants modernes parleraient de succession indéfinie de mondes. Laissez-moi vous lire, pour terminer cette leçon, une page peu connue de Kant, dont j'emprunte la traduction à M. Wolf. Kant vient d'expliquer la formation de chaque système solaire, par une théorie qui ressemble à celle de Laplace. Il a ensuite annoncé la fin de tous les mondes qui peuplent l'univers; et il ajoute : «Si l'on veut bien me permettre de
» placer encore ici une idée qui est aussi vraisem-
» blable que conforme à la nature des œuvres divines,
» il me semble que le charme de ces aperçus sur les
» transformations de la nature en prendra un nouvel
» attrait. N'est-il pas permis de croire que la nature,
» qui a pu une première fois faire sortir du chaos
» l'ordonnance régulière de systèmes si habilement
» construits, doit pouvoir de nouveau renaître aussi
» aisément du second chaos, où l'a plongée la destruc-

(¹) Voir Wolf. — Les hypothèses cosmogoniques.

» tion du mouvement, et régénérer de nouvelles
» combinaisons? Les ressorts qui avaient mis en mou-
» vement et en ordre l'élément de la matière chaotique
» ne seront-ils pas, après que l'arrêt de la machine
» les aura réduits au repos, remis de nouveau en ac-
» tivité par des forces plus étendues, et ne recom-
» mencent-ils pas à travailler de concert, suivant les
» mêmes lois générales qui avaient donné naissance à
» la construction primitive ? Il n'est pas besoin de
» beaucoup réfléchir pour acquiescer à cette manière de
» voir, si l'on considère qu'après que l'impuissance
» finale des mouvements de révolution dans l'univers
» a précipité les planètes et les comètes en masse sur
» le soleil, l'incandescence de cet astre a dû recevoir
» un accroissement prodigieux du mélange de ces
» masses si nombreuses et si grandes, surtout parce
» que les sphères éloignées du système solaire, en
» conséquence de la théorie précédemment exposée,
» contiennent en elle l'élément le plus léger et le plus
» propre à activer le feu. Ce feu, ainsi remis à une
» effroyable activité par ce nouvel aliment formé de
» matériaux subtils, non seulement résoudra sans doute
» de nouveau toute la matière en ses derniers élé-
» ments, mais la dilatera et la dispersera, avec une
» puissance d'expansion proportionnée à sa chaleur,
» et avec une vitesse que n'affaiblira aucune résistance
» du milieu, dans le même espace immense qu'elle
» avait occupé avant la première construction de la
» nature. Puis, après que la vivacité du feu central

» se sera calmée par cette diffusion de la masse in-
» candescente, la matière reprendra sous l'action
» réunie de l'attraction et de la force de répulsion,
» avec la même régularité, les anciennes créations et
» les mouvements systématiques relatifs, et ainsi re-
» formera un nouveau monde. Et lorsque chaque sys-
» tème particulier de planètes est ainsi tombé en
» ruines, puis s'est régénéré par ses propres forces;
» lorsque ce jeu s'est reproduit un certain nombre de
» fois, alors enfin arrivera une période qui ruinera et
» rassemblera en un chaos unique le grand système
» dont les étoiles sont les membres. Mieux encore
» que la chute de planètes froides sur le soleil, la
» réunion d'une quantité innombrable de foyers in-
» candescents, tels que sont ces soleils enflammés,
» avec la série de leurs planètes, réduira en vapeur
» la matière de leurs masses par l'inconcevable chaleur
» qu'elle produira, la dispersera dans l'ancien espace
» de leur sphère de formation, et y produira les ma-
» tériaux de nouvelles créations, qui, façonnées par
» les mêmes lois mécaniques, peupleront de nouveau
» l'espace désert de mondes et de systèmes de mondes.
» Si l'on suit, à travers l'infini des temps et des espaces,
» ce phénix de la nature, qui ne se brûle que pour
» revivre de ses cendres, si on voit comment, dans
» la région même où elle a vieilli et où elle est morte,
» la nature renaît inépuisable, en même temps qu'à
» l'autre limite de la création, dans l'espace de la
» matière brute et informe, elle progresse incessam-

» ment, élargissant toujours le plan de la mani-
» festation divine et remplissant de ses merveilles
» l'éternité aussi bien que l'espace, l'esprit qui em-
» brasse tout cet ensemble s'abîme dans une profonde
» admiration........(¹). »

(¹) Wolf. Les Hypothèses Cosmog., p. 207 et 208.

SIXIÈME LEÇON

RÔLE PHILOSOPHIQUE DES PYTHAGORICIENS ET DES ÉLÉATES DANS LA SCIENCE GRECQUE.

PYTHAGORE. — LE CONCEPT DU NOMBRE CHEZ LES PYTHAGORICIENS ET CHEZ LES ÉLÉATES. — SÉPARATION DANS LE DOMAINE SCIENTIFIQUE DU CERTAIN ET DU PROBABLE. — POSTULAT DE LA PERMANENCE DE L'ÊTRE.

Nous avons vu les premiers Ioniens soulever d'emblée un certain nombre de problèmes d'une extrême importance, puisqu'en somme depuis eux la science n'a pas cessé de se les poser. La science grecque va tout naturellement continuer à agiter les mêmes questions. Pythagore, Xénophane, Parménide, Anaxagore, Empédocle, Démocrite donneront successivement leurs solutions. Mais je renverrai à la leçon prochaine l'étude de ces solutions. Je veux vous dire aujourd'hui comment la science naissante va être pénétrée tout-à-coup d'un courant d'idées qui lui vient d'Italie.

Je vous ai expliqué, dans une des premières leçons de ce cours, comment les penseurs grecs d'Ionie furent amenés à porter leur enseignement loin du sol natal. Tandis que d'une part Pythagore de Samos allait chercher dans les colonies doriennes de Sybaris et de Crotone, en Grande Grèce, la liberté et le calme que la domination perse avait chassés d'Ionie, Xénophane de Colophon fuyait de son côté la tyrannie des vainqueurs, et, après un séjour de quelque durée en Sicile, venait se fixer à Elée, sur la côte de la mer Tyrrhénienne où les Phocéens, vous vous en souvenez, venaient de fonder une colonie. La civilisation grecque en Italie n'était pas à ses débuts : il suffit, semble-t-il, de l'arrivée des penseurs ioniens pour y faire naître et se développer deux centres intellectuels des plus puissants et des plus féconds. Quel est le rôle spécial qu'ont joué, dans l'évolution de la pensée scientifique, ces deux écoles grecques d'Italie, tel est le problème auquel je m'attacherai surtout aujourd'hui.

Nous ne savons presque rien de positif sur la vie de Pythagore. Ce n'est pas que nous manquions d'écrits anciens ou modernes où nous la trouvions racontée tout au long et jusque dans ses moindres détails. Mais les plus anciens ont été composés longtemps après la mort de Pythagore, et malheureusement ils ne s'accordent sur aucun point (¹). Mais ne nous

---

(¹) En quelle année est-il né, où est-il né ? A quel âge a-t-il quitté sa patrie ? Où est-il allé ? A-t-il vraiment visité l'Égypte ? A-t-il parcouru l'Asie ? Est-il rentré dans sa patrie au retour de son grand voyage, avant de se rendre en Italie ? Où est-il mort et comment est-il mort ? Autant

égarons pas dans les discussions interminables que soulève la biographie de Pythagore. Quelques points semblent hors de doute. Pythagore est né très probablement à Samos. Son voyage en Égypte est tellement naturel que vraiment, quoique Isocrate soit le premier à le mentionner et qu'Hérodote n'en ait rien dit, nous n'hésitons pas à y croire. Ses pérégrinations en Asie n'ont rien d'invraisemblable, — qu'il y soit allé de lui-même, ou, comme quelques-uns le prétendent, entraîné par les armées de Cambyse, au milieu de prisonniers égyptiens. Ce que nous pouvons encore dégager de toutes les opinions formulées sur son compte, c'est qu'il vint en Grande Grèce, et qu'il y mena une vie fort active, se mêlant aux affaires

---

de questions auxquelles on ne peut faire une réponse certaine. Si on joint aux témoignages de l'antiquité les opinions de tous les critiques qui ont cherché à jeter quelque jour sur la vie de Pythagore, on se trouve en présence des solutions les plus opposées pour chacun des problèmes soulevés. Ainsi, tandis que les uns se refusent à reconnaître un seul indice sérieux témoignant seulement du voyage en Égypte, d'autres le font aller partout, en Phénicie, en Judée, en Chaldée, à Babylone, en Perse, dans l'Inde, jusqu'en Chine, — et en profitent naturellement pour le mettre en relation avec les Brahmanes hindous, avec les philosophes chinois, avec les Hébreux, avec les Druides de la Gaule, etc. Il n'y a pas jusqu'à Numa Pompilius que la tradition n'ait mis en rapport avec Pythagore; du moins il faut dire que cette opinion ne nous est connue que pour avoir été réfutée par quelques auteurs, principalement par Cicéron.

publiques, donnant ou essayant de donner des lois aux villes qui l'avaient accueilli, formant, avec de nombreux disciples et admirateurs, une sorte d'institut, de corporation, dont le but semble avoir été à la fois religieux, moral, politique et scientifique. Enfin, s'il eut beaucoup d'admirateurs, il eut aussi beaucoup d'ennemis, et ses derniers jours ont bien pu être attristés par la persécution. Il est mort probablement à Métaponte. La tradition nous le montre honoré et adoré à l'égal d'un Dieu, et il ne manque même pas à sa mémoire la légende de sa résurrection. Bref, ce fut à coup sûr un caractère, un de ces hommes qui savent exercer sur leurs contemporains un ascendant puissant, et qui, suivant les pays ou les circonstances, sont capables, qu'ils le le veuillent ou non, de fonder une religion. Le Pythagorisme sur le sol grec s'est contenté d'être une philosophie.

De cette philosophie, nous laisserons de côté le caractère moral ou théologique : ce qui nous intéresse, c'est seulement ce qui s'y présente comme tentative d'explication scientifique des choses. Or ici, même en laissant de côté les travaux mathématiques dont je parlerai plus tard, un dédoublement s'impose, au moins pour la clarté. D'une part, les Pythagoriciens ont une physique qui se ressent de ses origines ioniennes : nous y reviendrons dans la prochaine leçon. D'autre part, ils s'élèvent à une vue scientifique du monde qui leur est personnelle, et dont je veux

vous entretenir. Elle s'exprime par la fameuse formule:
« les choses sont nombres ».

« Les choses sont nombres. » — Quel peut être le sens de ces mots mystiques ? Si, pour le savoir, on consulte tous les écrits touchant à cette question, depuis les fragments de Philolaüs, le premier Pythagoricien de qui il nous reste quelque chose, jusqu'aux élucubrations de Théon de Smyrne, — sans négliger les commentaires d'Aristote, et de tous ceux après lui qui ont interprété la formule pythagoricienne, — on éprouve une sensation de malaise indéfinissable : on se demande s'il n'est pas certaines idées qui dépassent votre propre intelligence, ou bien si ceux dont on lit les écrits n'étaient pas fous, et l'on songe involontairement à cette définition de la métaphysique, que vous connaissez sans doute : « Quand deux philosophes discutent ensemble, si celui qui parle se comprend encore alors que l'autre ne le comprend plus, ils font de la *philosophie* ; mais si celui qui parle ne se comprend plus lui-même, c'est de la *métaphysique.* ».

Eh bien, au risque de paraître inaugurer une méthode historique nouvelle, nous allons, si vous voulez bien, laisser d'abord de côté ce galimatias d'opinions et de commentaires sur la formule des Pythagoriciens. Aussi bien ne contient-il pas un mot, — en dehors de la formule elle-même — qu'on soit en droit de faire remonter à Pythagore. Nous essaierons une explication que semble indiquer le bon sens, puis, si elle s'accorde avec ce que nous savons de l'œuvre pythagoricienne, si elle ne fait pas du cas des Pythagoriciens un cas isolé, exceptionnel, si au contraire elle nous permet de le rattacher à un ensemble de faits courants, normaux, dans l'histoire des idées, elle sera au moins aussi bien justifiée que toute explication fondée sur des textes que d'autres contredisent.

« Les choses sont nombres ». A qui n'est-il pas venu à l'idée d'y voir tout simplement cette signification que les choses sont soumises aux nombres, que les choses sont *explicables* à l'aide des nombres. Si on recule devant cette interprétation, si on hésite à l'adopter purement et simplement, je crains bien que ce ne soit parce qu'on la trouve trop simple, trop claire. Mais d'abord cette simplicité ne doit pas faire illusion sur la grandeur et l'importance de l'idée que les Pythagoriciens auraient ainsi formulée. Songez que nous sommes à l'origine de la pensée scientifique. Les Ioniens seuls, avant Pythagore, ont médité sur l'univers, mais s'ils ont soulevé de grands problèmes et déjà fait de la science à leur manière, ils n'ont pas cherché à faire intervenir pour leur solution autre chose que des phénomènes sensibles. Certes, nous l'avons remarqué dans notre dernière leçon, par le seul fait de composer l'univers avec une matière unique, homogène, soumise au mouvement et d'effacer ainsi dans une certaine mesure l'influence des qualités dans l'explication physique des choses, ils poussaient déjà instinctivement la science dans la voie des conceptions mécanistes et purement quantitatives. Depuis eux, l'introduction de plus en plus heureuse des mathématiques en physique a rendu presque banale cette idée que la science semble progresser d'autant plus que les notions quantitatives pénètrent davantage dans tous les domaines ; mais en somme les Pythagoriciens sont les premiers qui en aient été frappés, qui l'aient énoncée, et, plus l'idée nous semble aujourd'hui évidente, toute simple, plus elle se trouve confirmée ou justifiée, par l'évolution de la science entière, mieux nous apprécions l'importance de la formule pythagoricienne. Loin de la juger insignifiante, dans le sens que nous venons de lui donner, n'y a-t-il pas lieu, au contraire, de chercher à expliquer la divination merveilleuse dont elle témoigne ?

Cette explication, demandons-la aux travaux mêmes de Pythagore.

D'abord, nous le verrons dans une prochaine leçon, Pythagore est le premier mathématicien, au sens véritable du mot, qui ait spéculé sur les propriétés générales des figures de géométrie. A mesure que se poursuivent les recherches de la critique moderne, l'œuvre géométrique de Pythagore grandit sans cesse et la part des connaissances d'Euclide qu'on peut lui attribuer, sans pouvoir être délimitée exactement, nous apparaît aujourd'hui comme certainement très considérable. Eh bien, sentez-vous l'étonnement profond que dut susciter, chez le premier penseur qui s'en aperçut, la possibilité de traduire par des relations numériques entre les lignes les propriétés géométriques des figures? Concevons, par exemple, un triangle dont deux côtés tombent à angle droit l'un sur l'autre; voilà une propriété concrète, qualitative. A la rigueur, on comprendra que si on veut absolument énoncer un nombre à l'occasion de l'écartement de deux droites, de cette chose qu'on nomme un angle, il soit possible de la comparer à d'autres de même espèce, de la mesurer. Ainsi lorsqu'on dira que cet angle a 90 degrés, cela n'aura rien d'étrange et ne supposera que la notion toute primitive de mesure. Mais que cette propriété de l'angle droit soit traduisible par une relation générale entre les carrés des nombres qui mesurent les longueurs des côtés, $a^2 + b^2 = c^2$, voilà vraiment où commence le merveilleux! Ce qui caractérise l'angle, ce qui en fait une chose distincte en qualité de ce qu'on nomme une longueur, cela s'efface donc pour se fondre, pour s'exprimer en propriété des nombres! Faisons abstraction de nos habitudes d'esprit actuelles, de celles surtout qu'a favorisées le développement de la géométrie analytique, c'est-à-dire de cette géométrie qui se résout en science abstraite de la quantité, et, je m'adresse à votre jugement naturel, ne trouverons-nous pas dans ces premières découvertes des propriétés numériques des figures, des formes, de quoi confondre d'étonnement et d'admiration un penseur aussi profond que nous nous représentons Pythagore, et de quoi lui faire dire: les choses qui ont une forme, une figure, sont nombres?

Au surplus, nous savons à peu près de quel ordre étaient les considérations d'arithmétique pure des Pythagoriciens : ils n'étudiaient pas les propriétés des nombres, comme nous le faisons nous-mêmes, sur les symboles abstraits, mais sur des figures formées de points. Le point était, pour les Pythagoriciens, *l'unité ayant une position*. Une ligne, c'était à leurs yeux une suite de telles unités. Deux longueurs égales en comprenaient le même nombre, deux longueurs inégales en comprenaient l'une plus que l'autre. Bref la longueur était tel nombre, par le nombre de ses points.

Mais, direz-vous, comment des géomètres ne s'apercevaient-ils pas que deux longueurs ne sont pas toujours commensurables, n'ont pas toujours un rapport ?

Or, si deux longueurs n'étaient que des nombres de points, m et n, leur rapport existerait toujours ; ce serait $\frac{m}{n}$. — Les Pythagoriciens connaissaient parfaitement l'existence des longueurs incommensurables ; ils savaient très bien, par exemple, que la diagonale d'un carré et le côté ne peuvent se mesurer l'un par l'autre. Eh bien, alors ? — Eh bien, c'était pour eux une gêne extrêmement fâcheuse sans doute, un scandale logique, comme on l'a dit. Mais, pour ne pouvoir expliquer cette exception, ils ne s'en tenaient pas moins à leurs conceptions générales.

Eh bien, Messieurs, il doit vous sembler comme à moi que ces conceptions jettent un jour fort clair sur la fameuse formule « les choses sont nombres » appliquée au moins aux choses géométriques. Mais, croyez-vous qu'au temps de Pythagore, on sentît le besoin de séparer les figures géométriques et les corps de la nature ? La distinction entre le domaine purement abstrait et le domaine concret ne se fait pas encore. Elle va nous apparaître, sous une forme un peu vague, et envisagée du point de vue de la certitude, dans Parménide : mais que nous sommes encore loin, je ne dirai pas seulement de nos conceptions modernes à cet égard, mais même de la manière de voir d'Aristote ! Ainsi, Messieurs, dire : « les figures géométriques sont nombre » ou « les corps qui remplissent l'univers sont nombres », cela ne faisait qu'un pour Pythagore.

Ce n'est pas tout. S'il avait pu y avoir dans son esprit quelque tendance à distinguer les êtres géométriques et les choses sensibles, ne devait-il pas trouver de ce dernier côté aussi de quoi confirmer merveilleusement la généralité de sa formule ? D'abord, Pythagore a fort bien vu que les circonstances du mouvement diurne et les apparences du mouvement des planètes pouvaient s'expliquer par des combinaisons de mouvements circulaires et uniformes. Il légua à ses adeptes ce problème, qui fut résolu dans certaines limites au IVme siècle, par Eudoxe de Cnide et n'hésita pas à faire passer l'astronomie, sous le nom de *sphérique*, parmi les sciences mathématiques. Voilà donc, aux yeux de Pythagore, les mouvements des corps célestes ramenés à des questions de géométrie, exprimés et expliqués par des nombres.

Enfin et surtout, faut-il dire peut-être, c'est à Pythagore que la tradition fait remonter les premières observations mathématiques sur les sons.

Jamblique raconte que Pythagore, entendant des forgerons frapper un morceau de fer sur une enclume, et reconnaissant dans les sons les intervalles de quarte, de quinte et d'octave, eut l'idée de peser les marteaux dont ils se servaient. Il aurait trouvé alors que celui qui rend l'octave en haut était la moitié du plus pesant; que celui qui faisait la quinte en était les $\frac{2}{3}$, et celui qui donnait la quarte, les $\frac{3}{4}$. Rentré chez lui, il aurait fixé une extrémité d'une corde et suspendu à l'autre des poids proportionnels à ces nombres, la corde aurait alors rendu des sons formant les mêmes intervalles. Ce récit est certainement inexact dans ses détails. Nous savons, en effet, que pour produire les sons indiqués avec une même longueur de corde, les poids suspendus devraient être proportionnels non pas aux nombres 2, $\frac{3}{2}$ et $\frac{4}{3}$, mais à leurs carrés 4, $\frac{9}{4}$, $\frac{16}{9}$. Ce sont les longueurs des cordes différentes, tendues par des poids égaux, qui sont proportionnelles aux nombres eux-mêmes. C'est probablement ce que dut vérifier Pythagore. Prenait-il les nombres dans l'ordre croissant $\frac{1}{2}$, $\frac{2}{3}$, $\frac{3}{4}$, 1, pour les sons de plus en plus bas, comme y conduisait naturellement la considération de la longueur des cordes, ou bien, comme le fera déjà Platon (pour qui une plus grande hauteur de son correspond à une plus grande vitesse de l'air), Pythagore prenait-il lui aussi les nombres dans l'ordre inverse des longueurs des cordes, il nous est impossible de rien affirmer à ce sujet : mais en tous cas, le fait essentiel pour nous, et celui-là n'est, je crois, contesté par personne, c'est que Pythagore le premier fit correspondre des nombres aux sons.

Eh bien, imagine-t-on quelque chose qui semble échapper au nombre plus qu'une sensation? Voyez quelle peine ont eu à naître et à se développer les recherches de psycho-physique! Voyez en quelle suspicion nous les tenons malgré nous, préoccupés le plus souvent de trouver les points faibles des théories? Ose-t-on enseigner la psycho-physique? Il a fallu l'initiative audacieuse du maître qui dirige vos études de philosophie, pour que nous ayons cette année, à Montpellier, un cours de psychologie physiologique. Si aujourd'hui, après que vingt-cinq siècles de méditations et d'expériences de toute espèce n'ont fait que confirmer sans cesse l'adaptation des choses à la quantité, nous avons tant de répugnance à prendre au sérieux l'introduction du nombre dans le domaine psychique, sentez-vous quelle impression dut produire à Pythagore la révélation d'un rapport constant entre des sensations auditives et des nombres déterminés?

Le voyez-vous enfin portant successivement ses investigations dans tous les sens, et retrouvant le nombre partout, dans les surfaces et les solides géométriques, dans les mouvements des corps célestes, dans le mécanisme entier de l'univers, et jusque dans les replis les plus cachés de l'âme, dans les sensations d'harmonie? Et êtes-vous encore surpris qu'il se soit écrié : les choses sont nombres ?

« Nous ne le serions plus, allez-vous me répondre peut-être, si Pythagore n'avait voulu qu'exprimer cette idée : les choses s'expliquent par le nombre. Mais nous ne pouvons pousser le mépris des commentaires d'Aristote et de toute l'antiquité jusqu'à méconnaître qu'ils témoignent au moins d'une certaine réalisation attribuée par Pythagore aux nombres. Et c'est ici que nous ne comprenons plus ».

Faut-il vraiment se perdre dans un abîme de considérations transcendantales, pour comprendre que Pythagore, frappé le premier de cette vérité que les nombres se retrouvent à propos de toutes choses, que toutes choses s'expliquent par eux, l'ait exprimé en disant que les nombres sont dans les choses, que les choses *sont* nombres ?

Il me suffira peut-être d'énoncer la question sous une autre forme, pour que son caractère exceptionnel disparaisse. Est-il surprenant que le premier penseur qui a été instinctivement frappé de l'utilité d'un concept pour la science générale, n'ait pas senti lui-même le caractère purement formel, purement subjectif de ce concept ? Car c'est là, au fond, le cas de Pythagore. Qu'est-ce qui nous choque dans sa formule, qu'est-ce qui nous incite, depuis Aristote, à en chercher le sens exact, comme celui d'une énigme? C'est que le nombre y semble bien pris dans un sens concret et objectif qui n'est pas le nôtre. Le nombre, aux yeux d'un savant moderne, est un concept, c'est une vue de l'esprit : elle est précieuse pour la formation de la science, soit ; mais cela ne justifie nullement à nos yeux la croyance à quelque être réel, qui y réponde. Chez Pythagore, l'idée que les nombres servent merveilleusement à expliquer les choses, ne se sépare pas de cette autre, que les nombres appartiennent aux choses : à ses yeux, la science, puisqu'elle se forme et progresse par la considération du nombre, saisit donc sur le vif, met donc en évidence un caractère des choses qui leur est inhérent, le nombre.

Sans chercher à savoir à quelle catégorie de cause, ou d'essence, ou de matière, il faut faire rentrer cette réalisation du nombre pour être sûr de pénétrer avec plus de précision la pensée de Pythagore, sans soulever des questions qui ne sont pas du temps de Pythagore, je n'hésite pas à déclarer qu'il y a dans cette réalisation un fait absolument normal, que vous reconnaîtrez, je l'espère du moins.

J'ai voulu vous expliquer, dans ma leçon d'ouverture, que les progrès de la science générale sont marqués par l'introduction, dans le langage scientifique, de concepts nouveaux. Mais les efforts que j'ai dû faire alors pour vous faire bien comprendre le caractère formel de ces concepts, pour ôter de votre esprit et de votre imagination les fantômes qui, malgré vous, s'y glissent sous les mots, ces efforts, dis-je, seraient à eux seuls une preuve suffisante que nous ne sommes pas faits aujourd'hui d'une autre pâte que Pythagore, et que, ce qui est le plus difficile pour nous, c'est encore et toujours de nous dégager de la tendance à objectiver les concepts. Sans remonter trop loin de nous dans l'histoire des idées, allons seulement jusqu'à Descartes.

Vous savez les grands faits scientifiques qui viennent de se produire : les lois de Galilée sur la chute des corps, et surtout les lois de Kepler sur les planètes viennent d'être énoncées. Le monde apparaît aux yeux de Descartes comme s'expliquant tout entier par les phénomènes géométriques. La physique de Descartes va être une géométrie. Comment Descartes lui-même jugera-t-il la révolution scientifique à laquelle il préside ? Vous vous le rappelez, Messieurs, Descartes ne se contente pas de dire, comme nous ferions aujourd'hui : il est précieux pour la physique de l'univers de ramener tous les phénomènes à des notions de géométrie, d'étendue. Le métaphysicien, qui double en lui le savant, dira bien nettement : l'étendue est l'essence des choses matérielles, les choses sont *étendue*, comme Pythagore avait dit : les choses sont nombres. Au fond même, il y a là plus qu'une analogie, c'est presque la même idée qui est exprimée par les deux formules. La révolution cartésienne en mathématiques ne tend à rien moins, en effet, qu'à faire de la *longueur* la quantité type : la quantité passe du domaine abstrait du nombre pur dans celui de l'étendue. Si vous aimez mieux, pour Descartes, l'étendue, c'est la quantité ; de sorte qu'en déclarant, à propos de l'univers physique, que les choses sont *étendue*, il ne rappelle pas seulement, il réédite presque la formule pythagoricienne. — Poursuivons. La dynamique, au XVIIme siècle, prend naissance avec Galilée, Descartes, Huygens, puis Newton. J'ai insisté, dans ma première leçon, vous vous en souvenez, sur le sens des notions nouvelles qui s'introduisent alors dans la science. Eh bien, croyez-vous qu'à l'apparition des principes fondamentaux de la dynamique, et surtout de la loi de Newton, croyez-vous que les savants qui énonçaient principes et lois comprirent clairement qu'il n'était question que de concepts ? que de dire que les corps s'attirent dans telles ou telles conditions, que, dans tels cas, telles forces agissent, etc., ce n'était que façon de parler, manière de voir, conception de l'esprit particulièrement précieuse ! Vous savez bien le contraire. Si Descartes avait dit « les choses sont *étendue* » on dit après Newton « les choses sont *forces* ». Et on l'a tellement dit, et on le dit tellement encore aujourd'hui, qu'il faudra longtemps, n'en doutez pas, pour que tout le monde s'entende à ce sujet.

Vous connaissez enfin tous les concepts nouveaux que la science a si heureusement introduits de notre temps dans son langage, ceux d'énergie, de potentiel, d'éther, etc. Ai-je besoin de vous dire qu'en raison de leur origine récente, c'est encore parfois du courage d'affirmer leur caractère purement *conceptuel*, si vous permettez le mot ? Lisez, par curiosité, quelques pages d'Auguste Comte, où il manifeste une terreur, en vérité étrange, à l'égard des théories qu'il voudrait rejeter de la science positive, comme celle des ondulations. Pourquoi cette terreur, sinon parce qu'il n'en comprend pas le caractère absolument semblable à celui de n'importe quelle théorie de la science positive, comme celle de l'attraction ; sinon parce que lui, tout le premier, nous donne l'exemple de les interpréter métaphysiquement ?

Puisque je parle d'Auguste Comte, nous pouvons lui emprunter, pour nous faire mieux comprendre, une classification que vous connaissez. Il distingue, vous le savez, trois états dans l'histoire de la pensée humaine. J'en distinguerai volontiers deux, non pas dans l'évolution de la science prise dans son ensemble, mais dans l'évolution de chaque concept : l'état métaphysique et l'état scientifique. Aucun n'a échappé à cette nécessité ; l'histoire des idées est là qui nous le prouve. Pourquoi donc, à l'aurore de la science, le concept de nombre y eût-il échappé ?

Au surplus, quand la première conception d'une idée se dépouille peu à peu de son caractère objectif, pour atteindre à l'état de concept scientifique, rien n'est plus naturel que de rencontrer parfois chez certains esprits quelque chose qui soit comme un souvenir du premier âge, comme un retour plus ou moins conscient à la notion primitive. Eh bien, voulez-vous que je vous montre de nos jours un exemple frappant d'une sorte de réminiscence de la notion pythagoricienne du nombre? — Vous connaissez tous, au moins de nom, M. Renouvier, l'un des philosophes français les plus puissants et les plus originaux, — l'un des penseurs qui, sans contredit, feront le plus honneur à notre siècle. Une théorie qui lui est chère, et qui constitue, on peut le dire, un des points fondamentaux de sa philosophie, est celle qu'exprime sa *loi du nombre*. — Qu'est-ce que cette loi ?

Si j'ai devant moi, dans un sac, par exemple, des jetons ou des billes, et si je dis que les objets contenus dans le sac ont certainement un nombre déterminé, connu ou inconnu, je me conforme purement et simplement à la notion scientifique du nombre : il y a là des objets définis, de dimensions déterminées, et l'opération qui consisterait à les compter se terminerait sûrement (abstraction faite des difficultés matérielles auxquelles on se heurterait peut-être), puisque la seule enveloppe qui les entoure limite dans l'espace le volume qu'ils occupent. Notre affirmation de l'existence du nombre ne sera ici contestée par personne : elle est simplement conforme, encore une fois, à la définition du nombre. Mais prenons un autre exemple, et rejetons ce qui, dans le cas précédent, donnait nécessairement lieu, à un tout, à un ensemble que l'esprit n'eût qu'à nombrer : 1° la définition précise des objets ; 2° une garantie de ce fait que leur dénombrement aurait une limite. Supposez que je brise ce coupe-papier en deux morceaux, puis que chacun des morceaux soit partagé en deux autres, de telle façon que j'aie sous les yeux quatre morceaux ; supposez enfin que cette opération se continue aussi longtemps qu'il nous plaira. A chaque instant, que vous puissiez les compter ou non, vous affirmerez que le coupe-papier a été décomposé en un *nombre* de morceaux. Eh bien, M. Renouvier va plus loin. Il dira, d'une façon absolue, sans désigner d'instant dans cette suite d'opérations : « Ce coupe-papier se compose d'un nombre déterminé de parties ». Sentez-vous bien en quoi le nombre, dont il s'agit ici, dépasse la simple définition ? On n'indique pas à quel moment on compte les morceaux, on fait même abstraction de la loi de division qui est choisie, de sorte que d'une part les parties, dont on dit que le coupe-papier contient un nombre déterminé, ne sont pas définies, et d'autre part aucune circonstance ne vient limiter un ensemble de ces parties. Nous nous garderons bien de dire *qu'elles* sont en *nombre infini,* — singulière proposition où le sujet n'a pas de sens et où l'attribut est contradictoire. Mais nous n'aurons pas le droit non plus de parler du nombre de ces parties, — du moins si nous nous rapportons seulement à la définition mathématique du nombre. Et si ce n'est pas le concept scientifique qui suffit à justifier l'affirmation de M. Renouvier, qu'est-ce donc? Quel peut être ce nombre qu'on donne à ce coupe-papier, en dehors de tout caractère relatif à l'esprit qui le formerait; en dehors de toute circonstance subjective qui seule permettrait d'énoncer un nombre à l'occasion de cet objet ? N'est-ce pas, je vous le demande, quelque chose dont la signification dépasse le concept, et qui se présente comme lié non pas à une vue de l'esprit, mais à la chose même ? N'est-il pas permis d'y voir, dans ce sens, un retour à la portée objective, — métaphysique, si vous voulez, de la formule pythagoricienne ?

Vous croyez peut-être que cette digression nous éloigne beaucoup du sujet essentiel de la leçon : détrompez-vous, Messieurs. Il entre dans mon programme de ce jour de vous indiquer quelle élaboration devaient faire subir au concept du nombre les philosophes d'Elée, Parménide et Zénon. Eh bien, savez-vous à qui je demanderais le plus volontiers des arguments contre la loi du nombre de M. Renouvier, si je voulais la contester ? — mais précisément aux Eléates, qui ont combattu en Italie, par une dialectique serrée, dont je vais vous donner une idée, la conception pythagoricienne de la pluralité. Vous en jugerez bientôt.

Parménide oppose, dans ses écrits, l'unité de l'être à la pluralité pythagoricienne. « L'être est un », dit-il. Il dit encore : « L'être est, le non-être n'est pas. » L'être de Parménide, c'est tout simplement la substance étendue, objet des sens. L'unité de cette substance et le fait que le non-être, le non-substance, l'espace pur, n'est pas, signifient que la matière dont est composé l'univers est *continue*, que tout se tient dans le monde, que l'espace est plein, rempli par l'être. Songez, pour plus de clarté, à la substance étendue de Descartes : vous saisirez assez bien l'être un, plein, continu de Parménide (¹).

Les adeptes de Pythagore ne laissèrent pas sans protestation se produire tout près d'eux, en Italie, une vue si opposée à la conception pythagoricienne des choses étendues. Ils défendirent violemment les idées du maître sur la composition discontinue des choses, à l'aide d'un nombre déterminé de parties distinctes; et, s'il faut en croire un passage du Parménide de Platon, ils accablèrent Parménide de railleries. C'est Zénon qui se chargea de répondre.

Vous dites que toute chose est un nombre de parties : eh bien, imaginons un mobile ayant à parcourir un chemin AB. Il devra parcourir d'abord la moitié du chemin, puis la moitié de la moitié qui reste, et ainsi de suite indéfiniment : il n'atteindra jamais l'extrémité de AB, ce qui est absurde, car, à ce compte, aucun chemin ne serait jamais franchi. Conclusion : nos hypothèses impliquent une absurdité. — Mais quelles sont nos hypothèses ? — Quand, de la dichotomie que nous pouvons pousser aussi loin qu'il nous plaît, nous inférons à l'impossibilité de franchir

---

(¹) Cf. P. Tannery. « Pour l'histoire de la Science hellène », p. 221 et suivantes.

AB, nous supposons évidemment qu'il faudrait pour franchir AB atteindre un dernier élément de cette suite, nous supposons que l'étendue n'est pas seulement décomposable en parties dont le nombre peut toujours croître, mais qu'elle est effectivement décomposée en ces parties dont la dernière existe, tout en étant hors d'atteinte. Nous supposons, en un mot, vous le voyez, que cette étendue est, d'une façon absolue, un nombre de parties. Vous reconnaissez là, sous la forme de la loi du nombre de M. Renouvier, celle de Pythagore.

M. Renouvier et M. Evellin ont repris pour leur compte l'argument de Zénon, et ont tenté d'en déduire une preuve de la discontinuité de la matière. Leur interprétation de l'argument peut se résumer ainsi : le nombre des parties en lesquelles le chemin A B est divisible est fini ou infini ; or, ce nombre ne saurait être infini, sans quoi l'inépuisable se trouverait épuisé, — donc il est fini, — et la conclusion naturelle serait alors la composition pythagoricienne des choses étendues : ce serait la thèse diamétralement opposée à celle de Parménide. Nous sommes-nous donc trompés dans notre interprétation ? Mais remarquez bien, au contraire, que le raisonnement que je viens d'exposer peut servir à rendre plus claires nos propres idées. Le point de départ d'un raisonnement qui commence ainsi : le nombre des parties est fini ou infini, ce point de départ implique l'affirmation pure et simple qu'il y a un nombre de parties, — que le chemin dont il s'agit est non seulement divisible, mais divisé, qu'il est une somme d'éléments : c'est la loi du nombre de M. Renouvier. Vous voyez donc par là, plus clairement encore que j'aurais pu vous le faire comprendre, que la loi du nombre doit être affirmée, au moins implicitement, pour que l'argument de Zénon conduise à la contradiction de la dichotomie illimitée et du mouvement. Et, s'il plaît aux partisans de la discontinuité de la matière de conclure ensuite à l'impossibilité de la dichotomie illimitée, — il est tout aussi rigoureux pour un défenseur de la conception éléate de l'être, et partisan par conséquent de la dichotomie illimitée, de conclure au rejet de la loi du nombre ([1]).

([1]) Depuis Aristote on a généralement réparti les arguments de Zénon en deux catégories : les arguments contre la pluralité, les arguments contre le mouvement. — Nous croyons avec M. Tannery que Zénon n'est pas un sceptique qui ait voulu nier le mouvement. On dit couramment, il est vrai, que Parménide a affirmé l'immobilité de l'être, mais il ne peut être question ici que de l'univers pris dans son ensemble. Il s'agit du monde qui, suivant l'expression de l'Éléate, a la forme d'une masse sphérique arrondie de tous côtés. C'est par des raisons logiques que Parménide arrive à nier la rotation de cet univers, mais [voir la suite de cette leçon] ses conclusions à cet égard ne sauraient viser que le monde tout entier, — les phénomènes individuels étant du domaine du sens commun et échappant au domaine de la vérité. La négation des phénomènes élémentaires de mouvement ne se trouvant ni chez Parménide, ni chez Zénon, —

Cet argument courait le risque de n'être pas clairement compris. L'impossibilité pour le mobile d'atteindre jamais l'extrémité du chemin semblait provenir, non pas du postulat pythagoricien, que Zénon voulait

---

en dehors de ses fameux sophismes, — il n'y a pas de raison, en dehors de la discussion même de ces sophismes, de les interpréter dans ce sens. — M. Brochard a bien voulu supprimer la distinction classique des arguments contre la pluralité et des arguments contre le mouvement. C'est à ses yeux parce que Zénon nie la pluralité qu'il nie le mouvement. Mais son interprétation laisse toujours supposer que la négation du mouvement est le but d'une partie de sa dialectique, au lieu d'être un moyen. En outre, ce qu'il entend par la pluralité, combattue par Zénon, c'est la décomposition possible et illimitée du continu en parties, — comme M. Renouvier. Il nous apparaît comme beaucoup plus clair, et beaucoup plus probable, après la lecture du chapitre consacré par M. Tannery à Zénon, que la pluralité combattue est la pluralité réalisée, en acte, — celle qui s'accorde avec l'idée pythagoricienne, celle qui seule permet de dire que la chose multiple *a* un nombre, ou *est* un nombre.

Ainsi compris tous les arguments de Zénon présentent une unité de vue parfaite. Nous ne donnons ici que les quatre sophismes qu'Aristote énonce dans le VIme livre de sa Physique, sous la dénomination de sophismes contre le mouvement. Simplicius nous a conservé, dans des fragments d'Eudème, d'autres arguments, ceux que Zeller, par exemple, appelle sophismes contre la pluralité. Si nous n'en parlons pas, c'est que nous n'y trouvons rien qui ne soit implicitement indiqué dans les autres, d'après l'interprétation que nous en donnons ici. [Cf. Tannery, p. 253 et suiv.].

combattre, mais simplement de ce que les temps sucessivement employés à parcourir les petits chemins dépassent, en s'ajoutant, toute durée imaginable. — Pour obliger son adversaire à écarter cette difficulté spécieuse, Zénon lui offre un exemple où la durée finie du mouvement est aussi nettement posée en fait que la longueur finie du chemin à parcourir, et où, le mouvement étant uniforme, la dichotomie s'appliquera simultanément et parallèlement au temps et à l'espace. C'est le fameux problème de l'*Achille*. Achille s'élance à la poursuite d'une tortue allant naturellement plus vite qu'elle. Quand il aura franchi la distance qui le sépare de la bête, celle-ci aura parcouru un chemin égal à une certaine fraction de cette distance ; quand Achille aura parcouru lui-même ce petit chemin, la tortue se sera avancée d'une nouvelle longueur plus petite, — et ainsi de suite : chaque fois qu'Achille aura franchi l'intervalle qui le sépare de la tortue, celle-ci se sera avancée d'une fraction de cet intervalle, Achille n'atteindra donc jamais la tortue.

Je n'ai pas besoin de répéter ici les réflexions que nous a suggérées le premier argument, ni de vous dire qu'il donne lieu aux mêmes interprétations.

Cependant s'ils visaient la formule pythagoricienne « les choses sont nombre ou pluralité » sous sa forme générale, ces arguments, vous l'avez remarqué, ne s'attaquaient pas, directement du moins, à la conception spéciale des choses à l'aide d'éléments indivisibles de points unités, que nous avons signalée chez les

Pythagoriciens. Jusqu'ici il est question, dans la dialectique de Zénon, de parties d'espace ou de temps diminuant sans doute et indéfiniment, mais aussi indéfiniment divisibles. Que l'on accorde à l'Éléate que les choses étendues, pas plus que les durées, ne sont nombres de semblables éléments, on ne sera pas nécessairement conduit à rejeter la conception de l'étendue et de la durée comme sommes de points et d'instants.

Zénon répondra d'abord par le célèbre argument de la flèche qui vole. Elle est au repos, dit-il, car à chaque instant elle occupe une position déterminée ; à chaque instant donc elle est immobile. Conclusion : il est obsurde de supposer que la durée est une somme d'instants ([1]).

([1]) Aristote a dit bien clairement déjà que l'absurdité du sophisme tient à cette hypothèse. Sa position d'ailleurs à l'égard des arguments de Zénon est assez intéressante Il y voit des sophismes, dont il s'attache à faire ressortir le point faible. Certes il ne voit pas que ce point faible est celui que veut justement attaquer Zénon, mais il suffit d'avoir cette hypothèse présente à l'esprit, en lisant Aristote, pour trouver dans sa discussion de quoi confirmer et éclaircir les vues que nous exposons ici. Par exemple, à propos de la flèche « l'erreur de Zénon, dit-il (Phys., livre VI, ch. XIV), ressort
» de ce que nous avons dit ; car le temps ne se compose pas
» d'instants, comme il semble le croire, pas plus que nulle
» autre grandeur ne se compose d'indivisibles..... » Aristote déclare donc comme nous que le raisonnement de Zénon

L'adversaire va-t-il se déclarer vaincu ? — Pas encore. Quelle est, ne manquera-t-il pas d'objecter, cette conception étrange de Zénon qui, dans le parallélisme de la durée et de l'étendue qui entrent dans le phénomène du mouvement, fait correspondre à un élément indivisible de la durée, à un instant, une étendue finie, celle que remplit la flèche dans une position ? Aux instants de la durée doivent correspondre les points de l'espace.

Soit, riposte Zénon. Vous voulez que nous acceptions le parallélisme absolu d'une file de points et d'une suite d'instants, cela entraîne naturellement que si un mobile parcourt une certaine étendue, c'est-

---

oppose au mouvement, comme fait contradictoire, la composition des choses à l'aide d'indivisibles, seulement nous croyons que celui des deux termes que Zénon veut contester ce n'est pas le mouvement. — A propos du premier sophisme, celui de la dichotomie, Aristote éprouve le besoin, pour le réfuter complètement, de démontrer l'impossibilité des indivisibles dans le temps ou dans l'espace. Il finit victorieusement le chapitre I du livre VI (Phys.) où il vient de discuter le raisonnement de l'Éléate, en insistant sur la propriété de tout continu, ligne, surface, durée, d'être indéfiniment divisible. On ne saurait mieux exprimer là encore que l'antinomie qui se dégage du sophisme de Zénon est bien celle du mouvement et de la conception des choses comme sommes d'indivisibles. Comment Aristote ne s'est-il pas demandé si cette dernière conception, à laquelle il a si bien vu que Zénon oppose le fait du mouvement, n'est pas au fond celle de la pluralité, contre laquelle nous savons pertinemment que se sont élevés les Éléates ?

à-dire une certaine suite de points, le nombre d'instants qui s'écoulera dépendra uniquement du nombre de points qu'il aura parcouru. Imaginez donc différents mobiles passant dans des circonstances diverses devant le même nombre de points, ils y mettront tous le même temps. Ou bien inversement faites défiler des mobiles devant diverses suites de points, s'ils marchent pendant le même temps, nous devrons affirmer que les nombres des points parcourus sont les mêmes. Eh bien, il suffit, pour ruiner cette conception, de citer l'exemple de deux mouvements où, pendant la même durée, des nombres inégaux de points sont certainement franchis, et l'exemple que choisit Zénon est le fameux argument du *Stade* :

Soient trois files de points A, B, C, parallèles.

A restant fixe, imaginons que B et C se déplacent en sens inverse avec la même vitesse devant A. Il est clair que, dans le même temps, il passe deux fois plus de points de C en face d'un point de B, qu'il n'en passe en face d'un point de A ([1]).

Qu'est-ce qui pouvait bien résulter de cette fameuse polémique de Zénon ? Était-ce une vue métaphysique

---

([1]) Cette façon d'interpréter le 4me argument, — qui nous semble bien être celle de M. Tannery, — est un des points les

des choses qui allait être transformée ? Il est possible, probable même que, au temps de Zénon, on ne séparât pas le domaine scientifique du domaine métaphysique. Mais du moins, il nous est permis de dire que la science allait tirer profit de cette dialectique relative à des idées aussi importantes que le continu de l'espace et du temps. Substituer à la conception des lignes comme sommes de points, ou du temps comme somme d'instants, le concept de l'étendue et de la durée continues, c'était presque donner la vie une seconde fois aux mathématiques, c'était renverser les écueils que leur propre créateur, Pythagore, dressait contre elles par sa conception. Otez à l'étendue géométrique la possibilité d'être indéfiniment divisible, et d'abord, ainsi que nous l'avons remarqué, vous vous heurtez à l'existence des incommensurables (¹). En outre le concept du continu est le fondement de la géométrie et de l'analyse ; c'est le fondement de la

---

plus originaux de son travail sur Zénon. — Zeller a bien dit lui aussi que le vice du raisonnement vient de ce que la durée d'un mouvement est supposée dépendre seulement de la grandeur du corps devant lequel passe le mobile ; c'était presque déclarer que l'argument suppose des temps égaux nécessaires pour des espaces parcourus égaux. Mais, en tous cas, Zeller, prenant à l'égard de Zénon la même position qu'Aristote, conclut à l'absurdité de l'hypothèse, sans prendre garde que c'est peut-être ce que veut justement établir l'Eléate.

(¹) Il y a aujourd'hui, parmi les historiens des mathématiques, une tendance générale à reconnaître au moins un

génération des lignes et des surfaces en géométrie, c'est le fondement de toute étude de variation, en analyse. Il se retrouve à la base des notions essentielles de limite, de dérivée, de différentielle, c'est-à-dire en somme à la base du calcul différentiel et intégral. Je ne prétends pas que Zénon ait prévu toutes les conséquences du concept qui par lui allait s'éclaircir. Que dans sa pensée, encore une fois, le véritable but de sa polémique fût métaphysique, qu'il visât la constitution même des choses concrètes, c'est probable, mais s'il nous intéresse, c'est surtout par la portée scientifique de son œuvre, que je viens de définir.

---

rapport entre la dialectique de Zénon et les difficultés que présentaient à son époque quelques notions mathématiques essentielles. M. Cantor, par exemple, n'a pas hésité à consacrer quelques pages à Zénon, dans ses Vorlesungen. Il ne présente pas la polémique de l'Éléate comme visant les conceptions pythagoriciennes ; ce sont les Atomistes qui, à ses yeux, formant les corps à l'aide d'un nombre déterminé d'éléments, se posent en contradiction avec l'existence démontrée déjà des irrationnelles ; et les exagérations de Zénon — (on voit la distance qui sépare M. Cantor de M. Tannery) — sont expliquées par le sentiment très net qu'il dut avoir de cette antinomie effrayante du nombre et de l'étendue, certaines étendues ne pouvant correspondre à aucun nombre. Avec M. Tannery, nous allons plus loin : Zénon a voulu contribuer à éclaircir la notion vraiment mathématique de l'étendue et de la durée continues.

En deux mots, Pythagore a le premier introduit dans la science générale de l'univers les concepts intelligibles de nombre et de quantité en disant « les choses sont nombres. » En disant ensuite : Non, les choses ne *sont* pas nombres » Parménide et Zénon rendaient bien plus facile l'application du nombre aux choses : car rien ne s'opposait plus désormais à ce que le nombre s'y appliquât indéfiniment dans les deux sens, rien ne s'opposait plus au concept scientifique de l'infiniment grand et de l'infiniment petit. En retirant le nombre des choses, les Eléates lui restituaient son caractère de concept utilisable à volonté et indéfiniment. Ils ne l'auraient pas dit dans ces termes, mais nous pouvons bien, nous, affirmer dans notre langage moderne, qu'ils contribuaient à la formation positive de la science, en ôtant au nombre son caractère métaphysique et absolu, pour le ramener à l'état de concept scientifique.

Il me reste, pour vous confirmer l'importance du rôle joué par les Eléates dans l'élaboration des concepts scientifiques, il me reste, dis-je, à vous les montrer initiateurs d'idées fécondes dans quelques autres directions.

Il y avait deux sortes d'enseignements données par les Pythagoriciens : l'enseignement extérieur, destiné au grand public, à la foule, et qui très probablement ne portait que sur la physique, et l'enseignement intime, esotérique, qui portait sans doute sur les mathématiques. Ainsi une séparation très nette se trouvait établie de fait entre deux catégories d'idées absolument distinctes, les unes ayant trait aux choses sensibles, au monde des phénomènes physiques, les autres plus particulièrement aux concepts intelligibles. Les premières suscitaient des hypothèses, des théories diverses, discutées déjà par les premiers Ioniens, puis par Pythagore, comme nous le verrons, par Xénophane, et présentées déjà parfois sur un ton quelque peu sceptique, tel que celui du poète de Colophon. Les autres, au contraire, conduisaient à des raisonnements rigoureux, à des conclusions claires et certaines. Cette distinction qui s'était faite d'elle-même, probablement sans prétention à aucune thèse philosophique, aboutit chez Parménide à une affirmation nette, précise, de deux domaines de pensée, — qui peut bien être considérée comme le premier mot de la théorie de la connaissance. Parménide sépare les objets de connaissance en deux classes : les choses sensibles, et les choses intelligibles ; les premières formant le domaine de *l'opinion*, les secondes celui de la *vérité*.

Dans le domaine de l'opinion entrent toutes les explications des phénomènes particuliers qui tombent sous nos sens. Parménide n'en rejette pas l'étude, mais il déclare qu'on ne peut y atteindre une certitude absolue, et qu'il faut s'y contenter du probable. Au contraire, il est permis à la raison, quand elle envisage le monde dans son ensemble, d'affirmer, avec une conviction absolue, un certain nombre de vérités auxquelles elle est logiquement conduite. Ces vérités peuvent du reste se résumer ainsi : Le non-être n'est pas, le monde est plein, limité, sphérique, inengendré, impérissable, continu et immobile.

Entre ce domaine de la vérité et celui de l'opinion, entre les vérités saisies par la raison et les manifestations sensibles des choses, y a-t-il concordance? Les phénomènes viennent-ils apporter une sorte de vérification aux vues de la raison ? (La vérification, en tous cas, ne pourrait porter, aux yeux de Parménide que sur les phénomènes, puisque il ne saurait y avoir de doute que pour eux). — Parménide ne semble pas se poser même la question. La raison, par exemple, déclare le monde immobile. Or, le mouvement diurne n'est-il pas le phénomène le plus universellement constaté, celui qui a servi de point de départ à la physique ionienne ? Parménide ne se préoccupe pas de concilier cette apparence avec la vérité.

C'est un des traits les plus curieux de sa pensée que cette indifférence à l'égard du conflit de la vérité et de l'opinion. Elle s'explique d'ailleurs par la conviction profonde avec laquelle il parle au nom de la vérité. Tel un croyant, dont la foi est inébranlable, s'inquiétera peu de savoir si l'observation des faits s'accorde ou non avec l'objet de sa croyance.

Quoi qu'il en soit, c'est un fait d'une importance considérable pour la science, que Parménide ait reconnu son véritable domaine dans l'intelligible, dans les idées claires, nous pouvons dire : dans les concepts. Avec les Socratiques, la science essaiera de se fonder définitivement sur eux ; et, plus tard, après l'influence funeste du moyen âge sur la pensée scientifique, quand il faudra bien revenir à la science grecque, pour rentrer dans la vraie science, Descartes reprendra la thèse que Parménide a le premier formulée, en posant comme condition indispensable à la recherche de la vérité, les notions claires et intelligibles ([1]). — Aujourd'hui enfin, n'est-ce pas à Parménide qu'il faut revenir quand se pose la question de la certitude de notre science moderne ? Les concepts intelligibles ont pénétré partout en physique, et permettent des raisonnements clairs et rigoureux ; mais ne devons-nous pas sans cesse distinguer entre les raisonnements purement logiques, d'une rigueur absolue, qui ont pour bases telles ou telles notions, — et l'opportunité de l'emploi de ces notions pour les problèmes concrets, ou, si on veut, la légitimité des hypothèses qui nous permettent d'y réduire les phénomènes ?

Voilà donc, Messieurs, une considération capitale, que ces remueurs d'idées, les Eléates, ont jetée pour jamais dans la méditation scientifique.

J'arrive au dernier point que je veux vous soumettre aujourd'hui de l'œuvre des Eléates. Avec eux se trouve

---

[1] Voir P. Tannery, p. 224.

élaboré ce qu'on pourrait appeler le concept fondamental de la science.

Je m'explique. — Il est un philosophe ionien, Héraclite, dont les idées occupent une certaine place dans l'histoire de la philosophie, mais qui nous intéresse moins comme savant. Il ne nous intéresse même, à proprement parler, que par son insistance à considérer les phénomènes de l'univers sous leur aspect insaisissable, variable, mobile, incohérent. C'est lui qui a dit : « Tout coule ; — on ne se baigne pas deux fois dans la même eau, etc. » Quand je dis qu'il nous intéresse par cette insistance, qui, à première vue, est fort peu scientifique, c'est qu'il n'y a rien d'incompatible, bien au contraire, entre cette vue des phénomènes physiques et le sentiment que, pour construire la science, il faut chercher quelque base plus solide que les choses sensibles. Parménide eût-il connu les écrits d'Héraclite, ce qui est plus que douteux, il est permis de dire qu'ils n'auraient fait que contribuer à l'entraîner non pas dans l'idéalisme, comme on l'a dit quelquefois, (parce que les notions claires et intelligibles où veut se mouvoir l'Eléate ne se séparent pas à ses yeux d'une existence concrète), mais du moins, comme je l'ai indiqué, dans le domaine de l'intelligible. De ce point de vue, Héraclite et Parménide ne nous apparaissent pas comme ayant exercé sur l'évolution de la science des influences contraires.

Mais d'un autre côté, Héraclite a insisté sur le perpétuel écoulement des choses, il a traduit là clairement aux yeux une idée primitive, aussi vieille que l'humanité sans doute, mais telle que, à s'en tenir à sa constatation, la science n'avancerait guère. Celle-ci est, avant tout, la recherche des rapports constants, de l'immuable qui se cache sous le mobile et le changeant. Les Ioniens et Héraclite lui-même sentent bien le besoin d'échapper à cet écoulement perpétuel, à cette variation indéfinie, en cherchant une chose d'où toutes dérivent. C'était l'eau pour Thalès, l'ἄπειρον pour Anaximandre, l'air pour Anaximène, le feu pour Héraclite. C'est déjà une façon d'établir un lien de génération entre tous les phénomènes, et elle implique évidemment ce postulat, condition de toute science, que rien ne naît de rien, que toute chose peut se rattacher à une antécédente. Mais il ne s'y trouve pas entendu, ou du moins s'il s'y trouve entendu, c'est trop caché pour apparaître aux yeux, qu'entre antécédent et conséquent il existe une certaine équivalence, qu'il existe quelque chose qui se retrouve tout entier et le même dans l'un et dans l'autre.

Vous sentez bien la différence entre cette idée nouvelle et la première. Au fond l'une et l'autre se ramènent au même principe de causalité. Si rien ne naît de rien, tout changement, toute variation d'un élément quelconque a sa raison dans quelque chose, toutes les circonstances d'un phénomène peuvent se retrouver dans celles de l'antécédent : de là à la permanence de quelque chose qui reste le même dans les deux, qui les rend équivalents d'une certaine manière, il n'y a pas loin. Mais, quoi qu'il en soit, cette vue dernière, qui, vous le savez, est fondamentale dans la marche de la science, n'a été véritablement pressentie et affirmée pour la première fois que par les Eléates. Parménide le premier proclame la permanence de l'être. Cet être, avons-nous dit, est la substance étendue qui forme le monde, dont toute chose est faite, qui est pleine et continue. L'ensemble de cette substance reste immuable, inaltérable.

Il y a là déjà, sous une forme spéciale, quelque chose d'analogue à notre principe de la constance de la masse de la matière, — d'analogue également au principe de Descartes sur la constance de la quantité de mouvement. Descartes prétendra fonder ce principe sur l'immutabilité divine. En quoi cette immutabilité exigerait-elle la constance de la quantité de mouvement plutôt que d'autre chose ? Au fond, Descartes cèdera, qu'il en ait ou non conscience, au même sentiment instinctif que Parménide, au sentiment de la permanence d'un être qu'exige non pas l'immutabilité de Dieu, mais la formation même de la science.

Écoutez ces quelques mots de Parménide et songez, en les écoutant, à ce que dirait un savant moderne pour exprimer cette idée qu'il ne peut se créer ni se détruire de la matière. — « Il n'est qu'une voie pour le discours,
» c'est que l'être soit; par là sont des preuves nom-
» breuses qu'il est inengendré, impérissable, etc.....
» D'où et dans quel sens aurait-il grandi ? De ce qui
» n'est pas ? Je ne te permets pas de le dire, ni de le

» penser, car c'est inexprimable et inintelligible que
» ce qui est ne soit pas..... La force de la raison ne
» te laissera pas de ce qui est faire naître quelque autre
» chose. Ni la genèse, ni la destruction ne lui sont
» permises par la justice, etc.... Il est le même, res-
» tant en même état et subsistant par lui-même ; tel il
» reste invariablement....... »

Mélissus de Samos, qui, à l'exemple de Zénon, viendra soutenir les doctrines de Parménide, insistera à son tour sur la même idée : « L'univers, dira-t-il,
» ne peut ni perdre, ni gagner, ni subir un changement
» d'ordre interne......, car, s'il devient autre, il faut
» que l'être ne soit pas uniforme, mais que l'être an-
» térieur périsse et que ce qui n'est pas devienne. Si en
» dix mille ans l'univers avait changé d'un cheveu, dans
» le temps total il aurait péri...... »

Eh bien, Messieurs, pour résumer cette longue leçon, vous voyez quelle est la nature du courant d'idées qui vient d'Italie, à l'aurore même de la science. Les concepts fondamentaux se reconnaissent et s'éclairent. Le nombre introduit par Pythagore peut, par les efforts de Parménide et de Zénon, se dégager du sens concret et objectif que lui donnent les Pythagoriciens, pour prendre un caractère scientifique. — La distinction se fait entre les idées claires et intelligibles et les choses sensibles, et on pressent que les premières doivent être le vrai domaine d'une science qui aspire à la certitude. — Enfin, le postulat de la permanence de l'être est nettement posé comme le fondement de la connaissance de l'univers, par Parménide et Mélissus. — Ce sont là les traits essentiels que je voulais dégager aujourd'hui de l'œuvre des Pythagoriciens et des Eléates.

SEPTIÈME LEÇON

LES SUITES DE LA PHYSIQUE IONIENNE.

PHYSIQUE PYTHAGORICIENNE ET ELÉATE. — LES PHYSICIENS DU Vme SIÈCLE : EMPÉDOCLE, ANAXAGORE, DÉMOCRITE.

Après vous avoir montré les premières ébauches de la physique ionienne dans la tentative plus ou moins grossière des Milésiens d'expliquer la formation des choses, j'ai essayé de vous faire comprendre la nature et l'importance d'un courant d'idées venu d'Italie, où nous avons trouvé des préoccupations d'un ordre plus abstrait. Sous le jour où ils nous sont apparus, on peut dire que Pythagoriciens et Eléates commencent, dans l'histoire des idées, cette liste de penseurs, savants et critiques de la science tout à la fois, qui portera un jour les noms de Platon et d'Aristote, plus tard ceux de Descartes et de Leibnitz, et de bien d'autres. Mais à les juger de ce seul point de vue, on risquerait d'introduire une lacune trop choquante dans l'histoire de la science. On chercherait en vain la continuation des recherches ioniennes dans la formule pythagoricienne relative au nombre, ou dans la distinction célèbre de la vérité et de l'opinion, due à Parménide, ou dans la dialectique de Zénon. Or,

Pythagore est ionien ; il vient de Samos, qui n'est pas loin de Milet. Il a connu sans doute Thalès et Anaximandre. Xénophane, qui se fixe à Elée et contribue pour sa part à la formation de ce centre intellectuel qu'illustreront Parménide et Zénon, puis Mélissus, — Xénophane est de Colophon. Il vient aussi d'Ionie, de cette Ionie dont il chante la douloureuse histoire. Comment se pourrait-il, à moins d'admettre que nos voyageurs aient vraiment trouvé en Orient ou en Égypte de quoi changer brusquement le courant de la pensée philosophique, — ce qui, nous l'avons vu, est assez invraisemblable, — comment se pourrait-il qu'une telle distance séparât la science ionienne de la science italique ? Il est vrai que les manuels d'histoire de la philosophie ont parfois une façon de présenter les faits, qui peut donner une illusion. Thalès, y voit-on, explique la génération de toutes choses par l'eau, Anaximène par l'air, Héraclite par le feu, Pythagore par le nombre ; ils ajouteraient volontiers : les Eléates par l'unité. Sous cette énumération étrange, où le nombre, puis l'unité sont placés à la suite de l'eau, de l'air et du feu, on ne remarque pas toujours qu'on ne comprend pas, et on ne doute pas alors qu'il y ait continuité de Thalès à Mélissus, en passant par Pythagore. Pour moi, je ne saurais voir clairement dans les arrangements de cette sorte que la preuve du besoin, généralement senti, d'un certain lien expliquant l'origine ionienne de la philosophie italique, et par là un argument de plus en faveur de l'existence de ce lien. Reste à voir où il faut vraiment le chercher. — Eh bien, n'est-ce pas tout naturellement dans les réponses que Pythagoriciens et Éléates donnèrent aux problèmes ioniens de la formation des choses et de la constitution de l'univers physique ?

Les fragments de Philolaüs qui nous ont été conservés débutent ainsi : « L'être qui appartient au monde (l'être, c'est φύσις, l'être naturel, à la fois ce qui est et ce qui se forme, ce dont il y a lieu, par conséquent de chercher le mode de formation ou de génération, l'être en un mot que considèrent essentiellement les Ioniens), est un composé harmonieux d'éléments infinis et d'éléments finis ; il en est ainsi, et du monde lui-même dans son tout, et de toutes les choses qu'il renferme. » [Cf. Chaignet, Pythagore, t. 1.] Et cette idée semble vraiment fondamentale ; elle revient sous diverses formes dans les fragments de Philolaüs. Quels sont les mots que les traducteurs, à la suite d'ailleurs de tous les commentateurs, depuis Aristote, traduisent par infini et fini ? C'est ἄπειρον, et πέρας. — Ἄπειρον ! Voilà une expression qui ne nous est pas inconnue. L'ἄπειρον, vous vous le rappelez, c'était, à Milet, l'élément indéterminé, continu, quelque chose comme l'air, puisque Anaximène a ainsi précisé, quelque chose comme un fluide gazeux sans forme arrêtée, sans contour défini ; nous y comparerions volontiers la matière de la nébuleuse de nos théories cosmogoniques modernes. Pour passer de Samos à Crotone, en faisant peut-être quelques crochets en Égypte et en Asie, Pythagore ne dément pas son origine ionienne ; il se sert lui aussi, pour former le monde, de l'ἄπειρον, — mais en y ajoutant un second principe, le πέρας, qui est le fini, le délimité et en même temps le consistant. L'ἄπειρον, s'associant au πέρας, donne lieu à tel ou tel corps défini, déterminé. Le principe du nombre aidera ici à éclairer la conception pythagoricienne, la détermination et la consistance se feront sans doute à l'aide des nombres ou, ce qui revient au même, pour Pythagore, avec la figure géométrique, c'est-à-dire que, une fois réalisée, la fusion de l'ἄπειρον et du πέρας donnera un corps composé d'un *nombre* d'éléments, comme tous les corps de la géométrie. Mais peu importe ici : ce qui paraît certain, c'est que Pythagore forme tous les corps à l'aide de l'ἄπειρον se complétant par le πέρας ; et ce n'est pas seulement de chaque chose isolée qu'il en est ainsi ; d'après Philolaüs, c'est aussi du monde dans sa totalité.

Nous avons à cet égard, pour nous éclairer, un texte précieux d'Aristote qui a écrit dans la physique, à propos des Pythagoriciens : « Ils admettent l'existence du vide et disent qu'il pénètre dans le ciel, en tant que celui-ci respire le souffle infini (πνεῦμα ἄπειρον), et que c'est ce vide qui définit les choses. » M. Tannery fait remarquer qu'il y a évidemment ici confusion, et qu'Aristote commet un véritable anachronisme en parlant du vide, dans le sens où il l'entendait lui-même, après que les conceptions des atomistes avaient pour la première fois permis de dégager l'idée du vide absolu, de l'espace pur. Pour les Pythagoriciens il ne saurait être question que d'un vide relatif au sens vulgaire du mot. Quand on dit couramment qu'un récipient est vide, on entend qu'il ne s'y trouve rien de perceptible, aucun corps visible ou palpable. Anaxagore dégonflant dans l'eau des outres pleines d'air mettra en évidence, non pas, comme l'a justement observé Aristote, l'impossibilité du vide absolu, mais l'existence, l'action, les effets de ce que communément on appelle le vide et qui n'est autre que l'air. C'est un vide de cette sorte, quelque chose de fluide, d'aériforme, d'indéterminé dans ses dimensions et ses contours, que désigne le πνεῦμα des Pythagoriciens, ce πνεῦμα qui entoure le monde et le pénètre. Le dualisme fondamental de l'ἄπειρον et du πέρας se retrouve ici étendu des choses isolées au monde pris dans sa totalité. Cette interprétation de la pensée de Pythagore, outre sa clarté, a l'avantage d'expliquer une allusion de Platon et d'Aristote à l'opinion pythagoricienne qu'aurait combattue Xénophane, et suivant laquelle le monde respire. La respiration n'est ici sans doute que la pénétration incessante à travers le cosmos de la matière fluide au sein de laquelle il se meut ([1]).

Eh bien donc, Messieurs, si nous nous bornons au trait essentiel de la physique pythagoricienne, vous voyez en quoi elle dérive de la physique ionienne et

---

([1]) Cf. Tannery. Sc. hellène, p. 122 et suiv.

en quoi elle en diffère. — Le dualisme, l'existence de deux principes des choses et du monde, dans son ensemble, s'oppose évidemment au monisme des Milésiens. Mais il n'est pas cependant, au moins au début, aussi éloigné des Milésiens qu'on pourrait le croire. Nous retrouvons en Italie l'ἄπειρον d'Anaximandre ; le second principe, le πέρας, qui s'y oppose, sans doute pour se fondre harmonieusement avec lui, est en somme un élément qui, le premier une fois posé, viendra tout naturellement le compléter. Pour former les choses, l'indéterminé se déterminera, le fluide aura besoin du consistant. Aristote dira plus tard que la matière reçoit la forme, dans un sens analogue, autant bien entendu qu'il est permis de rapprocher les concepts abstraits d'Aristote de la pensée concrète des physiciens du VIme siècle.

On pourrait objecter peut-être que cette façon de présenter les choses renverse les rôles que semblaient jouer les deux principes dans la physique pythagoricienne. De l'ἄπειρον et du πέρας, n'était-ce pas le dernier, en somme, qui était l'élément capital ? Dans la conception de l'univers, par exemple, le vide, le πεῦμα ἄπειρον a une importance bien secondaire près du *cosmos*. Il semble que nous ayons, pour rapprocher Pythagore d'Anaximandre, exagéré l'importance de l'ἄπειρον. Je répondrai à cette objection toute naturelle que, cachée peut-être sous les formules de Philolaüs, cette importance de l'élément fluide n'a pas tardé en tous cas à se dégager fort clairement.

Ce n'est pas seulement, en effet, dans les fragments de Philolaüs qu'il faut chercher les traits essentiels de la physique d'Italie. Zeller a bien vu que Parménide enseigne une physique qui lui est étrangère, et M. Tannery a observé avec raison que ce ne peut être que la physique pythagoricienne. Tandis que, au nom de la *vérité*, l'Eléate proclame avec une conviction absolue l'unité et l'immortalité de l'Être, il continue à enseigner, au nom de *l'opinion*, la physique dualiste de Pythagore, sans se préoccuper d'ailleurs de savoir comment il est possible de concilier le domaine des apparences avec celui de la vérité. « On a séparé et
» opposé les corps, dit-il dans un fragment qui nous
» reste de son poème, on a posé les limites qui les
» bornent réciproquement, d'une part le feu éthérien,
» la flamme bienfaisante, subtile, légère, partout
» identique à elle-même, mais différente de la
» seconde forme ; d'autre part, celle-ci, opposée à la
» première, nuit obscure, corps dense et lourd, etc. »
— Vous reconnaissez en somme le dualisme pythagoricien, mais sous un jour un peu différent de celui que laissait voir Philolaüs. Le feu éthérien, la flamme bienfaisante et subtile, légère... voilà évidemment ce qui correspond à l'ἄπειρον, et la nuit obscure, le corps dense et lourd, c'est le πέρας. Et vous voyez cette fois le rang primordial rendu à l'ἄπειρον. On dira avec M. Tannery que depuis Pythagore il y a eu transformation de l'idée première, sous diverses influences, peut-être en particulier, sous l'influence

d'Héraclite; mais, en tous cas, il me suffit de pouvoir dire que la conception physique de Pythagore se prêtait bien aisément à une interprétation qui rendait à l'ἄπειρον, — l'indéterminé d'Anaximandre, l'air d'Anaximène, le feu d'Héraclite — son rôle essentiel dans l'organisation et la formation des choses.

Un intéressant problème se pose ici. — L'univers d'Anaximandre et d'Anaximène était borné. Nous avons dit, avec Teichmüller et M. Tannery, qu'Aristote, et après lui tous ceux qui se sont occupés des physiologues milésiens se sont trompés sur le sens de leur ἄπειρον. Ils ont eu tort de le traduire par *infini*, au lieu d'y voir seulement *l'indéterminé*. Vous vous rappelez l'argument le plus décisif de M. Tannery : Anaximandre, dont les idées témoignent d'une imagination très nette, n'aurait pas déclaré infinie une sphère qui tourne sur elle-même. Pour Pythagore et Xénophane cette impossibilité n'existe plus. Pythagore fait tourner le Cosmos au sein d'une sorte d'atmosphère que rien n'empêche d'être illimitée. Et, quant à Xénophane, il commence la série des penseurs éléates qui vont nier la réalité du mouvement diurne, et affirmer l'immobilité du monde : l'antinomie de la rotation infinie se trouve par là écartée, aussi bien que par le dualisme de Pythagore. Est-ce là une raison suffisante pour accepter sans conteste le témoignage d'Aristote suivant lequel les Pythagoriciens d'une part et Xénophane de l'autre reculent à l'infini les bornes de l'univers ? Je ne le crois pas. Une fois convaincu qu'Aristote a si mal interprété la pensée d'Anaximandre, en traduisant l'ἄπειρον du Milésien par l'*illimité,* il nous semble difficile d'en appeler à son autorité, quand il explique de la même façon le même mot employé par des penseurs contemporains, et presque de même origine, car Samos et Colophon ne sont pas très éloignés de Milet. J'imagine qu'on y parlait la même langue. Ainsi, quoique nous n'ayons plus les mêmes motifs de rejeter de la pensée de Pythagore la conception de l'infini spatial, il serait inexact de dire que nous n'avons par cela même aucune raison de contester les témoignages d'Aristote sur ce point. C'en est une et très sérieuse que son erreur sur le même point, sur le sens d'un même terme, à propos des Milésiens. Mais si nous laissons Xénophane de côté, parce que Xénophane est bien plutôt un poète qu'un savant, que chez lui les idées peuvent manquer de précision et de rigueur, et qu'on risquerait de s'égarer dans de vaines disputes pour leur ôter ce qu'elles ont nécessairement de vague ; si nous laissons de côté Xénophane pour ne nous occuper que de Pythagore, nous avons, en dehors du témoignage d'Aristote de fortes raisons de lui attribuer vraiment le concept de l'illimité spatial.

D'abord Pythagore est un vrai géomètre. Lui qui maniait des lignes droites évidemment illimitées dans l'intuition, des parallèles ne se rencontrant pas, si loin qu'on les prolonge ; lui qui vivait en un temps où l'abstrait ne se distinguait qu'imparfaitement du concret, où Aristote n'avait pas séparé encore l'infini abstrait des géomètres, l'infini en puissance, de l'infini concret, l'infini en acte ; pouvait-il ne pas accorder au monde l'*illimité* de ses êtres géométriques? — En second lieu, il faut bien qu'à un moment donné se soit posée l'idée du monde illimité, et cela bien avant Aristote. Nous ne pouvons douter que Parménide ait soutenu énergiquement, au nom de la *vérité*, que le monde est borné. « Il ressemble — ce sont ses propres » expressions — à une sphère arrondie de tous côtés, » également distante de son centre en tous ses points. » — Égal de tous côtés, il est néanmoins dans des » limites, » et ailleurs : « il faut que ce qui est ne » soit pas illimité. » Vous voyez la distance où nous sommes certainement d'Anaximandre, chez qui nous avons indiqué la même idée, mais inconsciente. Anaximandre ne pouvait, avons-nous dit, se représenter le monde infini, mais il n'affirme rien à cet égard, il ne pose pas la question, c'est justement en cela que nous ne trouvons pas chez lui la notion de l'illimité spatial. Chez Parménide nous la trouvons, puisqu'il la nie clairement. — Mélissus, lui, l'affirme : — « L'être, dit-il, est infini ; s'il est infini, il est un, » car s'il y avait deux êtres, ils ne pourraient être » infinis ; ils se limiteraient réciproquement. » Ailleurs encore : « Si l'être n'était pas un, il serait limité par » rapport à l'autre. » — A la fin du Vme siècle, un pythagoricien, Archytas de Tarente, inventa l'argument célèbre, sans doute dirigé contre les premiers

Eléates : « Si je vais au bout du monde, et si j'étends mon bras dans la même direction, qui est-ce qui l'arrêtera ? » — Enfin, la position que prend Aristote montre bien, si d'autres preuves manquaient, que ces idées du limité et de l'illimité spatial ont été discutées avant lui ; c'est évidemment pour concilier les opinions contradictoires qu'il apporte sa solution célèbre : l'infini géométrique, l'infini abstrait est incontestable ; mais le monde concret est fini ([1]) et il n'y a pas de vide autour. — Il faut bien admettre qu'à un moment donné s'est introduit dans les idées le concept de l'espace illimité, et si d'une part les premiers Ioniens ne nous semblent pas avoir même posé la question, si d'autre part, Parménide déjà par sa négation catégorique de l'illimité nous indique que le concept remonte au-delà de l'Eléate, nous reconnaîtrons comme très vraisemblable qu'il date de Pythagore, et que le vide, l'ἄπειρον, dont le géomètre entoure son cosmos, a été pour lui sans limites ([2]).

([1]) Je dois remarquer que la contradiction entre les différents textes d'Aristote ne permet pas de préciser s'il entendait que la dimension du monde fût réellement *finie*, au sens actuel de ce mot, ou s'il la considérait comme *transfinie*, comme dit Georg. Cantor, c'est-à-dire comme étant déterminé, tout en dépassant tout nombre fini réalisable. [Note de M. P. Tannery].

([2]) J'avais fait part à M. Tannery de mon hésitation à prendre Aristote pour garant de l'infini spatial chez Pythagore : c'est de sa réponse que je me suis inspiré dans tout ce développement.

J'ai déjà fait allusion à la physique de Parménide. Je n'ai en somme rien d'important à ajouter pour ce qui concerne les Eléates. Si d'un côté, comme je l'ai montré dans ma dernière leçon, ils ont pu rendre à la pensée scientifique un service inappréciable par une certaine élaboration de concepts fondamentaux, d'un autre côté, ils ne pouvaient qu'être un obstacle à l'évolution de la physique grecque par leur éloignement des apparences, qui les portait à nier même le mouvement du monde. Il était temps, après eux, que de vrais physiciens, tout en profitant sans doute de leurs méditations critiques, reprissent plus franchement la tradition ionienne, c'est ce que vont faire Anaxagore, Empédocle et les Atomistes en rendant son rôle essentiel au *mouvement*.

Mais une transformation s'est faite dans les idées depuis les premiers essais d'Anaximandre. Je l'ai déjà dit, le concept de l'infini spatial s'est décidément introduit et ceux, comme Anaxagore, par exemple, qui croiront devoir l'affirmer, devront renoncer à la rotation toute simple d'Anaximandre. D'un autre côté, les Eléates ont soulevé une antinomie nouvelle, celle du mouvement dans le plein, en établissant logiquement, au nom de la vérité, que le monde étant plein est nécessairement immobile. Ils ont résolu simplement la difficulté en niant le mouvement de l'univers, mais lorsque après eux, ce mouvement sera de nouveau posé en fait incontestable, comme un élément essentiel à toute cosmologie, il faudra bien présenter une autre solution de l'antinomie. — C'est ainsi qu'Anaxagore et Empédocle d'une part, et les Atomistes d'autre part, vont être amenés à modifier la thèse des Milésiens. En deux mots, les premiers qui rejettent le vide, et dont l'un, Anaxagore, admet l'infinitude de l'univers, refusent le mouvement à la matière comme propriété inhérente et éternelle ; ils conçoivent la masse de l'univers répartie en matière qui se meut et en matière immobile, faisant mouvoir la première au sein de l'autre, sous les influences que j'indiquerai, tout comme Pythagore concevait le cosmos tournant au sein de l'$\alpha\pi\epsilon\iota\rho\text{o}\nu$. — Quant aux Atomistes, ils laissent à la matière le mouvement comme propriété inhérente, mais ils utilisent pour la première fois le concept du vide absolu, de l'espace pur, sans doute élaboré peu à peu par les discussions sur l'être et le non-être, sur le plein et sur le continu de l'être ; ils l'utilisent, dis-je, pour imaginer alors sans difficulté les tourbillonnements, dans l'espace vide, des éléments de matière.

Examinons de plus près et complétons les vues essentielles de ces penseurs.

Anaxagore, de Clazomène, sépare nettement le mouvement de la matière. Par elle-même la matière est au repos, elle se met en branle sous l'action de ce qu'Anaxagore nomme le *Nous*. Qu'entendait-il par là ? Les fragments qui nous restent de lui, permettent d'affirmer qu'il y voyait un principe intelligent, semblable à lui-même, sans mélange. Sa conception

avait quelque chose de celle qui nous est familière : l'esprit opposé à la matière. Cependant il serait hasardeux d'affirmer que c'est bien là exactement la pensée d'Anaxagore. Très probablement au contraire, d'après la façon même dont il parle du νοῦς, c'était pour lui quelque chose de concret, d'étendu, nullement en dehors de l'espace, « Le *Nous*, dit-il, est infini. C'est
» de toute chose ce qu'il y a de plus subtil et de plus
» pur. Il n'est mélangé avec aucune chose ; parce que
» (Anaxagore ne va pas dire qu'il y a incompatibilité
» tirée de leur nature spirituelle et matérielle), parce
» que le mélange l'empêcherait d'actionner chaque
» chose, comme il peut le faire étant isolé. » Ce *Nous* avait pour rôle essentiel de mettre la matière en mouvement, cela est clair. Quant à la façon dont Anaxagore se le représentait par l'imagination, il est difficile de préciser. Peut-être si on l'eût poussé là-dessus, probablement même, il eût dit que c'est quelque chose comme un fluide impalpable, insaisissable, sans forme précise, quelque chose comme une flamme invisible. Parmi les conceptions grecques antérieures à Anaxagore, celle à laquelle on peut le mieux rattacher le νοῦς d'Anaxagore, comme constitution physique, c'est l'ἄπειρον de Pythagore qui, chez Parménide, s'est déjà quelque peu idéalisé en devenant le feu, la flamme, la lumière. Nous allons d'ailleurs retrouver, à propos d'Empédocle, l'occasion de présenter les mêmes vues, lorsque nous parlerons de ses deux principes organisateurs du monde, l'amour et la haine.

Mais on peut faire ici une remarque générale dépassant les bornes de telle époque, ou de tel pays. Quand l'homme est frappé d'une certaine catégorie de phénomènes qui lui semblent présenter quelque supériorité sur les autres par leur nature : attraction, commotion électrique, feu, flamme, chaleur, lumière, pensée, intelligence, volonté ; quand, en même temps, il veut, pour les expliquer, rester sur le domaine scientifique, — dans tous les temps, depuis les Ioniens jusqu'aux savants contemporains, — il a recours à un fluide. Ce n'est certes là qu'un mot sous lequel notre imagination peut se donner carrière ; mais ce mot et les idées plus ou moins vagues qu'il résume nous satisfont dans une certaine mesure. Sans remarquer que, pour échapper à nos sens, pour être impalpable, insaisissable, pour n'avoir en apparence aucune des propriétés de la matière ordinaire, il n'entre pas moins dans nos explications scientifiques comme une matière d'une certaine espèce, sans remarquer donc que cette propriété, d'être moins saisissable que le reste des choses, ne suffit peut-être pas pour expliquer le rôle élevé que nous lui attribuons dans notre hiérarchie des phénomènes de l'univers, nous sommes satisfaits dans une certaine mesure quand nous avons parlé de ce fluide. Les phénomènes d'électricité, ou de magnétisme, par exemple, nous semblent vraiment moins mystérieux quand nous avons nommé le fluide électrique, le fluide magnétique. Les faits psychiques les plus étonnants nous paraissent tout naturellement rentrer dans l'ordre habituel, dès que nous faisons appel au fluide nerveux. Oh ! avec ce fluide nerveux tout s'explique, et vous verrez bien des gens sérieux vous affirmer que non seulement la communication du cerveau avec toutes les parties du corps, mais même les communications d'une personne avec une autre, à distance, sans aucun intermédiaire sensible, — communications de pensée à pensée, dans les conditions les plus stupéfiantes, sont choses naturelles : le fluide nerveux n'a qu'à se permettre, tant qu'il y est, à travers l'espace, un voyage un peu plus long, et tout est dit. Le *Nous* d'Anaxagore est très probablement à ses yeux ce qu'est aux nôtres ce fameux fluide nerveux.

Mais, en tous cas, comment l'action de ce *Nous* organise-t-elle le monde ? D'après les fragments d'Anaxagore qui nous restent, le *Nous* agit d'abord en un point de la masse qui constitue le monde et met ainsi une petite portion en mouvement. Peu à peu l'action se propage dans tous les sens, de telle façon que la masse en mouvement au milieu de celle qui n'a pas encore subi l'action du *Nous* augmente progressivement et indéfiniment. « Tous les êtres, dit Anaxagore
» sont actionnés par le *Nous*. C'est lui qui a produit
» dès le commencement la révolution générale et a
» donné le branle. Tout d'abord cette révolution
» n'a porté que sur peu de chose, puis elle s'est
» étendue davantage et elle s'étendra toujours de plus
» en plus. Le *Nous* a tout ordonné comme il devait
» être, et aussi cette révolution qui entraîne les astres,

» le soleil, la lune, l'air et l'éther, depuis qu'ils sont
» distincts. C'est cette révolution qui a amené leur dis-
» tinction. Quand le *Nous* a commencé à se mouvoir,
» dans tout ce qui a été mu il y a eu distinction ;
» jusqu'où s'étendait le mouvement dû au *Nous*,
» jusque-là s'est étendue la séparation. »

Remarquez que le **commencement** dont parle Anaxagore n'est pas le commencement du monde, la matière existait de toute éternité avant que commençât l'action du *Nous*. Remarquez encore, une fois l'action commencée, la propagation indéfinie du mouvement. L'univers d'Anaxagore est illimité, au sens précis où un géomètre l'entendrait : si loin que s'étende le mouvement, il restera toujours encore de la matière à ébranler et à séparer en corps distincts, à organiser en un mot.

Passons à Empédocle et voyons comment à son tour il résout le problème de l'organisation du monde par le mouvement. Le monde est soumis à l'action de deux principes : l'amour et la haine, la Philotès et le Néikos. Sous l'influence de l'un, la matière tend à l'homogénéité et au repos, sous celle de l'autre, elle tend au contraire à la dissociation, au bouleversement, aux mouvements désordonnés ; et si, comme le pense M. Tannery, il entre dans la physique d'Empédocle des agents mécaniques et dynamiques tels que l'attraction des semblables, qui, dans toute dissociation, fait unir l'eau avec l'eau, etc., et des principes analogues à ce que nous appelons aujourd'hui forces centrifuges et centripètes, du moins c'est principalement aux actions combinées de l'amour et de la haine qu'est due la marche physique de l'univers dans son ensemble. Tout d'abord le monde, le Sphéros, comme dit Empédocle (qui à l'exemple de Parménide conçoit l'univers sphérique et fini), le sphéros est homogène et au repos; il est entièrement sous l'influence de la Philotès qui le conserve en cet état jusqu'à ce que commence l'action du Néikos. Celui-ci se met tout-à-coup à dissocier les éléments, en s'insinuant progressivement partout; des mouvements désordonnés naissent, se propagent, remplissent bientôt l'univers; la Philotès entre alors en jeu, associant de nouveau les éléments disjoints, et de la lutte des deux principes résulte finalement un certain état d'équilibre, au moins apparent, c'est le monde actuel. La Philotès est au centre qui régularise et accélère la rotation générale du système en détruisant les mouvements locaux; le Néikos au contraire est à la surface extérieure du sphéros où il agit comme par aspiration sur les éléments intérieurs. Il est très probable, sans que cela résulte clairement des fragments ou des commentaires, qu'aux yeux d'Empédocle, l'état actuel du monde n'est que provisoire. Probablement, pense M. Tannery, Empédocle empruntait à Héraclite l'idée d'un embrasement général, amené par l'accélération prolongée du mouvement rotatoire, et qui serait suivi du triomphe définitif de la Philotès. On serait ainsi ramené au point de départ et nous retomberions, vous voyez, sous une forme nouvelle, sur l'une des idées essentielles d'Anaximandre. Mais il est impossible de rien affirmer sur ce point.

Que sont les deux principes d'Empédocle ? C'est vous le voyez, le même problème que pour le *Nous* d'Anaxagore. Cette fois pourtant nous pouvons plus clairement constater qu'il s'agit bien réellement de fluides matériels, à consistance concrète, quoique échappant aux sens. Empédocle, en effet, après avoir énuméré les éléments qui composent le monde, les quatre éléments : eau, terre, air, feu, dont je parlerai dans un instant, et, à leur suite, l'amour et la haine, dit que tous les six sont *égaux*. On se demande depuis Aristote dans quel sens il faut entendre cette égalité, mais en tous cas on n'hésite qu'entre des déterminations d'étendue, de poids, de volume ; personne ne doute qu'il s'agit bien vraiment d'éléments concrets, capables par leur fluidité de se glisser dans tous les pores, tout comme l'ἄπειρον des Pythagoriciens.

Enfin, les Atomistes accordent aux Éléates que le mouvement est impossible dans le plein ; mais tandis que ceux-ci sacrifiaient alors le mouvement du monde, comme une apparence sensible négligeable, à leur croyance au plein et au continu, Leucippe et Démocrite font l'inverse : partant de la certitude du mouvement de l'univers, ils concluent à l'impossibilité du plein, et par conséquent à l'existence du vide. Ce vide, c'est bien le non-être, comme disent les Éléates, mais à côté de l'être il y a du non-être ; c'est grâce à lui que l'être peut se mouvoir.

Comment le monde s'organise-t-il par ce mouvement?
Nous ne retrouvons naturellement pas chez Leucippe
et Démocrite le besoin de séparer le mouvement de la
matière mobile, de concevoir, comme Anaxagore et
Empédocle, une partie de la matière se mouvant au
sein d'une autre partie au repos, et finalement de
chercher une cause initiale ni permanente de mouvement, qui ne soit pas inhérente à toute matière. Pour
Leucippe et Démocrite le mouvement des atomes est
éternel, comme les atomes eux-mêmes. Les reproches
que cette affirmation leur vaut de la part d'Aristote ont
amené beaucoup de commentateurs à dire que Démocrite attribue au hasard le mouvement des atomes.
Or, s'il est un reproche que ne mérite pas le physicien d'Abdère, c'est à coup sûr celui de se soustraire, si peu qu'on l'imagine, au déterminisme
scientifique. L'idée que rien ne naît de rien, qui se
dégageait confusément déjà des premières recherches
ioniennes, et s'accentuait nettement ensuite chez les
Eléates, aboutissant avec eux à la permanence de
l'être, — cette idée, que tout phénomène résulte de
phénomènes antécédents, s'affirme chez les Atomistes
avec la dernière rigueur. Point de hasard, point
d'évènement accidentel. L'accident n'est que dans
l'apparence : tout ce qui arrive, tout ce qui est, peut
s'expliquer par des causes naturelles et s'y ramène
nécessairement. Édouard Zeller veut qu'ils aient expliqué en particulier le mouvement de la matière par
la pesanteur ; cela ne nous semble pas démontré, et en

tout cas ils ne dérogeaient pas à leurs principes généraux en déclarant le mouvement inhérent à la matière, naturel par conséquent, au lieu de le rattacher à quelque propriété première dont ils n'eussent pas donné d'autre explication ([1]).

Ce qui paraît certain, c'est que les éléments de matière, les atomes, aux yeux de Démocrite, s'entre-choquent sans cesse et rebondissent, d'où résultent des mouvements tourbillonnaires, qui vont former dans l'univers des mondes innombrables. Voici comment Zeller reconstitue la cosmogonie de Démocrite :

« Lorsque le tout se fut mis à tourbillonner par
» l'effet des mouvements contraires, les corps poussés
» vers le haut se rangèrent en cercles aux limites
» extrêmes du tout, et formèrent ainsi autour de lui
» une sorte d'enveloppe. Cette enveloppe s'amincit
» peu à peu parce que le mouvement entraîne toujours
» davantage certaines parties vers le milieu, tandis
» que d'un autre côté la masse du monde en formation

([1]) Chez les Épicuriens, en effet, le mouvement de la pesanteur est primitivement inhérent à la matière; pour Démocrite, il semble plus probable qu'il admettait la formation de tourbillons sans l'expliquer, ce qui a pu motiver le reproche d'Aristote, et que, dans le tourbillon une fois formé, il pensait que les atomes les plus volumineux doivent naturellement tendre vers le centre, les plus petits vers la périphérie; — extension naturelle, bien qu'illégitime, des effets bien connus de la force centrifuge. [Note de M. P. Tannery.]

» augmentait continuellement par l'adjonction de nou-
» veaux atomes. Les substances qui s'étaient préci-
» pitées à l'intérieur formèrent la terre, celles qui
» étaient montées vers le haut formèrent le ciel, le
» feu et l'air. Une partie de ces dernières se réunit
» en masses plus denses qui d'abord furent humides
» et molles ; mais comme l'air qui les entraînait avec
» lui était poussé par les masses ascendantes et par
» suite tourbillonnait avec impétuosité, elles se dessé-
» chèrent peu à peu ; la rapidité du mouvement les
» mit en feu, et ainsi se formèrent les astres. De
» même l'action des vents et l'influence des astres
» dégagèrent de la terre les parties les plus petites,
» qui se réunirent dans les profondeurs et formèrent
» l'eau.

» La terre s'est ainsi condensée en une masse
» solide, condensation qui continue encore. En raison
» de sa masse et de sa densité toujours plus grande,
» la terre s'est établie au centre du monde, tandis
» qu'au commencement, lorsqu'elle était petite et
» légère, elle se mouvait dans tous les sens. (¹) »

Ai-je besoin de vous faire remarquer que le principe de cette théorie, la formation des mouvements
tourbillonnaires, est celui que reprendra plus tard
Descartes et n'est pas étrangère à une conception
beaucoup plus récente encore, celle de M. Faye ?

(¹) E. Zeller, trad. Boutroux, tome II, p. 314.

Voilà, en tous cas, en quelques mots assez brefs, comment fut résolu par les physiciens du Vme siècle le problème du mouvement et de l'organisation du monde par le mouvement. Il me reste à vous dire quelle réponse ils apportèrent à cet autre problème capital soulevé par les Ioniens, de la constitution même de cette matière qui se trouve soumise au mouvement.

Je commence par la solution la plus célèbre, celle d'Empédocle : toutes choses d'après lui sont formées par la combinaison de quatre éléments irréductibles entre eux, l'eau, la terre, l'air, le feu. Ce qui fait la différence des corps, c'est uniquement la différence des proportions où sont les quatre éléments qui les forment. Vous reconnaissez là une théorie tellement courante, que souvent c'est la conception unique qui soit donnée des physiciens de l'antiquité. Vous avez pu déjà vous rendre compte qu'elle n'est pas la première en date. Sans doute il est aisé de la rattacher aux idées des premiers Ioniens. Thalès donnait l'eau, Anaximène l'air, Héraclite le feu, Phérécyde, dont je n'ai pas parlé parce que son rôle nous semble assez obscur, avait donné la terre, comme principe des choses ; mais il y avait loin, en tous cas, de la thèse qui fait tout dériver d'une seule substance, à celle qui compose toute matière à l'aide d'un nombre déterminé d'éléments en proportions variées. Sous ce point de vue, on pourrait dire, il est vrai, que Pythagore avait déjà substitué au monisme primitif des Ioniens un dualisme plus savant. Mais pourtant l'ἄπειρον et le πέρας de Pythagore ne sont pas absolument comparables, abstraction faite de leur nombre, aux éléments d'Empédocle. Si on voulait rapprocher l'Agrigentin de Pythagore, il faudrait d'abord, comme je l'ai déjà dit, comparer les deux principes de l'un, l'amour et la haine, à l'ἄπειρον fluide de l'autre, et ensuite substituer au πέρας les quatre éléments : eau, terre, air, feu ; de telle sorte que ce rapprochement montre en même temps quelle distance les sépare.

Si la conception d'Empédocle nous est si connue, si elle efface souvent toutes les autres dans nos mémoires, c'est qu'un immense succès lui était réservé. Platon la reprendra dans le Timée, Aristote la défendra énergiquement et trouvera même le moyen de la justifier par des raisons *a priori*. Inutile d'ajouter que la sanction d'Aristote lui vaudra de régner en maîtresse souveraine durant tout le moyen âge, malgré les contestations de quelques alchimistes. Bref, elle ne disparaîtra définitivement que par la naissance de la chimie, à la fin du XVIIIme siècle. Et encore la chimie viendra, en lui donnant le dernier coup, apporter peut-être la justification la plus sérieuse qu'elle ait jamais eue, car elle se fondera en somme sur une idée analogue, sauf qu'au lieu de quatre éléments primordiaux, elle en admettra un plus grand nombre.

Tandis qu'Empédocle publiait le premier la conception des quatre éléments, Leucippe, puis surtout Démocrite, à Abdère, élaboraient, sur la constitution des choses, des idées tout-à-fait nouvelles, et qui devaient aussi jouer dans la science un rôle capital. J'ai déjà dit que, partant du mouvement comme fait indéniable, ils affirmaient l'existence du vide, de l'espace pur, en opposition aux Éléates. La matière qu'ils placent au sein de cet espace vide se compose d'assemblages d'atomes. C'est la première fois qu'apparaît cette notion d'atome ; il importe de préciser ce qu'elle était pour Leucippe et Démocrite. En un mot, ils construisent leur atome avec toutes les qualités dont Parménide affuble l'Être ; c'est dire qu'il est un, éternel, insécable, imperméable, plein, continu, étendu ; ils ajoutent purement et simplement le mouvement. La matière dont ils sont tous formés est une, homogène et les atomes ne se distinguent que par leur forme. Démocrite semble avoir admis en outre des différences en grandeur, et peut-être en poids. Sur ce dernier point l'accord des commentateurs est loin d'être parfait, — même quand les uns et les autres se reportent au même passage d'Aristote. — Aussi, malgré l'affirmation catégorique de Zeller, suivant laquelle les atomes de Démocrite ont le même poids spécifique, c'est-à-dire le même poids pour la même grandeur, et par conséquent ont des poids variables, je crois prudent de suspendre à cet égard notre jugement. Cela d'ailleurs ne change rien pour nous au caractère essentiel des atomes de Démocrite, à savoir leur identité qualitative, et le fait qu'ils ne se distinguent que par des différences de quantité.

La conception de Leucippe et de Démocrite se posait en somme comme la conciliation des deux ordres d'idées que Parménide séparait au nom de la vérité et de l'opinion. D'une part en effet elle adoptait complètement sa notion de l'Être ; mais d'autre part elle donnait satisfaction aux sens, en multipliant indéfiniment les Êtres et leur donnant le mouvement. Elle répondait aussi jusqu'à un certain point aux idées pythagoriciennes, puisqu'elle faisait de chaque corps un nombre déterminé d'atomes. Mais en tous cas elle ne se confondait avec aucune conception formulée jusque-là. Elle se présentait avec une originalité incontestable.

L'atomisme de Leucippe et de Démocrite devait subir bien des modifications, mais il avait jeté, pour toujours peut-être, un ordre d'idées spécial dans les spéculations de la philosophie et de la science.

Platon, dans le Timée, s'y rattachera dans certaines limites par ses atomes à forme géométrique. Aristote le combattra sous toutes ses formes. Mais il reparaîtra avec Épicure et sera chanté par Lucrèce. — Plus tard, quand Descartes reprendra, pour former la matière, l'être étendu et continu des Éléates remplissant l'espace, Gassendi et après lui les Newtoniens, du XVIIme siècle jusqu'à Voltaire, en antithèse au Cartésianisme, reviendront au vide et aux atomes. Enfin, vous le savez, la science du XIXme siècle saura fonder ses théories les plus savantes sur ces éléments, ces masses irréductibles, dont la première idée remonte à Leucippe.

Mais ce serait une erreur de mesurer le succès des conceptions atomistes au nombre des savants ou des théories qui acceptent les atomes comme éléments fondamentaux.

Il y avait dans les idées de Leucippe et de Démocrite quelque chose qui dépassait en importance ce fait du vide et des atomes, au point qu'on peut voir en eux des précurseurs de la physique cartésienne, dont le premier souci est de les nier. La physique des Atomistes est en effet idéalement mécanique et géométrique. La forme, la figure dans l'espace, et le mouvement par choc, par impulsion, voilà les seules qualités essentielles des atomes. Comme Descartes, plus tard, Démocrite ne construit-il pas le monde avec de la géométrie et du mouvement? De ce point de vue, l'École d'Abdère prend une importance capitale. Si elle doit être combattue par Aristote et sembler vaincue durant tout le moyen âge, qu'on ne croie pas que ce soit par la négation du vide et des atomes. Les idées devant lesquelles elle cèdera, pour disparaître durant de longs siècles, sont celles qui créeront autant de substances que de qualités distinctes, et substitueront au mouvement mécanique des transformations dynamiques de qualités. Et la preuve, c'est que l'influence heureuse du mécanisme de Démocrite renaîtra avec Descartes qui affirmera le plein avec autant d'énergie qu'Aristote. C'est ainsi que la physique moderne, dont l'esprit dérive de celle de Descartes, peut même, abstraction faite de la considération des atomes, se rattacher sans crainte aux physiciens d'Abdère.

J'ai gardé pour la dernière la théorie d'Anaxagore. Ce qui la distingue surtout des deux précédentes, c'est que nous n'y voyons plus une conception que la science se soit appropriée pendant certaines périodes, comme celle d'Empédocle, ou qui ait été périodiquement reprise et abandonnée, comme celle des Atomistes. Et c'est peut-être là une des raisons pour lesquelles elle n'avait pas été suffisamment comprise jusqu'à ces dernières années. Vous allez voir cependant qu'elle a son intérêt. La matière, pour Anaxagore, est un mélange d'éléments en nombre indéterminé, et dont tous les corps participent plus ou moins. Mais ces éléments ne sont pas, comme l'a cru Aristote, des corpuscules, ce qui en somme ferait ressembler la théorie d'Anaxagore à l'atomisme. Ce sont des choses dont la définition n'est pas présentée avec beaucoup de précision par Anaxagore, mais qu'on peut assez bien rapprocher de ce que nous appelons *qualités*, en leur ôtant évidemment le degré d'abstraction que ce terme implique pour nous. Telles sont le chaud, le froid, le sec, l'humide, le dense, le léger, etc. La matière est divisible à l'infini, elle n'est pas un nombre de monades au sein de l'ἄπειρον, comme le supposaient les Pythagoriciens ; elle n'est pas un groupement d'atomes, comme vont le dire les Atomistes, elle est continue comme le voulaient les Éléates : il n'y a pas de minimum insécable. Mais

cette multitude indéfinie d'éléments dont elle est un mélange ne fait-elle pas cependant des corps des composés multiples ? et Anaxagore ne fait-il pas par-là reparaître la multiplicité pythagoricienne en opposition à l'un des Éléates ? Nullement, la division illimitée de la matière ne parviendrait jamais à séparer ces éléments, ces qualités, pouvons-nous dire. Si petites que soient les portions d'un corps, elles présentent au même titre que lui le mélange de toutes les qualités, dans les proportions où le corps y participe. Voilà le côté vraiment original de la théorie d'Anaxagore. —
« En tout il y a une part de tout, dit-il, sauf du *Nous*....
» Les autres choses participent de tout. Il n'y a
» pourtant aucune chose semblable à aucune autre,
» chacune est pour l'apparence ce dont elle contient le
» plus. Les choses qui sont dans le monde unique ne
» sont pas isolées ; il n'y a pas eu un coup de hache
» pour retrancher le chaud du froid ou le froid du
» chaud.... Par rapport au petit, il n'y a pas de
» minimum, mais il y a toujours un plus petit, car il
» n'est pas possible que l'être soit anéanti par la
» division. De même, par rapport au grand, il y a
» toujours un plus grand, et *il est égal au petit en*
» *pluralité*.... Comme il y a, en pluralité, égalité
» de sort entre le grand et le petit, il peut de la sorte
» y avoir de tout en tout, et rien ne peut être isolé,
» mais tout participe de tout. Puisqu'il n'y a pas de
» minimum, il ne peut être isolé et exister à part soi ;
» mais encore maintenant, comme au commencement,

» toutes choses sont confondues. En tout il y a plura-
» lité et dans le plus grand et dans le moindre, toujours
» égalité de pluralité des choses distinctes. » (¹)

Vous voyez comment cette théorie cherchait à concilier le dogme ionien de l'unité de matière, ainsi que l'unité des Eléates avec la pluralité des phénomènes sensibles, des qualités des choses.

Cette conception n'étonne pas d'ailleurs chez Anaxagore, dont nous avons déjà, à propos de la propagation indéfinie du mouvement, constaté l'esprit géométrique. L'illimité en petitesse lui semble aussi normal que l'illimité en grandeur ; d'autre part chaque chose est fonction variable des mêmes éléments. — Introduisez l'intensité de ces éléments (chaud, sec, humide), mesurable en quantité ; ajoutez la notion mathématique de la valeur en un point de matière de telle et telle qualité ; de la sommation des valeurs d'une même qualité pour les divers poids d'un corps, tirez la notion de la valeur de cette qualité pour l'ensemble du corps : vous aurez une conception de la matière impliquée en somme dans les rudiments grossiers d'Anaxagore, et qui pourra recevoir l'application des mathématiques, au même titre peut-être que les théories modernes. « Il est clair, dit M. Tannery, dont je vous résume ici la manière de voir, qu'une pareille conception se prêtera à tous les calculs mathé-

---

(¹) Cf. Tannery, Sc. hellène, p. 302 et 303.

matiques, à toutes les combinaisons logiques nécessaires pour l'explication des phénomènes. » — Et de fait, observe M. Tannery, la théorie d'Anaxagore se trouve complétée et portée à ce degré de précision qui peut en faire véritablement une théorie scientifique, dans l'œuvre de Kant qui a pour titre : *Metaphysichen Anfangsgründe der Naturwissenschaft.* Vous pourrez, si cela vous intéresse, vous reporter à la traduction qu'en ont donnée récemment MM. Andler et Chavannes. — J'ai voulu seulement vous faire comprendre l'importance de la conception d'Anaxagore, qui, jusqu'à M. Tannery, se réduisait d'après Aristote à cette idée, que toutes choses sont homéomères, c'est-à-dire formées de parties semblables, comme l'os et la chair, par exemple.

J'arrêterai là mon exposé de la physique grecque au VIme et au Vme siècles. — Je n'ai pas besoin de vous dire qu'il est fort succinct et que je me suis borné aux idées que j'ai jugées essentielles. Il me semble que cela peut suffire pour vous montrer l'importance des problèmes agités par les premiers physiciens grecs, et en même temps des solutions qu'ils apportent. Dans ce chaos d'opinions si contradictoires, qu'on était habitué à nous montrer depuis Aristote, nous avons trouvé des notions essentielles à la marche de la science, des théories qui pour longtemps pourront servir de fondement aux explications scientifiques, et peut-être vous ai-je fait sentir, c'est ce que je voulais surtout, à quel point il est juste de voir dans ces penseurs en apparence si étranges les véritables fondateurs de notre science (¹).

J'aurais pu faire entrer comme eux, dans l'ensemble de leurs recherches cosmologiques, leurs travaux en astronomie. J'ai mieux aimé, pour être plus clair, réserver ce sujet. Du reste, l'astronomie grecque ne commencera véritablement qu'avec Hipparque, et j'aurai bientôt fait de résumer ce que nous savons de l'œuvre astronomique des premiers Grecs.

LES COMMENCEMENTS DE L'ASTRONOMIE GRECQUE.

Les observations font défaut chez les Grecs; nous

(¹) Pour ne pas interrompre la suite des idées, j'ai négligé souvent de donner des indications biographiques sur les savants dont j'ai parlé. Mais en verité nous avons sur la plupart des renseignements très vagues, et, en dehors des indications générales que j'ai données dans ma deuxième leçon, nous sommes réduits pour chacun d'eux à quelques détails que l'on trouvera partout. Un point seulement me semble devoir être signalé, c'est qu'Anaxagore, de Clazomène, vint à Athènes vers le milieu du Vme siècle et s'y fixa. C'est là un fait essentiel pour nous.— Depuis que l'Ionie expire, que ses savants sont disséminés et éparpillés aux confins du monde grec, de part et d'autre du continent, il est aisé de pressentir pour bientôt la concentration de toutes les ressources de l'esprit hellène sur le continent lui-même. Anaxagore est le premier qu'attire à Athènes la gloire de la cité de Cecrops. — En même temps, son nom évoque, dans l'histoire de la

ne devons pas nous attendre à trouver chez eux rien qui ressemble à ces registres d'observations astronomiques qui, chez les Chaldéens, par exemple, remontaient à une si haute antiquité. Mais l'esprit scientifique des Hellènes n'attendit pas que la conquête d'Alexandre mît ces trésors en leur possession pour se donner carrière, et, dès les premiers penseurs ioniens, les problèmes astronomiques de la forme de la terre, des distances des astres, de la raison des éclipses et des phases de la lune, et enfin d'une explication de tous les mouvements observés dans le ciel, ces problèmes furent posés et reçurent des solutions plus ou moins grossières.

---

science, le souvenir de la première persécution faite au nom de la religion. Anaxagore qui fut un savant intègre, sincère, et dont les idées scientifiques ne sont pas plus révolutionnaires que celles des Ioniens ou des Éléates, dut payer de la prison, à Athènes, l'audace de penser en dehors des traditions religieuses. Cet exemple ne montre-t-il pas à quel point il était juste de voir dans l'état d'esprit ionien une circonstance favorable à l'éclosion de la méditation scientifique indépendante ? Même sur le sol grec, l'esprit théocratique eût peut-être été suffisant pour l'étouffer dans son germe. A la fin du Vme siècle, le germe s'est développé : à Milet, à Éphèse, à Elée, en Grande Grèce, la pensée scientifique a pris une telle puissance que rien désormais ne saurait en arrêter l'expansion. Des exemples tels que celui d'Anaxagore seront nombreux dans la suite des siècles, mais l'élan est donné pour toujours et aucun obstacle ne saura empêcher la raison humaine d'affirmer un jour définitivement ses droits !

Thalès, chez qui il est difficile de distinguer ce qui lui appartient en propre et ce qu'il emprunte aux Égyptiens, se représente encore la terre comme un disque plat, et, à sa suite, Anaximandre, Anaximène, et jusqu'à Anaxagore, tous les Ioniens adoptent cette naïve conception. Seulement, tandis que pour Thalès, le disque repose sur l'eau, origine du monde, de sorte que les astres ne continuent pas leur course au-dessous de l'horizon, mais sans doute contournent latéralement le disque, Anaximandre, suivant le témoignage d'Eudème, isole la terre et la place au centre du monde. Ce monde pour lui est une sphère. La tradition qui lui attribue l'honneur d'avoir le premier tenté l'esquisse d'une mappemonde laisse également supposer qu'il dut s'occuper de la construction d'une sphère matérielle sur laquelle étaient indiquées les principales constellations [1].

Thalès n'avait pas soulevé la question de l'inégale distance à la terre des corps célestes. Anaximandre place la voie lactée, la lune et le soleil dans trois anneaux entourant le monde, disposés à des distances inégales et comprenant, entre eux et la terre, les étoiles fixes. — Anaximène fit un pas de plus : il distingua d'abord des étoiles fixes outre le soleil et la lune, les cinq planètes, et les plaça dans un tourbillon flottant dans l'ordre suivant à partir de la terre : lune, soleil, pla-

---

[1] Cf. P. Tannery, p. 84.

nètes. Enfin et surtout, au-delà de ce tourbillon, il conçut une sphère solide portant les étoiles fixes, comme des clous qui seraient plantés à sa surface.

On s'est demandé si ces idées ne sont pas d'origine chaldéenne, les documents manquent pour décider. En tous cas, elles constituent un progrès sérieux. La sphère solide, fixe, tournant autour de la terre, comme un bonnet autour de la tête, suivant l'expression d'un commentateur, c'est une vue grossière sans doute, mais qui explique assez clairement déjà les faits essentiels. Du reste, vous le savez, cette conception d'Anaximène était destinée à un long triomphe. On peut dire qu'à part quelques exceptions isolées et rapprochées justement du Milésien, ce fut désormais la seule admise tant que l'on crut au mouvement simultané de toutes les étoiles autour de la terre, c'est-à-dire en somme jusqu'à Copernic.

Ce n'est pas là d'ailleurs le seul titre de gloire d'Anaximène en astronomie. Avant lui, soit parmi les Grecs, soit parmi les Orientaux, on avait émis cette opinion que le soleil et la lune ont une face lumineuse et une face obscure. On en tirait une explication grossière des éclipses et des phases de lune. Anaximène le premier, d'après le témoignage de la plupart des doxographes, pensa qu'outre les astres ignés, il y a, flottant au sein de la sphère, des astres obscurs. En même temps les Pythagoriciens enseignaient de leur côté que la lune a une face obscure et une face éclairée, mais que celle-ci est toujours tournée vers le soleil. De ces idées à celle que la lune reçoit sa lumière du soleil, et à pressentir au moins l'explication des éclipses de soleil et de lune, il n'y avait qu'un pas : il fut franchi par Anaxagore. Celui-ci déclara que la lumière de la lune est empruntée, et jeta ainsi les premiers fondements de la théorie des éclipses, et de celle des phases de la lune, — théories que n'auront plus qu'à fixer dans leurs grandes lignes Eudoxe de Cnide, puis et surtout Aristarque de Samos (à la fin du IVme siècle).

Mais, en somme, il s'agissait bien plutôt, dans ces tâtonnements des Ioniens et même d'Anaxagore, de cosmologie et de physique que d'astronomie. C'est avec Pythagore que la science des astres devient véritablement une science mathématique, et c'est là assurément la révolution la plus importante qu'il y ait lieu de mentionner entre Thalès et Hipparque.

Pythagore fit de l'astronomie une branche de la science géométrique, sous le nom de *sphérique*. Le premier, il sut affirmer d'abord que la terre est sphérique ; le premier aussi, il déclara que le mouvement des planètes résulte de la combinaison du mouvement diurne et d'un mouvement propre d'Occident en Orient, en sens inverse du précédent, et il livra aux mathématiciens ce problème dont la solution n'a cessé d'être poursuivie jusqu'aux temps modernes, de chercher à expliquer tous les mouvements des corps du système solaire par des combinaisons de mouvements circulaires. Lui-même, il imagina, outre la sphère des fixes, sept autres sphères mobiles entraînant chacune l'un des sept astres : soleil, lune, et les cinq planètes connues à cette époque. Les centres de ces sphères ne coïncidaient pas tout-à-fait avec celui de la sphère des fixes, ils en étaient plus ou moins éloignés ; les axes de rotation étaient de même inclinés sur l'axe du monde. Les Pythagoriciens cherchaient à expliquer ainsi l'inclinaison des orbites sur l'équateur et les anomalies du mouvement des astres errants, principalement celles du mouvement solaire : ils savaient que le soleil ne décrit pas en des temps égaux les quatre arcs de l'écliptique qui séparent les solstices et les équinoxes.

Eudoxe de Cnide reprit la solution pythagoricienne du problème des sphères et crut devoir en ajouter un certain nombre. Ainsi il donna trois sphères rien qu'au soleil, l'une tournant d'Orient en Occident en 24 heures ; la seconde tournant d'Occident en Orient en 365 jours 1/4 ; la troisième expliquant un mouvement très lent, obscurément indiqué. La lune avait de même trois sphères, chaque planète en avait quatre. — Si compliquées que fussent ces conceptions si grossières, elles étaient le premier pas vers celles de Ptolémée.

Les Pythagoriciens ont-ils vraiment songé à doter la terre d'un mouvement de rotation sur elle-même et d'un mouvement annuel de translation ?

Sur le second mouvement aucun texte sérieux ne nous apporte quelque argument décisif. Mais, quant au mouvement de rotation de la terre autour de son axe, il est difficile de douter que les Pythagoriciens y ont cru. « Les Pythagoriciens, dit Aristote, soutien-» nent que la terre produit, en tournant sur elle-même, » la nuit et le jour. » — Et je ne crois pas que cette affirmation si catégorique et si claire ait été sérieusement contestée. Malheureusement pour la science astronomique, Aristote proclama l'immobilité de la terre ; son adhésion à l'idée de Pythagore n'eût pas empêché peut-être le système de Ptolémée de se former et de parcourir sans doute quelque carrière appréciable, mais du moins nous n'eussions pas attendu Copernic et Galilée pour voir se constituer l'astronomie moderne.

J'en aurai fini avec ce résumé des commencements de l'astronomie grecque, quand j'aurai dit enfin qu'à l'exemple des Orientaux et des Égyptiens, les Grecs se préoccupèrent de leur calendrier. — Le calendrier primitif était lunaire. L'année se composait d'un certain nombre de lunaisons, comme chez les Chaldéens, et comme chez tous les peuples qui règlent d'abord le temps d'après le mouvement de la lune. La nécessité s'imposa bientôt à eux de chercher quelqu'unes de ces périodes, appelées cycles, au bout desquelles le soleil et la lune sont ramenés aux mêmes positions relatives par rapport à la terre. Ce fut le géomètre athénien Meton qui trouva le cycle de 19 années solaires, comprenant 6940 jours répartis entre 235 lunaisons (7 années de 13 mois, 12 années de 12 mois).

Voilà, à nous borner aux VIme et Vme siècles, les traits essentiels de l'astronomie grecque.

LIVRE QUATRIÈME

L'ŒUVRE DES PREMIERS MATHÉMATICIENS GRECS

HUITIÈME LEÇON

L'ŒUVRE DES PREMIERS MATHÉMATICIENS GRECS

ARITHMÉTIQUE DES PYTHAGORICIENS. — LES PREMIERS GÉOMÈTRES : THALÈS ET PYTHAGORE. — DE LA PART DES PYTHAGORICIENS DANS LES ÉLÉMENTS D'EUCLIDE.

Je veux vous entretenir aujourd'hui des premiers travaux des Grecs en Mathématiques ([1]).

Nous distinguerons naturellement deux ordres d'idées : l'arithmétique et la géométrie.

Commençons par l'arithmétique.

Nous savons positivement, d'après un certain nombre de témoignages de l'antiquité, que l'école de Pythagore sépara en deux parties ce que nous nommons aujourd'hui la science arithmétique ; elle appela *logistique* la partie pratique, et *arithmétique* (le mot était employé pour la première fois) l'ensemble des études

---

([1]) J'ai particulièrement utilisé pour cette leçon le chapitre de Cantor (Vorlesungen) sur l'Arithmétique des Pythagoriciens, la notice de M. Tannery sur l'Arithmétique pythagoricienne, à la fin de son ouvrage « pour la science hellène », et le livre de M. Tannery sur la Géométrie grecque.

théoriques sur les nombres ; tout comme la géométrie se divisa en *géodésie* et en *géométrie* proprement dite.

Il nous est difficile de désigner avec exactitude ce qui composait la logistique. Nous n'avons, pour nous renseigner à ce sujet, que deux fragments, l'un de Géminus, du Ier siècle de notre ère, cité par Proclus; l'autre d'Anatolius, qui vivait au IIIme siècle et fut peut-être le professeur de Jamblique. La logistique serait l'ensemble des opérations de calcul proprement dit, puis d'une série de problèmes utiles dans les relations de la vie et dans les affaires, et à peu près semblables à ceux que nous avons trouvés dans le papyrus de Rhind ([1]). (Il est question, par exemple, de problèmes sur des nombres *mélites* et *phialites*, comme dit le texte d'Anatolius, c'est-à-dire sur des nombres de moutons ou de pommes — μῆλον a les deux sens, — et sur des nombres de fioles). Un mot est particulièrement à remarquer dans le fragment d'Anatolius, il y est fait allusion aux méthodes *helléniques* et *égyptiennes*, pour les multiplications et divisions. Le déchiffrement du papyrus de Rhind nous permet de deviner le sens de ces mots. Vous vous en souvenez, les Égyptiens, en fait de multiplications, n'effectuaient directement que la duplication, la multiplication par 2,

---

([1]) Le papyrus grec d'Akhmim, dont il a été fait mention dans la troisième leçon, vient encore confirmer cette hypothèse sur le contenu de la logistique grecque.

et, en fait de divisions, se contentaient de former les multiples successifs de l'un des nombres jusqu'à atteindre ou dépasser l'autre. Très probablement les Grecs auront su de bonne heure trouver des procédés plus simples, analogues aux nôtres, pour effectuer les deux opérations, d'où la distinction de la méthode égyptienne et de la méthode hellénique. Et vous voyez par-là, disons-le en passant, que leur esprit mathématique sut s'appliquer même aux méthodes de calcul. Mais certainement ce ne fut pas de ce côté que se manifesta le mieux leur puissante originalité.

Les Pythagoriciens, ai-je dit, créèrent un mot nouveau, *arithmétique*, pour l'étude abstraite des nombres. En quoi consiste pour eux cette étude? Quelles questions firent-ils entrer dans le cadre de l'arithmétique? — Il n'est pas aisé de répondre avec beaucoup de précision. Nous n'avons des premiers Pythagoriciens aucun écrit qui puisse nous éclairer. Quelques passages du fameux dialogue de Platon où l'auteur fait parler un Pythagoricien, Timée de Locres, quelques allusions d'Aristote, puis le petit traité de Nicomaque (Ier siècle de notre ère) « l'Introduction arithmétique », l'ouvrage de Théon de Smyrne (IIme siècle), intitulé : « ce qui, en Mathématiques, est utile pour la lecture de Platon ([1]) », enfin un fragment

---

([1]) M. Dupuis en a publié récemment la traduction française. (Hachette, 92.)

de Speusippe, neveu de Platon, conservé au milieu d'une compilation anonyme du IVme siècle : voilà à peu près tout ce qui peut servir à donner une idée bien sommaire d'ailleurs de l'arithmétique des Pythagoriciens. Il existe bien un traité complet que vous connaissez tous de nom, les Éléments d'Euclide, du IIme siècle avant l'ère chrétienne, où il serait naturel de chercher quelques indications sur le sujet qui nous occupe. Trois livres d'Euclide, les livres VII, VIII et IX, n'ont trait en effet qu'à l'arithmétique. C'est là le type le plus ancien d'un traité systématique et théorique sur les propriétés des nombres. Toutes les démonstrations se font, il est vrai, avec l'appareil géométrique; les nombres, nombres entiers, sont représentés par des longueurs, et c'est sur des figures qu'on raisonne, mais, abstraction faite du mode de démonstration, nous avons là un véritable traité d'arithmétique ancienne. Nous pourrions nous demander, comme nous le ferons dans un instant pour la géométrie, si ce traité qui se présente d'une façon si achevée ne doit pas remonter au-delà d'Euclide, jusqu'aux VIme et Vme siècles. Mais les sources que j'ai énumérées tout-à-l'heure, si elles ne nous font pas reconstruire avec précision l'arithmétique pythagoricienne, nous permettent du moins de lui reconnaître un esprit différent de celui de l'arithmétique euclidienne. De part et d'autre l'intuition géométrique se mêle aux considérations de nombres; seulement chez Euclide c'est la géométrie qui joue le principal rôle, et les figures géométriques sont formées de lignes proprement dites; la tradition relative à l'arithmétique pythagoricienne nous montre, au contraire, des figures géométriques se présentant comme ensemble de points. Les lignes sont ici des files d'unités-points; une série de ces lignes pourra former, par exemple, un triangle; une série de triangles superposés pourra former une pyramide, etc. C'est l'étendue qui se résout en unités, de façon à correspondre au nombre, et qui devient une sorte d'étendue-nombre, tandis que chez Euclide la pensée est essentiellement géométrique : on n'obtient des propositions d'arithmétique qu'en appliquant les résultats géométriques généraux des démonstrations au cas où les longueurs seraient mesurées par des nombres entiers ; les propriétés des nombres ne se voient qu'à travers des propriétés géométriques.— En dehors de cette distinction générale, les Pythagoriciens se sont certainement préoccupés de quelques questions, dont nous ne trouvons pas trace chez Euclide, et inversement. — Si on voulait absolument rattacher l'arithmétique d'Euclide à des travaux antérieurs, ce ne pourrait être qu'à des travaux ayant vu le jour entre Platon et Euclide, et qui auraient créé un courant arithmétique distinct du courant pythagoricien. Il est assez curieux d'ailleurs que le courant nouveau n'ait pas mis fin à l'ancien; la tradition pythagoricienne s'est poursuivie de son côté jusque dans Nicomaque, Théon de Smyrne et même jusqu'au IVme siècle de notre ère.

Abstraction faite des rêveries mystiques sur les

nombres, qu'il faut bien attribuer dans une certaine mesure aux Pythagoriciens, et dont je ne parlerai pas parce qu'il me paraît très difficile de dire exactement ce qu'il faut faire remonter jusqu'à eux, abordons enfin les questions arithmétiques que leur attribue la tradition.

Ils ont étudié les séries formées : 1° par les nombres entiers consécutifs ; 2° par les nombres impairs ; 3° par les nombres pairs, et ils ont établi que l'on a :

$$1 + 2 + 3 + \ldots + n = \frac{n(n+1)}{2}$$

$$1 + 3 + 5 + \ldots + 2n - 1 = n^2$$

$$2 + 4 + 6 + \ldots + 2n = n(n+1).$$

Les nombres obtenus par sommation des nombres entiers consécutifs étaient appelés par eux *nombres triangulaires,* les sommes des nombres impairs étaient tout naturellement appelées *carrés,* les sommes des nombres pairs étaient enfin les nombres *hétéromèques.*

En dehors des témoignages que nous fournissent à ce sujet Théon de Smyrne et Speusippe, un mot d'Aristote est assez significatif. Parmi les dix oppositions essentielles auxquelles, d'après lui, les Pythagoriciens ramenaient la distinction de toutes choses, il nomme l'impair et le pair, puis, plus loin, le *carré* et l'*hétéromèque,* faisant se correspondre l'impair et le carré, le pair et l'hétéromèque. Ajoutons que, dans le même chapitre des catégories, Aristote parle de la génération du carré, suivant les Pythagoriciens, par l'addition du nombre impair $2n + 1$ au carré n^2. Ce n'est pas tout-à-fait sous cette forme qu'il le dit; voici, en effet, exactement ses expressions : Quand on entoure un carré d'un *gnomon,* on a encore un carré. Arrêtons-nous un instant sur l'interprétation de ce passage. Le gnomon des Pythagoriciens est la figure coudée à angle droit, telle que A B C, qui reste quand on en supprime un carré plus petit.

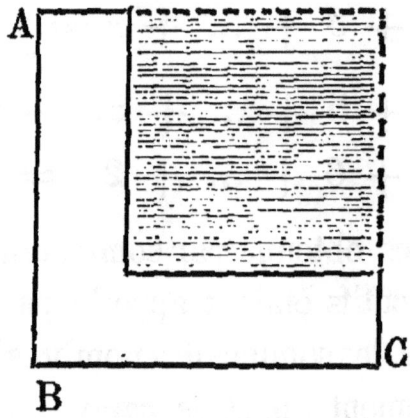

Philolaüs y fait allusion dans un de ses fragments, ce qui pour nous est la preuve que cette notion remonte bien vraiment aux Pythagoriciens. Plus tard le sens en fut modifié et généralisé. Dans Euclide le gnomon est ce qui reste d'un parallélogramme dont on a supprimé un parallélogramme semblable; et dans Héron d'Alexandrie le gnomon est défini : « tout ce qui, ajouté à un nombre ou à une figure, donne un tout semblable à ce à quoi il a été ajouté. » Cette définition conserve seulement la propriété essentielle du gnomon pythagoricien, celle à laquelle Philolaüs et Aristote ont plusieurs fois fait allusion, à savoir de changer la grandeur, mais non pas l'espèce de la figure autour de laquelle on la dispose.

Eh bien, il est aisé maintenant de comprendre que la phrase d'Aristote relative à la formation des carrés par les gnomons revient purement et simplement à la formation d'un carré par l'addition à n^2 du nombre impair $2n + 1$. — 1 représente le 1er carré, la figure en est *un point*. Le carré suivant 2^2 ou 4 s'obtiendra en entourant ce point d'un gnomon formé de 3 points. Le carré suivant, 3^2 ou 9, s'obtient ensuite en entourant le précédent d'un gnomon formé de 5 points, et ainsi de suite.....

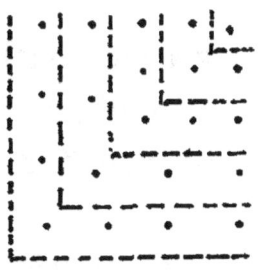

Nous trouvons donc dans la phrase d'Aristote la preuve incontestable que les Pythagoriciens ont bien sommé les nombres impairs successifs $1 + 3 + 5 + \ldots$ En même temps nous sommes éclairés sur leur façon de procéder, et pouvons nous laisser guider par cet exemple dans l'interprétation des deux autres faits : formation des nombres triangulaires et des nombres hétéromèques. La solution pythagoricienne ressort évidemment des figures suivantes où, d'une part, les triangles représentent les sommes 1, $1 + 2$, $1 + 2 + 3$, $1 + 2 + 3 + 4$,..... et où, d'autre part, le triangle dont la base a n points apparaît comme la moitié du rectangle de n (n + 1) points :

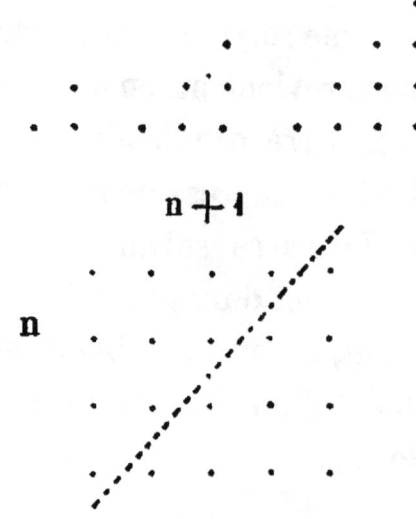

C'est à peine s'il y a lieu de faire remarquer ensuite que les nombres hétéromèques sont les doubles des nombres triangulaires, 2, 4, 6, 8,..... étant les doubles de 1, 2, 3, 4,.......

Les Pythagoriciens ont très probablement aussi considéré les nombres pyramidaux, sommes de nombres triangulaires successifs, et par conséquent nombres de points contenus dans des figures pyramidales. Mais nous n'avons pas à cet égard des renseignements assez précis. Ce que l'on peut citer de plus net, est ce mot de Speusippe, que 4 est le premier nombre pyramidal. C'est la somme des deux premiers nombres triangulaires 1 et 3.

Les Pythagoriciens distinguaient déjà les nombres plans et solides : ces expressions reviennent assez souvent chez les auteurs qui reproduisent la tradition pythagoricienne; Euclide en donne la définition au commencement du VIIme livre. Quand deux nombres, dit-il, se multipliant, font un nombre, celui-ci se nomme *plan* (ἐπίπεδος). Quand trois nombres se multipliant font un nombre, celui-ci se nomme *solide* (στερεός). Que ces distinctions remontent bien aux Pythagoriciens, c'est ce qui résulte d'un passage du Timée, où il est dit qu'avec deux plans on peut former une progression géométrique, dont ils soient les termes extrêmes, en introduisant simplement un troisième plan comme moyen géométrique; tandis que pour former avec deux solides une progression géométrique, il faut introduire deux moyens; avec un seul ce serait impossible. Ce passage, qui a exercé la sagacité de pas mal de commentateurs, n'a de sens que si on voit dans ces plans et ces solides des ***nombres plans*** et des ***nombres solides***, répondant à la définition qu'en donne Euclide. Et avec cette interprétation, l'explication est assez claire : soient $a\,b$, $a'\,b'$ deux nombres plans, — a, b, a', b', sont des nombres *linéaires* (nous dirions aujourd'hui *premiers*); et supposons qu'aucun des nombres a, b, ne soit égal à l'un des nombres a', b'. Un troisième nombre x permettant de former avec ceux-là, comme moyen, une progression géométrique doit être égal à $\sqrt{a\,b \times a'\,b'}$. Il faut et il suffit, pour que ce nombre soit entier et plan, que a et b soient égaux, ainsi qu'a' et b'; on peut alors former à l'aide des nombres plans, a^2 et a'^2, une proportion où le nombre plan $a\,a'$ soit le terme moyen.

Prenons, au contraire, deux nombres solides $a\,b\,c$, $a'\,b'\,c'$ avec les mêmes hypothèses sur les facteurs qui les composent. La moyenne géométrique devrait être $\sqrt{a\,b\,c \times a'\,b'\,c'}$. Or, a, b, c étant supposés distincts de a', b', c', il est impossible de choisir les nombres solides de telle manière que le produit soit le carré d'un nombre solide. Il faut alors avoir recours à deux moyens, et cette fois, entre $a\,b\,c$ et $a'\,b'\,c'$, on pourra facilement choisir deux nombres solides satisfaisant à la question, c'est-à-dire en somme, donnant le même produit.

Exemple : $a\,b\,c'$, $a'\,b'\,c$.

Si les nombres solides sont des cubes a^3 et a'^3,

$$a^2\,a' \text{ et } a\,a'^2,$$

ou encore, dans l'ordre inverse,

$$a\,a'^2 \text{ et } a^2\,a',$$

satisferont à la question.

Euclide démontre précisément qu'entre deux nombres carrés on peut insérer un moyen, et entre deux cubes deux moyens proportionnels, et Nicomaque parlant de ces deux théorèmes d'Euclide les nomme *platoniciens*. Il fait donc allusion à ce passage du Timée qui, par conséquent, trouve bien dans cette interprétation son véritable sens ([1]). Et, d'autre part, à

([1]) C'est à propos de la forme des corpuscules élémentaires des corps que se trouve amenée l'assertion mathématique de Platon. Son but est de montrer la nécessité de *quatre espèces* de ces corpuscules et non pas de trois seulement. Trois ne

cause du caractère pythagoricien de Timée de Locres, les considérations qui précèdent peuvent être mises sur le compte des Pythagoriciens.

Or, elles sont alors fort instructives. En dehors de l'intérêt qui s'attache aux nombres plans et solides, elles témoignent de deux choses fort importantes :
A. Les Pythagoriciens ont étudié les proportions. —
B. Ils ont connu l'existence des irrationnelles ; ils ont su que la racine carrée d'un nombre ne peut pas toujours s'exprimer par un nombre. —Arrêtons-nous un instant sur ces deux points fondamentaux.

A. — Les arithméticiens grecs dont il nous reste quelques écrits s'occupent tous de ce qu'ils appellent *analogies* ou *médiétés*. Ce sont des groupes de trois nombres a, b, m, tels que le rapport de deux différences

---

suffiraient pas pour que des solides, c'est-à-dire des volumes, s'exprimant, comme les parallélépipèdes rectangles équivalents, à l'aide de trois dimensions, pussent former une proportion géométrique. L'interprétation exposée ci-dessus qui se trouve dans Th. Martin, et qui avait été pressentie déjà par Proclus, Nicomaque, Jamblique et Macrobe, suppose que les dimensions des petits solides sont des nombres premiers. « Quoi de plus naturel, dit Th. Martin, que cette hypo-
» thèse dans les habitudes de Platon ? Il a pensé que les
» formes de ces quatre espèces de corps devaient être celles
» de quatre polyèdres réguliers. Il a dû naturellement sup-
» poser que les volumes de ces *solides par excellence* devaient
» être exprimés par des *nombres solides par excellence*,
» c'est-à-dire que leurs trois dimensions linéaires devaient
» être exprimées par des *nombres linéaires proprement dits.* »

formées avec eux soit égal au rapport de deux d'entre eux. Exemple : $\frac{a-m}{m-c} = \frac{a}{m}$.

En choisissant diversement les différences du premier rapport et les deux termes du second, les anciens étaient amenés à étudier un certain nombre de médiétés. Ainsi Théon de Smyrne en nomme dix. Trois d'entre elles étaient certainement connues des Pythagoriciens; un fragment d'Archytas, conservé par Porphyre, en fait foi. Ce sont les médiétés *arithmétique, géométrique* et *harmonique,* définies par les égalités suivantes :

$$1° \quad \frac{a-m}{m-b} = \frac{a}{a}$$

$$2° \quad \frac{a-m}{m-b} = \frac{a}{m}$$

$$3° \quad \frac{a-m}{m-b} = \frac{a}{b}$$

La 1re donne $2m = a + b$; m est moyen arithmétique entre a et b ;

La 2me peut encore se définir : $\frac{a}{m} = \frac{m}{b}$, m est moyen géométrique entre a et b.

La 3me donne $\frac{2}{m} = \frac{1}{a} + \frac{1}{b}$, m, disons-nous encore aujourd'hui, est moyen harmonique entre a et b.

Le nom d'harmonique donné à cette dernière médiété est à lui seul une marque de son origine pythagoricienne. Un passage de Philolaüs lui-même nous éclaire d'ailleurs là-dessus. Le cube y est appelé *harmonie géométrique,* en ce sens qu'il a 6 faces, 8 sommets, 12 arêtes. 6, 8, 12 forment bien la médiété harmonique :

$$\frac{12-8}{8-6} = \frac{12}{6}$$

Mais en même temps cette explication nous révèle l'origine de la dénomination d'harmonique. Si, en effet au lieu de faire correspondre 1 à la première note de l'octave, on fait correspondre 6 pour n'avoir ensuite que des nombres entiers, c'est 8 qui correspondra à la quarte, au lieu de $\frac{4}{3}$, et 12 à l'octave au lieu de 2. 6, 8, 12, sont essentiellement harmoniques.

Il importe de remarquer que l'étude des proportions chez les Pythagoriciens se fait à l'aide des nombres entiers. Bien que les résultats fournis par de telles proportions puissent s'appliquer, nous le savons bien, à n'importe quelle espèce de quantités proportionnelles, il n'en est pas moins vrai que théoriquement il y a une distance énorme entre une théorie des proportions faite uniquement à l'aide des nombres arithmétiques et la vraie théorie des proportions, celle qui se trouve dans Euclide exposée sur des longueurs, et telle que tout ce qui sera établi sur une proportion $\frac{A}{B} = \frac{C}{D}$ s'appliquera, abstraction faite de savoir si ces rapports sont ou non commensurables ([1]). Mais en tous cas on ne peut nier que la théorie

---

([1]) Voici les définitions fondamentales de la proportionnalité, dans Euclide (Livre V, définitions, trad. Peyrard).

« Une raison est certaine manière d'être de deux grandeurs
» homogènes entre elles, suivant la quantité. Une proportion
» est une identité de raisons. Des grandeurs sont dites avoir
» une raison entre elles lorsque ces grandeurs étant multi-
» pliées peuvent se surpasser mutuellement.

arithmétique des Pythagoriciens ne fût un acheminement vers celle d'Euclide.

B. — En second lieu, ai-je dit, les Pythagoriciens ont connu les irrationnelles. C'est là un fait capital. Nous en avons des preuves incontestables, d'abord par ce passage du Timée que j'ai cité tout-à-l'heure, puis par une affirmation très nette d'Eudème, l'historien des mathématiques, conservée par Proclus. « C'est à Pythagore, dit Eudème, que l'on doit la découverte des irrationnelles. » — Nous pouvons aller plus loin et indiquer comment, selon toutes probabilités, Pytha-

---

» Des grandeurs sont dites être en même raison, la pre-
» mière à la seconde, et la troisième à la quatrième, lorsque
» des équimultiples quelconques de la première et de la troi-
» sième, et d'autres équimultiples quelconques de la seconde
» et de la quatrième sont tels que les premiers équimultiples
» surpassent, chacun à chacun, les seconds équimultiples,
» ou leur sont égaux à la fois, ou inférieurs à la fois. »

En d'autres termes, a et b seront proportionnels à c et d, si, quels que soient les multiplicateurs entiers m et m', les mêmes signes d'inégalité ou d'égalité doivent être pris simultanément dans les relations que voici :

$$m\,a \gtreqless m'\,b \qquad m\,c \gtreqless m'\,d.$$

Cette définition, d'une entière clarté, qui supprime toute difficulté relative aux incommensurables, sert de base à la théorie de la similitude qu'Euclide expose dans le livre V.

gore y fut amené. Il savait que le carré de l'hypoténuse d'un triangle rectangle est égal à la somme des carrés des côtés de l'angle droit ; il connaissait déjà les nombres 3, 4, 5, qui peuvent être ainsi côtés d'un triangle rectangle. L'idée dut lui venir tout naturellement de chercher d'autres groupes de nombres simples présentant cette remarquable propriété. Un procédé simple, comme l'indique M. Cantor, consistait à se donner des nombres pour les côtés de l'angle droit et à calculer ensuite la longueur de l'hypoténuse. Or, il suffisait de se donner 1 et 1 pour que le calcul de l'hypoténuse posât le problème de l'extraction de la racine carrée de 2. Pythagore dut essayer des nombres fractionnaires compris entre 1 et 2, et, ne réussissant pas à en trouver un dont le carré fût 2, fut conduit à penser qu'il n'en existe pas, enfin il le démontra. Ici ce n'est plus une hypothèse, et nous pouvons même, d'après un témoignage d'Aristote, dire quelle fut sa démonstration. Elle est fondée, d'après le Stagirite, sur ce qu'un même nombre ne saurait être à la fois pair et impair. Or, justement l'une des démonstrations d'Euclide repose sur le même fait ; nous sommes ainsi fondés à faire remonter aux Pythagoriciens cette démonstration euclidienne, qui, dans notre langage moderne, se réduit à ceci :

Supposons que l'hypoténuse et le côté du triangle rectangle isocèle soient entre eux comme les nombres entiers, premiers entre eux, a et b. Alors on a $\frac{a^2}{b^2} = 2$, ou $a^2 = 2 b^2$; a^2, et par suite a est donc un nombre pair, et dès lors b est impair. Mais soit $a = 2\,a'$, l'égalité

$$4\,a'^2 = 2\,b^2$$
$$\text{ou}\quad 2\,a'^2 = b^2$$

montre aussi que b^2 et par suite b est pair : b serait ainsi à la fois pair et impair, ce qui est absurde. — Donc il n'existe pas de couple d'entiers dont le rapport puisse représenter $\sqrt{2}$.

Nos renseignements sur cette question vont jusqu'à permettre de préciser que Pythagore ne s'occupa que de l'irrationnelle $\sqrt{2}$. Il ne généralisa pas son théorème pour $\sqrt{n}$, car, d'après un témoignage de Platon, c'est le mathématicien Théodore de Cyrène qui, le premier, étudia $\sqrt{3}$. Celui-ci alla jusqu'à $\sqrt{17}$.

J'ai dit que Pythagore dut être naturellement conduit à chercher les groupes de 3 nombres entiers capables de former un triangle rectangle, à résoudre, en nombres entiers, comme nous dirions aujourd'hui, l'équation $x^2 + y^2 = z^2$.

Nous connaissons même, par Proclus, une solution de ce problème assez curieuse, due aux Pythagoriciens, sans doute à Pythagore lui-même. Elle consiste à prendre pour le plus petit côté un nombre impair, $2n+1$, pour l'autre côté de l'angle droit, la moitié du carré de ce nombre moins 1 $\left[\dfrac{(2n+1)^2-1}{2}\right]$

et enfin l'hypoténuse est alors la moitié du carré augmenté de 1 $\left[\dfrac{(2n+1)^2+1}{2}\right]$

M. Cantor pense que Pythagore put y être conduit par la suite d'idées qu'expriment dans notre langue les égalités suivantes. On doit avoir :

$$y^2 = z^2 - x = (z+x)(z-x).$$

Or, en comparant à l'identité

$$(2n+1)^2 = (2n+1)^2 \times 1,$$

on posera $\quad z+x = (2n+1)^2$

$$z-x = 1,$$

ce qui donne pour x et pour z

$$x = \dfrac{(2n+1)^2 - 1}{2}$$

$$z = \dfrac{(2n+1)^2 + 1}{2}$$

Enfin je crois que cet exposé des questions d'arithmétique pythagoricienne sera complet, du moins dans la mesure de nos connaissances, si j'ajoute que les Pythagoriciens ont déjà étudié une catégorie de nombres qui jouera, chez Euclide, un rôle assez important, celle des *nombres parfaits*. Le nombre parfait est celui qui est égal à la somme de ses facteurs; 6 par exemple, est égal à la somme $1 + 2 + 3$, $28 = 1 + 2 + 4 + 7 + 14$; 496, etc. — Un nombre supérieur à la somme de ses diviseurs se nomme *déficient*, un nombre inférieur *abondant*. —

Ces distinctions qui se trouvent dans Euclide remontent sûrement aux Pythagoriciens, puisqu'Aristote, dans sa métaphysique, leur attribue le nombre parfait.

Il est temps d'en venir à la Géométrie.

Si les premiers arithméticiens grecs furent les Pythagoriciens, la tradition désigne Thalès comme le premier géomètre. Eudème, dans le fragment cité par Proclus, lui attribue les propositions énonçant :

L'égalité des angles à la base d'un triangle isocèle ;

L'égalité des angles opposés par le sommet ;

La division du cercle par un diamètre en deux parties égales ;

Et l'égalité de deux triangles qui ont un côté égal compris entre deux angles égaux.

Mais Eudème possédait-il un ouvrage remontant à Thalès, ou bien procédait-il par conjectures pour lui attribuer ces connaissances ? Il est très probable qu'Eudème procède indirectement, supposant chez Thalès la connaissance de tel théorème qu'il juge nécessaire à tel problème pratique résolu par le Milésien. M. Tannery, qui s'est appliqué à mettre ce point en évidence, se fonde sur un texte précis de Proclus : « Eudème, y est-il dit, fait remonter à Thalès le théorème de l'égalité de deux triangles qui ont un côté égal adjacent à deux angles égaux, car il dit que Thalès devait nécessairement s'en servir d'après la manière dont on rapporte qu'il déterminait la distance des vaisseaux en mer. » Or, voici un procédé, certainement employé à Rome, et si simple que M. Tannery n'hésite pas à y voir le procédé de Thalès.

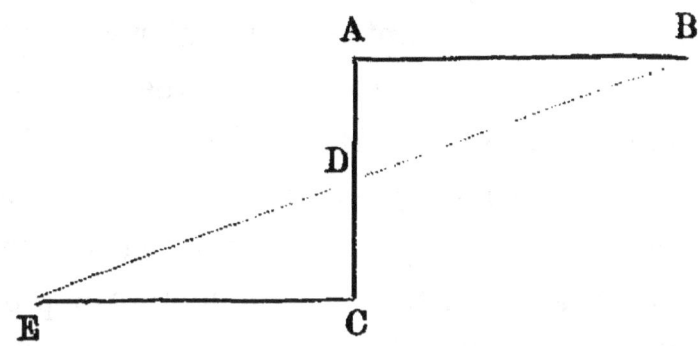

Soit B le point inaccessible dont on veut connaître la distance au point A. On élève en A sur le terrain la perpendiculaire à AB, et on porte sur cette perpendiculaire, à la suite l'une et l'autre, deux longueurs égales AD, DC; puis on élève en C la perpendiculaire à AC, en sens inverse de AB, jusqu'à sa rencontre en E avec DB: CE représente la longueur cherchée.

Il est clair que, pour l'établir rigoureusement, on devra dire : les triangles ABD, DCE sont égaux comme ayant un côté égal (AD = DC) compris entre deux angles égaux : $\widehat{C}$ et $\widehat{A}$ sont droits, et les angles en D sont opposés par le sommet. — Ainsi ce n'est pas seulement ce cas d'égalité des triangles, c'est aussi l'égalité des angles opposés par le sommet, dont cette démonstration supposerait la connaissance, et cette deuxième proposition est justement une de celles qu'Eudème attribuait aussi à Thalès. Du reste, au sujet de cette proposition, Eudème dit lui-même: « Thalès l'a découverte, mais Euclide l'a démontrée. »

Rien ne nous autorise plus dès lors à dire que Thalès ait démontré aucun des théorèmes qu'on lui attribue, et nous n'avons pas de raison sérieuse de voir en lui le penseur qui rompt avec la science égyptienne, avec la science pratique, pour créer la géométrie grecque. Il est très possible que Thalès, en géométrie comme en physique générale, servit bien plutôt de lien entre la science égyptienne et la science grecque, en transportant à Milet un certain nombre de procédés, de pratiques, de connaissances courantes, et donnant ainsi l'élan pour une foule de questions.

Un seul témoignage pourrait faire hésiter pour la géométrie ; c'est celui de Pamphila, du Ier siècle de notre ère, — cité par Diogène Laerce, — suivant lequel Thalès aurait le premier inscrit le triangle rectangle dans un demi-cercle. Il s'agit évidemment de cette propriété que les angles inscrits dans un demi-cercle sont droits. Les historiens des mathématiques, M. Cantor, par exemple, ont généralement conclu de ce témoignage de Pamphila à la connaissance chez Thalès du théorème relatif à la somme des angles d'un triangle. Eudème en attribue, il est vrai, la démonstration aux Pythagoriciens ; mais un passage de Geminus, suivant lequel l'étude du cas général a été précédée de celle de quelques cas particuliers, a laissé croire que les cas particuliers avaient été le fait de Thalès. C'est là une opinion qui n'est rien moins que fondée, et quant au théorème de l'angle droit inscrit dans un demi-cercle, il n'exige même pas théoriquement, pour être établi, la connaissance de la somme des angles d'un triangle. — « En somme, dit M. Tannery, » la tradition relative à Thalès se réduit probablement » à des données relatives à des problèmes pratiques. »

C'est très vraisemblablement Pythagore qui, le premier, va imprimer à la géométrie grecque le cachet de science abstraite et démonstrative qui la caractérise. Du reste, le fragment historique de Proclus qui se rattache plus ou moins directement à Eudème, dit formellement : « Pythagore transforma l'étude de la « géométrie et en fit un enseignement libéral, car il » remonta aux principes supérieurs et rechercha les » problèmes abstraitement et par l'intelligence pure. »

La démonstration, telle que nous la trouvons dans Euclide, telle qu'elle est restée la marque la plus caractéristique peut-être des sciences mathématiques, plus encore que la nature des objets qu'elles étudient, — cette démonstration a donc été très probablement introduite par Pythagore.

Mais ce n'est pas seulement la méthode de démonstration euclidienne que nous sommes en droit de faire remonter jusqu'à lui : une partie fort importante des éléments d'Euclide semble aujourd'hui lui être due également.

Dans son livre sur la Géométrie grecque, exemple remarquable de ce que peuvent, pour la reconstruction de l'histoire des idées, les méthodes combinées de critique historique et philologique, M. Tannery nous donne un chapitre particulièrement intéressant sur

« la tradition relative à Pythagore. » Je ne résiste pas au désir de vous en indiquer les traits principaux.

Il s'agit de savoir d'abord à quelles sources puisait l'historien des mathématiques, Eudème, dont Proclus nous conserve quelques fragments, pour ce qui concerne les mathématiciens antérieurs à Euclide; et M. Tannery va découvrir, parmi les nuages de cette époque lointaine, absolument comme fit Leverrier pour sa planète, un traité de Géométrie composé par les Pythagoriciens, publié vers le milieu du Vme siècle, et sur le modèle duquel auraient été écrits, 150 ans plus tard, les Éléments d'Euclide, — en le complétant bien entendu.

Le point de départ de cette découverte est dans un passage de Jamblique mal interprété jusqu'ici : « Voici, y est-il dit, comment les Pythagoriciens disent que la géométrie fut rendue publique. L'argent des Pythagoriciens fut perdu par l'un d'eux; à la suite de ce malheur, on lui accorda de battre monnaie avec la Géométrie......... » Viennent ensuite ces mots : « ἐκαλεῖτο δὲ ἡ γεωμετρία πρὸς πυθαγόρου ἱστορία. » Ils avaient été traduits jusqu'ici : la géométrie fut appelée par Pythagore histoire, — ce qui n'avait aucun sens. M. Tannery leur donne la signification, plus correcte d'abord, et ensuite plus claire : la Géométrie fut appelée *tradition suivant Pythagore*. En d'autres termes, les Pythagoriciens publièrent un traité de géométrie, qui dut prendre le titre : tradition suivant Pythagore, —

et c'est ce traité qu'Eudème eut sans doute entre les mains.

Je vous laisse le soin de voir dans le livre même de M. Tannery comment il achève de nous faire partager sa conviction, comment en particulier, il réduit à ses justes proportions la fameuse légende du secret pythagoricien, et comment il fixe la date du traité, dont il a fait la découverte. Ce qui nous intéresse davantage maintenant, c'est de savoir ce que contenait ce traité. Or, voici, à cet égard, la méthode que suit M. Tannery.

Entre Pythagore et Euclide quels sont les travaux, rentrant dans le cadre des Éléments, que la tradition nous signale? Cette liste dressée, rien ne nous empêche d'attribuer aux Pythagoriciens tout ce qui restera des Éléments. — Mais d'un autre côté, il est aisé de faire le décompte des connaissances attribuées à Pythagore : comparons-le aux résultats de la première enquête, et, s'il y a accord dans les conclusions, nous aurons de fortes chances de tenir la vérité.

Depuis les premiers Pythagoriciens jusqu'à Euclide, c'est, d'après Proclus, Eudoxe et Théétète, qui ont joué le rôle le plus important dans la constitution des Éléments. Des témoignages précis et concordants permettent d'attribuer à Eudoxe le Vme livre des Éléments, c'est-à-dire la théorie de la proportionnalité, telle, je l'ai déjà dit, que les définitions et les raisonnements laissent de côté la question de l'incommensurabilité des longueurs ; — et, en outre, les théorèmes du livre XII relatifs au volume de la pyramide et du cône.

— Quant à Théétète, disciple de Socrate, on peut le regarder comme l'auteur de la théorie des incommensurables, exposée dans le livre X, — et lui attribuer en même temps le livre XIII consacré à la construction des polyèdres réguliers. Si donc nous retranchons encore les livres VII, VIII, IX, traitant d'arithmétique, dans un esprit différent, avons-nous dit, de l'arithmétique pythagoricienne, ce qui reste de l'œuvre d'Euclide peut, sans contradiction manifeste, être attribué aux Pythagoriciens.

Il reste, pour achever de faire la lumière, à énumérer les données précises que nous fournit pour les Pythagoriciens le commentaire de Proclus sur Euclide :

1° « Eudème fait remonter aux Pythagoriciens,
» dit Proclus, l'invention de ce théorème, que dans
» un triangle la somme des angles vaut deux droits,
» et il dit qu'ils le démontraient comme il suit : Par le
» sommet A du triangle ABC, menons DE parallèle
» à BC. Puisque BC, DE sont parallèles et que les
» angles alternes internes sont égaux, on a :

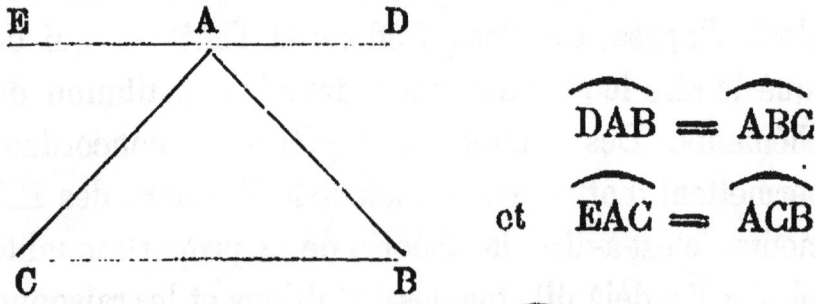

$$\widehat{DAB} = \widehat{ABC}$$
et $\widehat{EAC} = \widehat{ACB}$

» Ajoutez de part et d'autre $\widehat{BAC}$. On aura donc :

$$\widehat{DAB} + \widehat{BAC} + \widehat{CAE},$$

» c'est-à-dire $\widehat{DAB} + \widehat{BAE},$

» c'est-à-dire deux droits = la somme des trois angles
» du triangle A B C. La somme des angles d'un triangle
» est donc égale à deux droits. Telle est la démonstra-
» tion des Pythagoriciens. »

Ils possédaient donc, vous le voyez, la théorie des parallèles.

2° « Si six triangles équilatéraux ou trois hexagones,
» ou quatre carrés assemblés par le sommet remplis-
» sent exactement quatre droits, et ce sont les seuls,
» c'est là un théorème pythagoricien. »

Les Pythagoriciens avaient étudié les polygones réguliers.

3° « Si l'on écoute ceux qui veulent raconter l'his-
» toire des anciens temps, à propos du théorème du
» carré de l'hypoténuse, on peut en trouver qui attri-
» buent ce théorème à Pythagore et lui font sacrifier
» un bœuf après sa découverte. »

Vous vous rappelez que nous avons trouvé la connaissance de ce théorème en Égypte et en Chine, très probablement aussi dans l'Inde. Pythagore le rencontra donc, au moins dans le cas particulier du triangle 3, 4, 5, et en donna sans doute une démonstration générale. Sur cette démonstration, nous ne savons absolument rien. Proclus laisse entendre quelque part que ce n'était pas celle d'Euclide, renseignement insuffisant à nous éclairer.

4° « Ce sont, nous dit-on d'après Eudème, d'an-
» ciennes découvertes dues à la muse des Pythagori-
» ciens, que la parabole des aires, leur hyperbole ou

» leur ellipse. C'est de là que plus tard on prit ces noms
» pour les transporter aux coniques; tandis que, pour
» ces hommes anciens et divins, c'était dans la cons-
» truction plane des aires sur une droite déterminée
» qu'apparaissait la signification des termes. Si vous
» prenez la droite tout entière et que vous y terminiez
» l'aire donnée, on dit que vous faites la parabole de
» cette aire; si vous lui donnez une longueur qui dé-
» passe la droite, c'est l'hyperbole; si une longueur
» qui lui soit inférieure, c'est l'ellipse, une partie de la
» droite restant en dehors de l'aire construite. »....

C'est là un document d'une extrême importance. Ces problèmes dont Euclide achève de nous donner le sens précis, reviennent en somme à la construction de longueurs, dont on connaît d'une part le produit (l'aire du rectangle construit sur elles), et d'autre part la somme ou la différence. En langage moderne, en effet, voyez de quoi il s'agit :

p étant la longueur donnée AB, et S étant l'aire dont on demande de faire la parabole ; le problème de la parabole simple sera défini par l'équation

$$S = p x.$$

[Trouver une longueur x telle que le rectangle construit sur AB et x ait une aire égale à S. (fig. 1)].

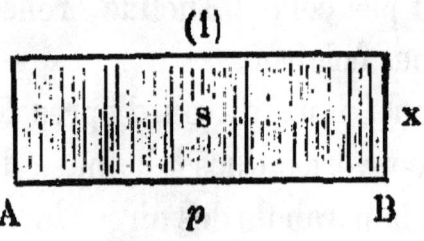

Le problème de la parabole en hyperbole sera défini par l'équation

$$S = px + x^2$$

[Trouver une longueur BC $=$ x telle que le rectangle construit sur les deux longueurs AC (p+x) et x, — c'est-à-dire le rectangle ACDE, (fig. 2) ait une aire égale à S].

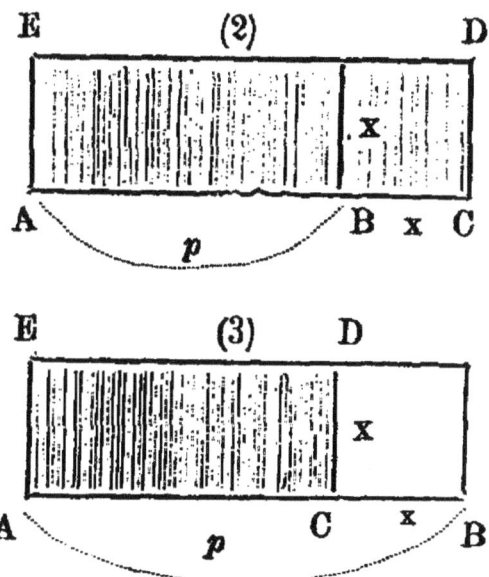

Enfin le problème de la parabole en ellipse sera défini par l'équation

$$S = px - x^2$$

[Trouver une longueur BC$=$ x telle que le rectangle construit sur AC (p—x) et x, le rectangle ACDE (fig. 3), ait une aire égale à S.]

Plus généralement, Euclide, dans le livre VI (28 et 29), substitue à la figure à construire un parallélogramme tel que le parallélogramme à ajouter ou à retrancher (à la place du carré du cas précédent), doit être semblable à un parallélogramme donné. Le problème revient en somme à celui que définit l'équation $S = px \pm kx^2$. La suite de la citation de Proclus, dont je ne vous donnais tantôt que les premières lignes, fait allusion directe aux problèmes traités par Euclide, et se termine ainsi : voilà ce qu'est la parabole *d'après l'antique tradition venue des Pythagoriciens.* — On ne saurait plus nettement leur attribuer les solutions du problème général tel qu'il est traité par Euclide.

Cette solution suppose la connaissance du rapport des aires de deux polygones semblables. Du reste, en dehors de Proclus, Plutarque attribue cette connaissance à Pythagore; il ajoute même que le sacrifice dont parle la tradition doit avoir eu pour cause le problème : construire une figure équivalente à une figure donnée et semblable à une figure donnée, — bien plutôt que le théorème du carré de l'hypoténuse. — Enfin, d'un autre côté, Hippocrate de Chios, dans son fameux travail sur les lunules, prouvera, vers le milieu du Vme siècle, qu'il connaît le rapport des aires de deux figures semblables déjà étendu à des segments de cercle[1].

5° Proclus enfin fait remonter à Pythagore la construction des polyèdres réguliers. — Le Timée sur ce dernier point vient apporter une confirmation

---

[1] Voir, sur ces questions, outre la Géom. grecque : De la solution géométrique des problèmes du second degré avant Euclide — de P. Tannery — Mémoires de la Société des Sc. phys. et nat. de Bordeaux, t. IV.

sérieuse. Vous savez que les éléments composant, d'après l'exposé platonicien, le feu, l'air, l'eau et la terre, ont les formes du tetraèdre, de l'octaèdre, de l'icosaèdre et du cube, et que Dieu se servit du dodécaèdre pentagonal pour tracer le plan de l'Univers. L'origine pythagoricienne de la théorie des polyèdres réguliers est d'ailleurs suffisamment prouvée encore par un passage de Philolaüs faisant une allusion très claire aux cinq polyèdres réguliers inscrits dans la sphère.

Quant au dodécaèdre en particulier, le problème de sa construction, particulièrement difficile, revient à celle du pentagone régulier. La légende du pythagoricien Hippasus, précipité dans la mer pour avoir publié cette construction, et avoir ainsi usurpé la gloire qui revenait au maître; puis la légende suivant laquelle le pentagone étoilé servait de signe de ralliement aux Pythagoriciens — donnent une dernière confirmation à cette opinion que, dès le VIme siècle, les Pythagoriciens ont non seulement étudié les cinq polyèdres réguliers, mais encore ont su construire le pentagone régulier, ce qui exige la division d'une droite en moyenne et extrême raison.

En résumé, vous voyez, les témoignages positifs de la tradition viennent merveilleusement confirmer les premières conclusions. Ce traité de géométrie, publié par les Pythagoriciens, ébauchait et parfois poussait fort loin toutes les théories de la géométrie euclidienne, si on excepte la théorie de la proportionnalité des longueurs, les développements sur les incommensurables, et les volumes dérivant de la mesure de la pyramide.

L'œuvre de l'école pythagoricienne nous apparaît ainsi démesurément grande, mais n'oublions pas que si le génie de Pythagore fut assez puissant pour donner l'élan, ce n'est pas à lui seul que nous sommes redevables de l'œuvre entière; c'est aux Pythagoriciens, à des hommes ayant collaboré et s'étant transmis leurs travaux de génération en génération pendant près de 150 ans qu'il faut faire honneur de cette géométrie.

Ce n'est pas seulement, vous le sentez bien, une branche spéciale des mathématiques qu'ils ont créée. On peut dire que la mathématique tout entière est en germe dans leur œuvre. D'abord, — nous l'avons dit, — la méthode démonstrative, celle qui pourra servir à caractériser les mathématiques est définitivement fondée. Certes, en vue d'une rigueur de plus en plus parfaite, on diminuera sans cesse le nombre des postulats, mais un raisonnement sera déclaré mathématique, et cela éternellement sans doute, s'il est construit sur le type des raisonnements euclidiens, c'est-à-dire, d'après nos conclusions, sur le type des démonstrations pythagoriciennes.

La géométrie se trouve particulièrement portée à un degré fort avancé.

L'algèbre ne s'en dégage pas sous forme d'algorithme spécial, mais au fond ses concepts fondamentaux s'y trouvent impliqués. Les problèmes du second degré sont abordés et même résolus, jusqu'à un certain point, dans le problème de la division d'une droite en moyenne et extrême raison, ainsi que dans les fameuses questions relatives à la parabole des aires.

La méthode des limites, avec les notions de l'infiniment petit et de l'infiniment grand, c'est-à-dire avec les notions fondamentales du calcul infinitésimal, doivent se dégager bien aisément de l'œuvre pythagoricienne, car nous savons positivement qu'au milieu du Vme siècle, Hippocrate de Chios étendra aux cercles le théorème relatif au rapport des aires de deux polygones semblables.

Enfin, la fusion des concepts d'étendue et de quantité, de la figure et de la relation quantitative, la géométrie analytique en un mot, est si bien impliquée dans les travaux pythagoriciens, que la correspondance des sections du cône à ces relations qu'en notre langage moderne nous avons énoncées :

$$S = px$$
$$S = px \pm kx^2,$$

par conséquent, la correspondance de ces courbes à certaines équations — apparaîtra bientôt dans la théorie des coniques.

Plus que dans tous les autres domaines assurément les premiers travaux des mathématiciens grecs semblent comporter, comme une suite naturelle, le développement colossal qu'ont atteint, depuis deux siècles surtout, la géométrie et l'analyse.

C'est partout, vous le voyez, la même conclusion : les savants grecs du VIme et du Vme siècle avant J.-C. ont posé les problèmes fondamentaux, et élaboré les premières notions essentielles de notre science moderne. Les siècles suivants ont vu se développer cette science naissante ; puis il y a eu un arrêt, et il a fallu attendre que l'esprit humain, se réveillant d'un lourd sommeil, recouvrât à l'aurore des temps modernes, les qualités nécessaires à la continuation de l'œuvre grecque.

Certes, il ne doit pas y avoir d'équivoque : il serait puéril de comparer de trop près les travaux de Claude Bernard ou de Pasteur aux méditations d'Empédocle ou même d'Aristote. Un point capital fait sentir la différence ; tandis que l'expérimentation est aujourd'hui la base de toute recherche scientifique, elle fait complètement défaut chez les Grecs. Ils ont observé, mais ils n'ont pas franchi la distance qui sépare la simple observation de la méthode expérimentale. Personne, je crois, ne songe à le contester.

Mais on va plus loin, et il n'est pas rare de voir soutenir aujourd'hui l'incompatibilité absolue de l'esprit grec avec les exigences des méthodes modernes : si les Grecs n'ont pas créé la science expérimentale, c'est que leur tournure d'esprit les en aurait rendus incapables. Seul ce qui est démontré, ce qui s'explique conformément à des vues *a priori*, ce qui peut rentrer, aux yeux de la raison, dans l'ordre immuable des choses, était accepté par eux comme donnée scientifique. Leur science était fatalement condamnée à échouer. Il fallait, pour que la nôtre pût naître, une éducation nouvelle de l'esprit humain, qui le détournât du besoin constant de démonstration rationnelle, et l'amenât à demander à l'expérimentation la vérification continuelle de ses théories. Cette éducation, le fidéisme religieux du moyen âge l'aurait réalisée.

Y a-t-il vraiment une différence aussi radicale, aussi profonde, entre les Grecs et les modernes, dans la manière de conduire la science ? Les Grecs observaient et même scrupuleusement, si on se reporte seulement au temps d'Aristote. Or, croit-on vraiment que l'expérimentation soulève, à l'égard d'un esprit pour qui la vérité scientifique est inséparable de la démonstration rationnelle, des impossibilités, des incompatibilités que ne comporte pas la simple observation ? Est-ce que vous pensez, par exemple, que les Grecs aient pu amener l'astronomie au point où l'ont portée Hipparque et Ptolémée, sans accepter de corriger sans cesse leurs théories explicatives des mouvements des astres pour chaque irrégularité que les conceptions antérieures n'expliquaient pas ? Les faits observés étaient-ils négligés sous prétexte que, loin d'être démontrés, ils détruisaient chaque fois les explications de toute une catégorie de phénomènes du même ordre !

Et la croyance à l'ordre immuable des choses empêchait-elle donc, comme le fera plus tard le respect de l'autorité, ancré dans l'esprit du moyen âge, d'enregistrer sans crainte les observations nouvelles ?

Pense-t-on, d'autre part, que la science moderne renonce à comprendre, à expliquer ? Vous savez bien que le savant n'est satisfait, au contraire, que lorsqu'il a pu ramener les faits aux lois. « Le renoncement à l'intelligibilité des choses, a écrit quelque part M. Boutroux, est un des caractères de l'esprit scientifique. » Je crois qu'il faut se garder de prendre à la lettre une telle formule. Le savant ne doit pas attendre, pour enregistrer un fait, de savoir l'expliquer : cela est vrai. Mais il lui faut tôt ou tard faire rentrer le fait dans la loi, c'est là une intelligibilité à laquelle il ne renonce que pour un temps. Où il n'y a qu'une suite d'observations sans aucun lien entre elles, on dit qu'il n'y a pas de science.

La loi, objectera-t-on, n'a pas pour nous le caractère de cette vérité absolue, éternelle, où les Grecs voulaient atteindre, quand ils voulaient comprendre. Sans doute ! Mais encore ne croyez pas qu'ils manquent au savant ces types éternels, immuables, sur lesquels les Grecs aimaient à fixer leur pensée. Allez dire à un physicien qu'on a trouvé quelque part de l'eau qui ne bout pas à 100° sous la pression normale, ou de l'oxygène qui éteint une allumette enflammée, et vous verrez comme il vous recevra ! Essayez, pour le convaincre, de lui suggérer l'idée d'un cataclysme — de ce cataclysme sous la réserve duquel les manuels de philosophie, de mon temps du moins, aimaient à se placer quand il était question de la fixité des lois de la nature,—vous verrez comme notre physicien accueillera cette plaisanterie. Si l'eau ne bout pas à 100° sous la pression normale, il n'y a pas de cataclysme qui tienne, ce n'est pas de l'eau ! Si l'oxygène éteint une allumette enflammée, ce n'est pas de l'oxygène ! Il y a donc pour le physicien quelque chose qui est *l'eau,* et quelque chose qui est *l'oxygène,* en dépit de toute expérience, de toute surprise que réserve l'observation ! Pour n'avoir pas à nos yeux la même réalité objective, ces types, ces conceptions, n'impliquent-ils pas, à l'égal des idées de Platon, l'éternité, la constance, l'immutabilité dont a besoin le savant de tous les temps, pour édifier quelque chose qui soit véritablement de la science ?

Aussi je ne crois pas à une différence aussi essentielle qu'on le dit entre l'esprit de la science grecque et celui de la science moderne, mais seulement à une différence de degrés dans le rôle joué par le fait expérimental. Et en vérité, si l'on songe que le peuple grec n'est resté lui-même que si peu de temps, que la science véritablement grecque n'a pu durer plus de quatre siècles, je me demande comment il ne vient pas naturellement à l'idée qu'elle n'a pas eu le temps de mûrir. C'est un caractère de jeunesse et d'inexpérience de demander et d'exiger le pourquoi de toutes choses, de croire à l'explicabilité de tout ; ne le voyons-nous pas par les questions que nous posent sans cesse les enfants ? Il faut atteindre un certain degré de maturité pour imposer une limite à cette soif d'explications, pour savoir attendre des faits nombreux et concordants avant de dégager une théorie.

D'ailleurs, pendant le temps qu'a duré la science grecque, ne voyons-nous pas s'accentuer peu à peu des indices de cette maturité où elle parviendrait, si on lui en laissait le temps ? Quels que soient les caractères communs à Aristote et à ses prédécesseurs, n'est-il pas évident que son œuvre marque un progrès sérieux dans la voie qui conduit à l'étude du fait individuel indépendamment des idées générales *a priori* ?

Enfin, on me paraît méconnaître le caractère de notre science positive, quand on la juge plus voisine que la science grecque de la tradition religieuse du moyen âge. Nous acceptons aujourd'hui, dit-on, un fait sans le comprendre, c'est-à-dire sans le rattacher tout de suite à quelque théorie qui l'explique, mais, en tout cas, nous ne l'acceptons pas sans preuves. Le savant, s'il renonce aux raisons logiques, exige des preuves d'un autre ordre : il demande à voir, à toucher, à peser, à mesurer. Or, je ne vois pas que le besoin de preuve expérimentale soit plus compatible avec le fidéisme religieux que le besoin de démonstration déductive.

Bien au contraire, la certitude qui se produit par une vue *a priori*, en dehors des faits, se rapproche évidemment de la conviction religieuse mille fois plus que la certitude expérimentale. Déclarer que le mouvement des astres est circulaire parce que le mouvement circulaire est parfait, cela n'équivaut-il pas presque à dire qu'on croit parce qu'on croit ; est-ce Aristote ou l'expérimentateur moderne qui donne l'impression du besoin le plus vif de raison de croire ? Dites-moi, encore, je vous prie, lequel des deux vous semble présenter le plus manifestement la tournure d'esprit que le fidéisme du moyen âge était capable de produire, d'un savant d'aujourd'hui qui ne croit qu'à ce qu'il voit, ou de Parménide disant : « Vous » voyez tourner le monde, n'en croyez rien ; je suis » sûr par des raisons logiques qu'il ne tourne pas. » Quel est celui des deux qui vous donne le plus fortement la sensation du mystère, du miracle ?

En fait de miracle : « Il y en a un dans l'histoire, » M. Renan le disait ces jours-ci au banquet de » l'Association des études grecques, c'est la Grèce » antique. Oui, 500 ans environ avant J.-C., acheva » de se dessiner dans l'humanité un type de civili» sation si parfait, si complet, que tout ce qui avait » précédé rentra dans l'ombre. C'était vraiment la » naissance de la raison et de la liberté. »

Eh bien, Messieurs, je vous le demande, la raison et la liberté ne sont-ce pas là, abstraction faite de subtilités d'analyse dont se joue la marche de l'humanité, les éléments vitaux de notre civilisation et de notre science moderne ?

FIN

TABLE DES MATIÈRES

LIVRE PREMIER. — INTRODUCTION.

	Pages.
Première Leçon. — L'explication scientifique	3
Deuxième Leçon. — Introduction historique	35

LIVRE DEUXIÈME.

LA PART DE L'ORIENT ET DE L'ÉGYPTE DANS LA SCIENCE GRECQUE.

Troisième Leçon. — Arithmétique et Géométrie	69
Quatrième Leçon. — Les autres connaissances scientifiques. — Science orientale et science grecque	113

LIVRE TROISIÈME.

LA PHYSIQUE GÉNÉRALE AU VIme ET AU Vme SIÈCLE AV. J.-C.

Cinquième Leçon. — La physique ionienne	155
Sixième Leçon. — Pythagoriciens et Éléates	189
Septième Leçon. — Les suites de la physique ionienne. — Commencements de l'astronomie grecque	229

LIVRE QUATRIÈME.

Huitième Leçon. — L'œuvre des premiers mathématiciens grecs. — Conclusion	269

ERRATA.

Page:	Ligne:	Au lieu de:	Lisez:
42	8	Psammétius	Psamméticus
45	8	Thyrrhénienne	Tyrrhénienne
57	24	qui nous a été conservé	dont quelques fragments nous ont été conservés
59	15	moment	monument
108	2	le temple	la mer du temple
115	18	270	230
117	26	Ahriabatta	Aryabatta
123	13	Syria	Sùrya
135	20	celui-ci	elle
144	16	Ahriabatta	Aryabatta
185	6-7	recommencent	recommenceront
286	6	$y^2 = z^2 - x$	$y^2 = z^2 - x^2$

Page 82, ligne 11. — C'est seulement à partir de mille (dix fois cent) que cela semble vrai.

Page 146, lignes 16-17. — Légère exagération, que le lecteur aura corrigée de lui-même.

www.ingramcontent.com/pod-product-compliance
Lightning Source LLC
Chambersburg PA
CBHW071509160426
43196CB00010B/1467